Vorsorgen, aber sicher!

THOMAS RICHLE | MARCEL WEIGELE

VORSORGEN, aber sicher!

So planen Sie Ihre Finanzen fürs Alter

Beobachter
EDITION

■■■ EIN RATGEBER AUS DER BEOBACHTER-PRAXIS ■■■

Download-Angebot zu diesem Buch
Der Budget-Erhebungsbogen im Anhang sowie verschiedene Berechnungsformulare stehen online zum Herunterladen bereit unter: www.beobachter.ch/download (Code 9148).

Beobachter-Edition
4., aktualisierte Auflage, 2018
© 2010 Ringier Axel Springer Schweiz AG
Alle Rechte vorbehalten
www.beobachter.ch

Herausgeber: Der Schweizerische Beobachter, Zürich
Lektorat: Käthi Zeugin, Zürich
Reihenkonzept: buchundgrafik.ch
Umschlaggestaltung: Cornelia Federer, Zürich
Umschlagfoto: Plainpicture, Hamburg
Satz: Jacqueline Roth, Zürich
Druck: Grafisches Centrum Cuno GmbH & Co.KG, Calbe

ISBN 978-3-03875-122-9

Zufrieden mit den Beobachter-Ratgebern?
Bewerten Sie unsere Ratgeber-Bücher im Shop:
www.beobachter.ch/shop

Mit dem Beobachter online in Kontakt:
 www.facebook.com/beobachtermagazin
 www.twitter.com/BeobachterRat

Inhalt

Vorwort 11

1 Klug vorsorgen – der Einstieg 13
Zehn Tipps zum Einstieg 14

Checklisten für Ihre Planung 19

2 AHV – die staatliche Vorsorge 25
Grundzüge der 1. Säule 26
Bei der AHV sind alle versichert 26
Die Finanzierung der AHV 27
Wer zahlt welche Beiträge? 28
Erziehungs- und Betreuungsgutschriften 29
Wichtig: Beitragslücken vermeiden 30

Wie hoch ist die AHV-Rente? 33
Richtwert: das durchschnittliche Einkommen 33
Splitting – Einkommensteilung für Ehepaare 34
Flexibles Rentenalter 35

Die Ergänzungsleistungen 37
Wie wird das Vermögen angerechnet? 38
Extraleistungen für medizinische Behandlungen 39
So gehen Sie vor 40

3 Pensionskasse – die berufliche Vorsorge 43
Grundzüge der 2. Säule 44
Zwei wichtige Grössen 45
Wer ist in der 2. Säule versichert? 45
Spezialfall: mehrere Arbeitgeber 47
Was gilt für Selbständigerwerbende? 48

Die Beiträge an die Pensionskasse ... 49
Die Altersgutschriften ... 50
Die überobligatorische Versicherung ... 51
Risikobeiträge und Verwaltungskosten ... 52

Stellenwechsel und Austritt aus der 2. Säule ... 53
Einkauf in die neue Pensionskasse ... 54
Freizügigkeitskonto und Freizügigkeitspolice ... 56
Barauszahlung verlangen ... 57
«Ja, aber…» – Vorbehalte ... 58

Die Leistungen der Pensionskasse ... 59
So werden Altersrenten berechnet ... 60
Rente oder Kapital? ... 62

Vom Umgang mit der Pensionskasse ... 65
Die Basis der Versicherung: das Reglement ... 65
Alle Informationen auf einem Papier: Ihr Versicherungsausweis ... 66
Ist die Pensionskasse finanziell gesund? ... 67
Einfluss nehmen auf die Pensionskasse ... 68

4 3. Säule – die private Vorsorge ... 71

Vorsorgelücken schliessen ... 72

Die Säule 3a ... 74
Wer kann die Säule 3a nutzen? ... 74
Sparen bei der Bank ... 75
Säule 3a bei der Versicherung ... 77
Allfinanzlösungen ... 80

Säule 3b: Versicherungssparen ... 81
Gemischte Lebensversicherungen mit Jahresprämie ... 82
Einmalig finanzierte Lebensversicherungen ... 83
Leibrentenversicherungen ... 84

Säule 3b: Geldanlagen 86
Das Grundlagenwissen 87
So vermeiden Sie Anlagefehler 91
Bankkonten und Festgeld 92
Obligationen 93
Aktien 94
Immobilienanlagen 95
Anlagefonds und Fondssparpläne 96
Edelmetalle und Rohstoffe 100
Derivate und strukturierte Produkte 101
Vielbeachtete Trends 105

5 Wohneigentum als Altersvorsorge 109

Ein Eigenheim erwerben 110
Das passende Objekt finden 110
Altersgerecht wohnen 111
Überlegungen zur Finanzierung 112
Hypotheken aufnehmen 113
Kapital aus der 2. Säule und der Säule 3a 114

Das Eigenheim als Teil der Vorsorge 118
Die Hypothek im Auge behalten 118
Bleiben oder umziehen? 120
Die Hypothek freiwillig amortisieren? 121
Amortisation oder Investition? 123

Immobilien als Anlageobjekte 126
Rendite mit Mietliegenschaften? 126
Indirekte Immobilienanlagen 128

6 Finanzplanung – richtig angepackt 133

Planung: nur mit Budget 134
Schritt für Schritt zum Budget 135
Überschuss gezielt anlegen 138

Einnahmen im Ruhestand 139
Die Rente der AHV 140
Die Pensionskassenrente 140
Die Gelder aus der Säule 3a 141
Die Gelder aus der Säule 3b 142
Vorsicht, Inflation! 144

Ausgaben im Ruhestand 145
Ausgeglichenes Budget oder Fehlbetrag? 146
Wo lässt sich sparen? 147

Frühpensionierung 149
Die Regeln bei AHV und Pensionskasse 150
Die Finanzierung der Frühpension 151
Lücken stopfen 154
Pensionierung – mit einem Finanzplan nach Mass 156

7 Steueroptimiert vorsorgen 161

Wenig Spielraum bei der 1. Säule 162
AHV und Steuerprogression 162

Steuern sparen mit der 2. Säule 164
Einkauf in die Pensionskasse 164
Rente oder Kapital? 166
Vorbezug für Wohneigentum und Steuern 167

Steuervorteile mit der 3. Säule 168
Steuern sparen mit der Säule 3a 168
Steuern optimieren bei der Säule 3b 169
Wohneigentum und Steuern 171

Steuern nach der Erwerbsaufgabe 173
Steuerschonende Vermögensstruktur 174
Erbvorbezüge helfen Steuern optimieren 175

8 Besondere Lebenssituationen ... 177

Vielfältige Familienformen ... 178
Worauf Patchworkfamilien achten sollten ... 178

Vorsorge für Konkubinatspaare ... 179
Was gilt in Sachen AHV? ... 180
Was gilt bei der Pensionskasse? ... 181
Möglichkeiten bei der Säule 3a ... 182
Möglichkeiten bei der Säule 3b ... 182

Nach der Scheidung ... 184
Das Splitting bei der AHV ... 185
Vorsorgeausgleich bei der Pensionskasse ... 186
Guthaben der 3. Säule ... 189

Vorsorge für Selbständigerwerbende ... 190
AHV-Beiträge selber abrechnen ... 190
Kein Muss: die 2. Säule ... 191
Volle Flexibilität mit der Säule 3a ... 193
Alles zu seiner Zeit ... 195

Arbeitslos: Was passiert mit der Vorsorge? ... 196
Sie erhalten Arbeitslosengeld ... 196
Ausgesteuert – Vorsorge ade? ... 197

9 Finanzen nach der Pensionierung ... 201

Geld anlegen im Rentenalter ... 202
Noch einmal: Standortbestimmung mittels Budget ... 202
Was ist anders als zu Berufszeiten? ... 203
Das Vermögen gezielt verbrauchen ... 204
Jetzt noch Versicherungen abschliessen? ... 206
Vorsorgen für den Pflegefall ... 207
Externe Vermögensverwaltung ... 209

Blick auf die letzten Dinge: Nachlassplanung 212
Speziell für Verheiratete: güterrechtliche Aspekte 212
Gesetzliche Erbfolge: Das müssen Sie wissen 214
So können Sie Einfluss nehmen 215
Möglichkeiten der Nachlassgestaltung 217
So sichern Sie Ihren Ehepartner optimal ab 222
Für den Konkubinatspartner vorsorgen 225

Anhang 231

Beispiel Pensionskassenausweis 232
Budget-Erhebungsbogen 236
Adressen und Links 238
Beobachter-Ratgeber 243
Stichwortverzeichnis 244

Vorwort

Die Grundlagen für die Vorsorge – die 1. und 2. Säule – sind vom Gesetz vorgegeben. Allerdings: Sie reichen nicht aus. Die Diskussionen der vergangenen Jahre haben gezeigt, dass unsere Altersvorsorge immer teurer wird und die Leistungen zusehends tiefer ausfallen. Der Bundesrat plante mit der Reform «Altersvorsorge 2020» grössere Änderungen in der Vorsorge. In der Volksabstimmung vom September 2017 wurden die vom Parlament beschlossenen neuen Regelungen jedoch abgelehnt.

Wissen Sie, was Sie im Rentenalter von AHV und Pensionskasse zu erwarten haben? Könnten Sie damit Ihren Lebensunterhalt bestreiten? Planen Sie gar, Ihren Job vorzeitig an den Nagel zu hängen? Stellen Sie sich solche Fragen möglichst früh. Dann bleibt genug Zeit, um einen allfälligen Fehlbetrag auszugleichen. Um die Einkommensausfälle nach der Pensionierung finanzieren zu können, sind meist erhebliche Summen nötig. Viele Schweizerinnen und Schweizer betreiben deshalb Selbstvorsorge und sparen in der 3. Säule.

Vorsorge bedeutet aber weitaus mehr: Wichtig ist, dass Sie sich konkrete Ziele setzen, dass Sie festlegen, wann Sie diese Ziele erreichen wollen, und dass Sie wissen, wie viel Geld Sie dafür benötigen werden. Und beschränken Sie sich dabei nicht nur auf Ihre persönliche Vorsorge, bestimmen Sie mit – indem Sie etwa Politiker wählen, die Ihre Anliegen vertreten, und indem Sie an der Urne Ihre Stimme abgeben. Ihr Interesse und Ihr Engagement können sich auszahlen. Kümmern Sie sich um die Zukunft!

Mit dem vorliegenden Ratgeber nehmen Sie Ihre Vorsorge selbst in die Hand. Er enthält alle wichtigen Informationen für Ihre Planung, ergänzt durch zahlreiche Praxisbeispiele und viele nützliche Tipps.

Ihre Vorsorge ist Ihre Sache. Sie allein – und vielleicht Ihre Partnerin, Ihr Partner – kennen Ihre Pläne, wissen, welche Wünsche Sie sich erfüllen möchten, welche Verpflichtungen Sie noch haben werden. Dieser Ratgeber soll Sie auf Ihrem Weg unterstützen und begleiten. Damit Sie Ihre finanzielle Zukunft im Griff haben.

Thomas Richle, Marcel Weigele
im Mai 2018

1

Klug vorsorgen –
der Einstieg

Eine solide Vorsorgeplanung erfordert vor allem einen kühlen Kopf. Doch der Ausblick auf den erwerbsfreien Lebensabschnitt beflügelt auch, schafft Raum für Ideen. Kümmern Sie sich jetzt um die Voraussetzungen, damit Sie Ihre Pläne später umsetzen können! Dieses Kapitel führt Sie in zehn Schritten an die wichtigsten Vorsorgefragen heran.

Zehn Tipps zum Einstieg

Viele Menschen gehen gesund und vital in den sogenannten dritten Lebensabschnitt. Bedauerlich, wenn dann zwar Zeit, aber kein Geld vorhanden ist, um Pläne verwirklichen zu können.

Geld allein macht nicht glücklich – man muss es auch haben. Wer immer der alten Volksweisheit diese überraschende Wende verliehen hat, er muss das Thema Vorsorge im Kopf gehabt haben.

Investieren Sie rechtzeitig ein paar Stunden und setzen Sie sich mit dem Thema Vorsorge auseinander. Mit dem Blick in diesen Ratgeber haben Sie bereits den ersten Schritt getan. Die zehn folgenden Tipps sollen Sie einstimmen und an diejenigen Fragen heranführen, die für Sie persönlich relevant sind. In den anschliessenden Kapiteln erhalten Sie alle Informationen, die Sie zur Beantwortung dieser Fragen brauchen.

■ Tipp 1: Den richtigen Zeitpunkt wählen

Besser spät als nie – das gilt auch für die Vorsorge. Zwar kann man auch mit 62 noch etwas für den Lebensabend auf die Seite legen, doch der Handlungsspielraum wird mit zunehmendem Alter kleiner. Idealerweise fangen Sie um das 40. Altersjahr herum mit einer durchdachten Vorsorgeplanung an. Zu diesem Zeitpunkt hat sich bei vielen die Lebenssituation gefestigt: Im Beruf haben Sie Tritt gefasst, vielleicht haben Sie eine Familie gegründet und leben in den eigenen vier Wänden.

Spätestens ab 50 sollten Sie im Fünfjahrestakt die wichtigsten Fragen klären. Dabei helfen Ihnen die Checklisten am Ende dieses Kapitels (siehe Seite 20).

■ Tipp 2: Ordnung schaffen

Ein Job für den nächsten Regentag: Falls Sie nicht ohnehin tadellose Ordnung in Ihren Unterlagen haben, sollten Sie jetzt Ordnung schaffen, denn Übersicht ist das A und O für die weitere Planung. Auch eine externe Beratung kann nur erfolgreich sein, wenn alle relevanten Papiere zeitlich geordnet greifbar sind.

Zu den Papieren, die Sie beisammenhaben sollten, gehören: die letzte Steuererklärung inklusive Veranlagung mit allen Beilagen, Ausweis und Reglement der Pensionskasse, Belege von Freizügigkeitskonten oder -policen, Belege von Konten oder Policen der Säule 3a, Lebensversicherungspolicen, aktuelle Auszüge von Bankkonten und -depots, Unterlagen und Belege zum Wohneigentum, AHV-Ausweis sowie eventuell ein IK-Auszug (Auszug des individuellen AHV-Kontos), Lohnausweise.

■ **Tipp 3: Von der Zukunft träumen**
Vielleicht können Sie sich noch gar nicht vorstellen, wie das Leben ohne Erwerbsarbeit aussieht, oder Sie planen gar, über das Pensionsalter hinaus weiterzuarbeiten. Oder fassen Sie eine Frühpensionierung ins Auge?

Eine – wenn auch abnehmende – Mehrheit der Schweizerinnen und Schweizer geht ganz wie vorgesehen in den sogenannten Ruhestand. Es lohnt sich, einen Moment innezuhalten und die Gedanken schweifen zu lassen. Worauf freuen Sie sich besonders, was planen Sie? Haben Sie vor, Zeit mit der Familie zu verbringen, mit Ihrer Partnerin ausgedehnte Reisen zu unternehmen, Ihr Hobby endlich ausgiebig zu pflegen, sich in der Freiwilligenarbeit zu engagieren, ein Studium anzupacken? Werden Sie ein Buch schreiben oder das Gesamtwerk von Kafka lesen, alle Viertausender der Schweiz besteigen oder zu Fuss nach Santiago de Compostela pilgern, die schönsten Gärten im In- und Ausland besuchen oder Ihren eigenen Garten perfektionieren?

Hängen Sie Ihren Träumen eine Weile lang nach – auch wenn die Pensionierung noch meilenweit entfernt ist. Denn es gibt zwei Aspekte: Zum einen benötigen Sie für Ihre Projekte möglicherweise Geld oder sogar viel Geld – und es wäre schade, wenn es dereinst nicht vorhanden wäre. Zum anderen können Sie Ihre Pläne im Kleinen vielleicht schon hier und heute realisieren.

■ **Tipp 4: Die persönliche Einstellung zum Thema Geld prüfen**
Sie können Ihre flüssigen Mittel gut einteilen, wissen stets Bescheid über Ihren Kontostand, verfolgen die Entwicklung der Börse täglich in den Medien und kennen die ungefähre Höhe Ihrer Steuerrechnung, bevor sie eintrifft? Oder brauchen Sie, was da ist, ohne sich gross darum zu kümmern, wohin Ihr Geld fliesst; staunen Sie immer mal wieder, was sich an monatlichen Rechnungen ansammelt, müssen Sie ab und zu

Geld von einem Konto zum anderen verschieben, damit die Rechnung aufgeht?

Die Vorsorgeplanung muss systematisch erfolgen – sie wird Ihnen besser gelingen, wenn Sie zur Kategorie der kühlen Rechner gehören. Diese werden sich ohne grosse Mühe einen Überblick über den finanziellen Stand jetzt und in Zukunft verschaffen. Für den spontanen Teil der Menschheit gibt es zum Glück präzise Handlungsanleitungen, die helfen, den Weg des Geldes zu verfolgen. Schon die Erstellung eines Budgets kann so manchen Aha-Effekt auslösen. Gewisse Dinge kommen vielleicht schon ins Lot, wenn Sie die Zahlen sauber geordnet vor sich sehen. Wenn nicht, brauchen Sie möglicherweise einen sanften Druck zum Sparen – dafür gibt es zahlreiche Vorsorgeinstrumente, die Sie in diesem Buch beschrieben finden.

■ **Tipp 5: Den Kreis der Lieben berücksichtigen**
Für Ihre Planung spielt es eine Rolle, ob Sie allein im Leben stehen und nur für sich selber vorzusorgen brauchen oder ob Sie Angehörige in Ihre Überlegungen miteinbeziehen müssen. Versammeln Sie im Geist einmal alle Personen, die auf Ihre finanzielle Unterstützung angewiesen sind. Wie viele sind es, und in welchem Mass müssen Sie für sie vorsorgen?

Ist ein Konkubinatspartner da, eine Ehepartnerin, vielleicht auch eine Ex-Partnerin? Haben Sie Kinder, die zum Zeitpunkt Ihrer Pensionierung mitten in der Ausbildung stehen und von Ihnen Zahlungen erwarten? Möchten Sie Ihre Kinder dereinst unterstützen, wenn sie eine Liegenschaft kaufen oder ein eigenes Geschäft eröffnen? Sind gar noch Eltern da, die zum Beispiel wegen Pflegebedürftigkeit in Zukunft auf Ihre materielle Unterstützung angewiesen sein könnten? Wie Sie entsprechend Ihrer Lebenssituation optimal vorgehen, erfahren Sie in diesem Ratgeber.

■ **Tipp 6: Das Vorhandene sichten**
Könnte es sein, dass Sie bezüglich Altersvorsorge besser dastehen, als Sie denken? Zwar haben die wenigsten von uns so viel Geld, dass es ausreicht, wenn man es zwecks Vermehrung sich selbst überlässt. Aber das staatlich verordnete Zwangssparen im Rahmen der 2. Säule führt bei konstanter Erwerbstätigkeit zu beachtlichen Resultaten. Für viele Schweizerinnen und Schweizer ist das Altersguthaben bei der Pensionskasse der grösste Vermögensposten überhaupt. Können Sie aus dem Stegreif sagen, wie hoch Ihr Guthaben ist? Wenn nicht, sollten Sie die Zahl möglichst

bald auf dem Versicherungsausweis nachschauen. Das könnte Ihrer Motivation, Vorsorge zu betreiben, regelrecht Auftrieb geben.

■ Tipp 7: An Zinseszins und andere Effekte denken

Sie brauchen kein Mathematikgenie zu sein, um Ihre Vorsorge sorgfältig planen zu können. Aber wenn Sie bei Ihrer letzten Begegnung mit der Zinseszinsrechnung noch die Schulbank drückten, dann ist es höchste Zeit, sich diesen Effekt in Erinnerung zu rufen. Er wird in diesem Buch an mehreren Stellen erwähnt (zum Beispiel auf Seite 88); hier nur so viel: Wenn Sie früh einen gewissen Betrag auf die Seite legen und ihn nie mehr anrühren, werden Sie staunen, was über die Jahre daraus werden kann.

Eine andere Grösse, ohne die Sie in der Vorsorgeplanung kaum auskommen, ist der Grenzsteuersatz. Er besagt, wie viel Sie pro 1000 Franken, die Sie zusätzlich einnehmen, an den Fiskus abliefern müssen. Die Einzahlungen in viele Vorsorgeformen sind steuerlich abzugsfähig und beeinflussen diesen Satz günstig (mehr zum Thema Grenzsteuersatz lesen Sie auf Seite 163).

■ Tipp 8: Risiken abwägen

Wie viel Sicherheit brauchen Sie? Sind Sie der Typ, der zwischendurch seine Zelte abbrechen und einfach mal losziehen würde – ins Ungewisse? Oder brauchen Sie eher einen geordneten Rahmen für Ihr Leben, schätzen Sie Vorhersehbarkeit? Risikofreudigkeit und Sicherheitsbedürfnis sind für so manche Vorsorgeüberlegung ausschlaggebend. Das betrifft Geldanlagen ebenso wie den rechtzeitig vor der Pensionierung zu fällenden Entscheid für eine Pensionskassenrente oder einen Kapitalbezug.

Bei solchen Überlegungen spielt es natürlich auch eine Rolle, ob Sie für sich allein entscheiden können oder ob Sie Ihre Familie berücksichtigen müssen. Wer keine Unterhaltspflichten hat, kann beispielsweise auf die Absicherung des Todesfalls verzichten. Risikoreich handelt dagegen, wer kein Vermögen hat und dennoch nicht für den Fall der Erwerbsunfähigkeit vorsorgt. Denn die dann entstehende Einkommenslücke kann zu existenziellen Problemen führen.

■ Tipp 9: Veränderungen im Auge behalten

Wir leben in einer Welt, deren einzige Konstante die Veränderung ist. Die Arbeitswelt ist in einem raschen Wandel begriffen, die Schweizer Sozialwerke – AHV und Pensionskasse – stehen vor gewaltigen Herausforderungen. Dürfen Sie die heute in Aussicht gestellten Leistungen auch in Zukunft erwarten? Auf diese Frage gibt es keine Antwort von ewiger Gültigkeit. Lassen Sie Befürchtungen dennoch nicht überhandnehmen. Beobachten Sie stattdessen die Anpassungen bei den Sozialwerken, aber auch im steuerlichen Umfeld, und überlegen Sie sich immer wieder, wie sich diese Veränderungen auf Ihre Vorsorge auswirken. So können Sie reagieren, wenn Handlungsbedarf besteht.

■ Tipp 10: An den Ernstfall denken

Vorsorge betreibt man in der Annahme, dass man über das Pensionsalter hinaus fit und gesund sein wird und den Lebensabend geniessen kann. Auf die meisten Leserinnen und Leser dieses Vorsorgeratgebers wird dies auch zutreffen. Dennoch blitzen mit zunehmendem Alter immer häufiger Gedanken an Krankheiten, an die eigene Sterblichkeit auf. Vielleicht fällt es Ihnen leichter, sich damit zu befassen, wenn Sie sich vor Augen führen, dass Sie mit einer fairen Nachlassregelung auch Gutes bewirken können, etwa indem Sie einem Streit vorbeugen. Fassen Sie Mut, packen Sie das Thema in einem günstigen Moment an, bringen Sie es hinter sich – und geniessen Sie danach weiterhin Ihren Ruhestand (oder die Aussicht darauf) mit dem guten Gefühl, eine wichtige Sache erledigt zu haben.

Checklisten für Ihre Planung

Ihre Vorsorgeplanung wird einfacher, wenn Sie gezielt und strukturiert vorgehen. Und die Überlegungen können je nach Lebensphase unterschiedlich ausfallen. Die Checklisten auf den folgenden Seiten helfen Ihnen, zum richtigen Zeitpunkt die richtigen Vorkehrungen zu treffen.

Die grösste Arbeit kommt am Anfang auf Sie zu, wenn Sie alle Ihre Wünsche auflisten, sämtliche Unterlagen zusammensuchen und Ihre ersten Planungsziele aufschreiben. Anschliessend können Sie jeweils vom bereits Erarbeiteten ausgehen und Ihre Ziele an die neuesten Entwicklungen anpassen.

REFORM DER ALTERSVORSORGE

Der Bundesrat plante, die Altersvorsorge der Schweiz mit dem Projekt «Altersvorsorge 2020» zu reformieren. AHV (1. Säule) und berufliche Vorsorge (2. Säule) sollten in einem Aufwisch an die heutigen und zukünftigen Anforderungen angepasst werden. National- und Ständerat hatten sich geeinigt, unter anderem das AHV-Referenzalter für Frauen von 64 auf 65 Jahre zu erhöhen, einen flexiblen Rentenbezug in der AHV zu ermöglichen, die AHV-Mindestrente zu erhöhen, die Plafonierung der AHV-Renten für Ehepaare anzuheben und den Mindestumwandlungssatz im BVG von 6,8 auf 6 Prozent zu senken. Volk und Stände haben die Änderungen im September 2017 jedoch abgelehnt.

In den nächsten Jahren werden Bundesrat und Parlament gefordert sein, aus dem Scherbenhaufen der letzten Reform eine neue Vorlage zu zimmern, die finanzierbar ist, die Altersvorsorge in der Schweiz für die Zukunft rüstet und die Bevölkerung finanziell absichert. Dafür werden sich wohl die Polparteien von ihren bisher starren Vorstellungen etwas lösen und Kompromisse eingehen müssen. Nur so kann eine Vorlage zustande kommen, die auch in einer Volksabstimmung Bestand hat. Aufgrund der Kritiken an der gescheiterten kombinierten Reform will der Bundesrat nun zuerst die AHV angehen und sich erst in einem zweiten Schritt die Pensionskassen vornehmen.

VORSORGEPLANUNG: SO GEHEN SIE SYSTEMATISCH VOR

Checkliste 1: Sie sind rund 50 Jahre alt

1. Tragen Sie spätestens jetzt alle Unterlagen zusammen, die Sie für den Überblick über Ihre Vermögens- und Vorsorgesituation brauchen. Dazu gehören:
   - ☐ letzte Steuererklärung inklusive Veranlagung mit allen Beilagen
   - ☐ Ausweis und Reglement der Pensionskasse
   - ☐ Belege von Freizügigkeitskonten und -policen
   - ☐ Belege von Konten und Policen der Säule 3a
   - ☐ Lebensversicherungspolicen
   - ☐ aktuelle Auszüge von Bankkonten und -depots
   - ☐ Unterlagen und Belege zum Wohneigentum
   - ☐ AHV-Ausweis
   - ☐ Lohnausweise

2. Bestellen Sie bei der zuständigen AHV-Stelle einen persönlichen IK-Auszug (siehe Seite 31).

3. Überprüfen Sie auf dem aktuellen Versicherungsausweis Ihren Rentenanspruch bei der Pensionskasse.

4. Schätzen Sie Ihren Einkommensbedarf im Ruhestand mittels eines Budgets ab. Für wen müssen Sie mitvorsorgen (Ehepartner, Kinder in Ausbildung)? Vergleichen Sie den geschätzten Bedarf mit den zu erwartenden Rentenansprüchen (siehe Seite 133).

5. Wie gross ist Ihre Vorsorgelücke (siehe Seite 72)? Jetzt ist noch Zeit, sie zu schliessen. Prüfen Sie die Möglichkeiten: Kommen zum Beispiel (weitere) Einkäufe in die 2. Säule infrage oder stocken Sie die 3. Säule kräftig auf? Falls Sie das maximale Vorsorgeguthaben in der 2. Säule erreicht haben: Klären Sie ab, ob Sie es allenfalls steuerschonend durch gestaffelte Bezüge zur Hypothekentilgung verwenden können und wollen (mehr dazu auf Seite 167). Achten Sie dabei auf die gesetzlichen Vorschriften.

6. Werden Sie sich regulär pensionieren lassen oder streben Sie eine Frühpensionierung an? Falls eine Frühpensionierung zur Diskussion steht, prüfen Sie die Auswirkungen im Detail. Beantworten Sie folgende Fragen:
   – Wie hoch ist die Renteneinbusse bei der Pensionskasse?

- Gibt es eine Überbrückungsrente der Pensionskasse? Finanziert diese der Arbeitgeber oder müssen Sie selber dafür aufkommen?
- Müssen Sie die AHV-Rente vorzeitig beziehen oder können Sie zuwarten bis zum ordentlichen Pensionsalter? Wie hoch ist die Renteneinbusse bei einem Vorbezug?

7. Machen Sie sich erste Gedanken darüber, ob Sie dereinst Ihr Pensionskassenguthaben als Rente oder als Kapital beziehen wollen. Befassen Sie sich mit den Vor- und Nachteilen, klären Sie die Anmeldefrist ab.

Checkliste 2: Sie sind 55 Jahre alt

1. Aktualisieren Sie alle Punkte der Checkliste für das Alter 50. Welche Abweichungen haben sich in den letzten fünf Jahren ergeben bei
   - Ihren persönlichen Zielen;
   - Ihrem künftigen Einkommen;
   - Ihrer Lebenssituation;
   - Ihren Vermögensanlagen?

2. Wie wirken sich die Abweichungen aus? Müssen Sie Massnahmen ergreifen, zum Beispiel auf eine Frühpensionierung verzichten – oder rückt die Frührente im Gegenteil erst jetzt in den Bereich des Möglichen?

3. Haben sich gesetzliche Rahmenbedingungen geändert (zum Beispiel bei der Besteuerung von Kapitalauszahlungen oder bei den Erbschaftssteuern)? Bringt die nächste AHV-Revision Änderungen, die Sie betreffen? Prüfen Sie Auswirkungen von Reglementsänderungen, die Ihre Pensionskasse allenfalls in den vergangenen fünf Jahren vorgenommen hat (zum Beispiel Veränderungen des Umwandlungssatzes im obligatorischen wie im überobligatorischen Bereich).

4. Wie wollen Sie nach der Pensionierung wohnen? Erwägen Sie den Umzug von einem Haus in eine Eigentumswohnung? Sehen Sie sich rechtzeitig nach einem passenden Objekt um und berücksichtigen Sie dabei auch die Steuersituation im Zielkanton.

5. Ist Auswandern ein Thema? Wenn Sie der Schweiz den Rücken kehren möchten, ist frühzeitige Planung ein Muss. Verschaffen Sie sich Klarheit über Einreise- und Aufenthaltsbedingungen im Zielland, Lebenshaltungskosten, Immobilienpreise, die Steuersituation etc.

Checkliste 3: Sie sind 60 Jahre alt

1. Aktualisieren Sie die Punkte 2 bis 5 der Checkliste für das Alter 55. Prüfen Sie wiederum Abweichungen und deren Auswirkungen.
2. Rechnen Sie Ihr Budget nochmals detailliert durch – die Angaben sind jetzt schon viel konkreter.
3. Legen Sie den Zeitpunkt der Pensionierung jetzt fest.
4. Entscheiden Sie, wie Sie bezüglich AHV vorgehen wollen: Vorbezug, regulärer Bezug, Aufschieben der Rente?
5. Entscheiden Sie, wie Sie Ihre Pensionskassengelder beziehen wollen: als Rente, als Kapital, oder ziehen Sie eine Mischlösung vor? Holen Sie spätestens jetzt Rat ein, wenn Sie unsicher sind. Wenn Sie einen (Teil-)Kapitalbezug favorisieren, informieren Sie Ihre Vorsorgeeinrichtung innerhalb der vorgeschriebenen Frist (zu finden im Reglement).
6. Wie wollen Sie allfällige Kapitalbezüge staffeln, um Steuern zu sparen?

Checkliste 4: Sie stehen kurz vor der Pensionierung

1. Melden Sie sich etwa drei Monate vor der Pensionierung bei der AHV-Ausgleichskasse für den Rentenbezug an.
2. Falls Sie die Rente aufschieben möchten: Informieren Sie die Ausgleichskasse.
3. Wollen Sie sich frühpensionieren lassen, ohne die AHV vorzubeziehen? Dann leiten Sie die Zahlung der AHV-Beiträge als Nichterwerbstätige(r) bei der zuständigen Ausgleichskasse in die Wege.
4. Legen Sie fest, wie Sie Ihr freies Vermögen im Ruhestand anlegen werden. Reduzieren Sie Hypotheken oder entscheiden Sie sich für geeignete Anlagen in Aktien, Obligationen, Leibrentenpolicen? Welche Etappierung haben Sie beim Vermögensverzehr vorgesehen? Lassen Sie sich beraten.
5. Prüfen Sie die güter- und erbrechtliche Situation für die Zeit vor und nach der Pensionierung. Ist Ihre Lebenspartnerin, Ihr Ehemann gut genug abgesichert?
6. Prüfen Sie die Möglichkeiten der Nachlassregelung. Was passiert mit allfälligem Liegenschaftenbesitz? Kommt die Auszahlung von Erbvorbezügen infrage?

1 KLUG VORSORGEN – DER EINSTIEG

AHV – die staatliche Vorsorge

Den Grundbedarf der Bevölkerung sichern, das ist der Auftrag der 1. Säule. Zu dieser staatlichen Vorsorge gehört die AHV, aber auch die Invalidenversicherung und die Ergänzungsleistungen zählen dazu. Ein Überblick über die wichtigsten Grundsätze und Bestimmungen der AHV.

Grundzüge der 1. Säule

Das Vorsorgesystem in der Schweiz ist auf drei Säulen aufgebaut. Die ersten beiden Säulen sind gesetzlich genau geregelt. Aufgabe der AHV ist es in erster Linie, die Existenz abzusichern, die der beruflichen Vorsorge, die Fortführung des gewohnten Lebensstandards zu ermöglichen.

Die AHV – die 1. Säule – besteht seit dem Jahr 1948; sie wurde seither bereits zehn Revisionen unterzogen. Eine elfte AHV-Revision jedoch ist bisher mehrmals gescheitert. Mit der Ablehnung der Reformvorlage «Altersvorsorge 2020» im September 2017 ist die Arbeit von mehreren Jahren Makulatur geworden. Bundesrat und Parlament müssen deshalb eine neue Vorlage ausarbeiten, um die 1. Säule zu sichern und an die heutigen Gegebenheiten anzupassen.

Bei der AHV sind alle versichert

Die AHV ist das umfassendste Vorsorgewerk der Schweiz. Sie ist eine obligatorische Volksversicherung; versichert sind alle, die in der Schweiz wohnen oder erwerbstätig sind, also alle Frauen und Männer, die in der Schweiz einem Beruf nachgehen – dazu gehören auch Grenzgänger und Gastarbeiter –, und auch alle Nichterwerbstätigen, die in der Schweiz wohnen: Kinder, Studierende, Invalide, Rentner, Hausfrauen.

Beitragspflichtig sind alle versicherten erwerbstätigen Personen; sie zahlen Beiträge ab dem 1. Januar des Jahres, in dem sie 18 Jahre alt werden. Auch die nicht erwerbstätigen Personen müssen Beiträge zahlen, aber erst ab dem 1. Januar des Jahres, in dem sie 21 werden. Die Beitragspflicht dauert grundsätzlich bis zum gesetzlichen AHV-Rentenalter. Dieses erreichen die Frauen mit 64 Jahren, die Männer mit 65.

Wer nach dem ordentlichen Rentenalter weiterarbeiten will, muss weiterhin AHV-Beiträge abliefern. Allerdings gibt es dann einen monatlichen Freibetrag von 1400 Franken. Nur die darüberliegenden Lohnbestandteile sind beitragspflichtig.

DIE AKTUELLE AHV-NUMMER: AHVN13

In den Jahren 2008 und 2009 hat die AHV die 11-stellige AHV-Nummer durch eine neue, 13-stellige ersetzt: AHVN13. Die ersten drei Stellen der Versichertennummer bilden den Ländercode (756 = Schweiz), danach folgt eine zufällig zugeteilte neunstellige Zahl, gefolgt von einer einstelligen Prüfziffer.

Die AHVN13 erlaubt keine Rückschlüsse mehr auf die versicherte Person. Sie wird neu bereits kurz nach der Geburt zugeteilt und ändert sich nie mehr. Alle Versicherten haben mit dem Wechsel der Nummer auch einen neuen Versicherungsausweis der AHV/IV erhalten. Den alten Ausweis sollten Sie aber zur Sicherheit aufbewahren. ■

Die Finanzierung der AHV

Finanziert wird die AHV im sogenannten Umlageverfahren. Das heisst, die Einnahmen werden direkt für die Finanzierung der laufenden Renten verwendet. Die jährlichen Zahlungen decken in etwa die Rentenausgaben. Schwankungen werden über den AHV-Ausgleichsfonds aufgefangen, der ungefähr einen Jahresbedarf betragen sollte.

Die Einnahmen der AHV setzen sich zusammen aus den Beiträgen der Versicherten, die rund drei Viertel ausmachen; den Rest zahlt der Bund. Er finanziert seinen Anteil grösstenteils aus der Mehrwertsteuer, der Alkohol- und Tabaksteuer und aus den Spielbankenabgaben. Die Beitragszahlungen der Versicherten und der Arbeitgeber betrugen 2016 fast 31 Milliarden Franken, die öffentliche Hand steuerte rund 10,9 Milliarden bei. Die Ausgaben der AHV beliefen sich im selben Jahr auf 42,5 Milliarden Franken. 2016 haben fast 2,3 Millionen Personen eine Altersrente bezogen.

Bei der 1. Säule der Schweizer Vorsorge spielt die Solidarität eine bedeutende Rolle: Junge zahlen für Alte, Reiche für Arme, Gesunde für Kranke. Anders ist dies bei der 2. und 3. Säule, wo jeder und jede über Jahre Kapital für die eigene Altersvorsorge anspart.

Wer zahlt welche Beiträge?

Die Haupteinnahmequelle der AHV sind die Beitragszahlungen der Versicherten und der Arbeitgeber. Zusätzlich zahlen sie weitere Beiträge an die Invalidenversicherung (IV) und an die Erwerbsersatzordnung (EO).

Beiträge der Arbeitnehmer
Angestellten zieht der Arbeitgeber die Beiträge direkt vom Bruttolohn ab. Für die AHV beträgt der Lohnabzug 4,2 Prozent, für die IV 0,7 Prozent und für die EO 0,225 Prozent. Der Arbeitgeber zahlt nochmals gleich viel an die Sozialversicherungen; insgesamt macht das 10,25 Prozent der Lohnsumme aus. Er rechnet regelmässig mit der zuständigen Ausgleichskasse ab und überweist die Beiträge dorthin.

INFO Grundsätzlich sind alle Lohnzahlungen AHV-beitragspflichtig, auch bei Nebenjobs, es sei denn, das Jahreseinkommen beträgt weniger als 2300 Franken. Der Arbeitnehmer kann aber trotzdem verlangen, dass die Beiträge gezahlt werden. Tätigkeiten in Privathaushalten sind immer beitragspflichtig (eine Ausnahme besteht bei Sackgeldjobs: höchstens 750 Franken pro Jahr für maximal 25-Jährige), auch wenn der Lohn unter dieser Grenze liegt. Das gilt insbesondere für Reinigungsleute, Haushaltshilfen und Betreuungspersonal. Übrigens: Bei der Steuerpflicht gibt es keine Freibeträge.

Beiträge der Selbständigerwerbenden
Selbständigerwerbende zahlen ihre Beiträge vollständig selber anhand ihres Jahreseinkommens. Der Beitragssatz für die AHV beträgt maximal 7,8 Prozent, für die IV maximal 1,4 Prozent und maximal 0,45 Prozent für die EO. Für ein Jahreseinkommen von unter 56 400 Franken (Stand 2018) wird ein reduzierter Beitragssatz angewendet. Die Höhe des Einkommens errechnet die AHV auf Basis der definitiven Steuerveranlagung.

Beiträge der Nichterwerbstätigen
Auch Nichterwerbstätige müssen Beiträge an AHV, IV und EO leisten. Die Höhe richtet sich nach dem vorhandenen Vermögen und dem allfälligen Renteneinkommen. Der minimale Jahresbeitrag liegt bei 478 Franken, maximal müssen 23 900 Franken gezahlt werden (Stand 2018). Die Bei-

träge werden anhand der Steuerdeklaration ausgerechnet. Verheiratete müssen keine Beiträge entrichten, wenn der erwerbstätige Ehepartner mehr als den doppelten Minimalbeitrag, also 956 Franken, an die Sozialversicherungen zahlt (das gilt auch für eingetragene Partnerschaften).

Erziehungs- und Betreuungsgutschriften

Erziehungsgutschriften sollen den Einkommensausfall kompensieren, der entsteht, wenn die Eltern wegen der Kinderbetreuung nicht mehr (voll) arbeiten können. Dem AHV-Konto wird dann ein fiktives Einkommen gutgeschrieben, wodurch sich das für die Rentenberechnung herangezogene durchschnittliche Erwerbseinkommen erhöht.

Erziehungsgutschriften erhält, wer die elterliche Sorge über eines oder mehrere Kinder unter 16 Jahren ausübt. Sind die Eltern verheiratet, werden ihnen diese Beträge je zur Hälfte auf dem individuellen Konto gutgeschrieben. Für geschiedene und unverheiratete Eltern gelten besondere Bestimmungen: Wenn sie die gemeinsame elterliche Sorge für ihre Kinder haben, können sie bestimmen, dass die ganze Gutschrift der Mutter oder dem Vater oder dass sie beiden je zur Hälfte angerechnet werden soll. Fehlt eine solche Vereinbarung, teilt die Kesb (Kinder- und Erwachsenenschutzbehörde) die Erziehungsgutschriften aufgrund der effektiven Betreuung zu. Falls die Eltern der Kesb keine Meldung zur Betreuung machen, erhält die Mutter die ganze Erziehungsgutschrift.

Erziehungsgutschriften werden nur einmal pro Kalenderjahr gutgeschrieben, auch wenn Eltern gleichzeitig mehrere Kinder betreuen.

MARLYS F. HAT EINE TOCHTER grossgezogen; sie erhält Erziehungsgutschriften für 16 Jahre angerechnet. Annemarie W. hat drei Kinder, die jeweils im Abstand von zwei Jahren zur Welt kamen. Sie erhält Gutschriften für den Zeitraum, in dem sie Kinder unter 16 Jahren hatte, also für total 20 Jahre.

Es reicht, die Anzahl Kinder spätestens bei der Anmeldung zum Rentenbezug anzugeben; eine vorgängig separate Meldung ist nicht nötig. Wichtig ist aber, dass die Eltern allfällige Vereinbarungen über die Aufteilung der Erziehungsgutschrift oder behördliche Entscheide gut aufbewahren.

Betreuungsgutschriften

Wer zu Hause – oder an einem leicht erreichtbaren Ort – pflegebedürftige Verwandte betreut, hat Anspruch auf sogenannte Betreuungsgutschriften. Als Verwandte gelten Eltern, Kinder, Geschwister und Grosseltern sowie Ehegatten, Schwiegereltern und Stiefkinder; pflegebedürftig ist, wer eine Hilflosenentschädigung für eine Hilflosigkeit mittleren oder schweren Grades bezieht (siehe Seite 40). Die Pflege muss mindestens 180 Tage pro Jahr dauern.

Betreuungsgutschriften kann nicht beziehen, wer bereits Erziehungsgutschriften erhält. Es ist aber möglich, für ein pflegebedürftiges Kind bis zu seinem 16. Altersjahr Erziehungsgutschriften und danach Betreuungsgutschriften zu beziehen. Kümmern sich mehrere Personen um einen pflegebedürftigen Verwandten, wird die Gutschrift unter ihnen aufgeteilt.

INFO *Die Betreuungsgutschrift müssen Sie jedes Jahr bei der kantonalen AHV-Ausgleichskasse in Ihrem Wohnsitzkanton geltend machen. Dies deshalb, weil es nicht möglich ist, erst bei Erreichen des Rentenalters zu prüfen, ob seinerzeit die Voraussetzungen für eine Betreuungsgutschrift erfüllt waren.*

Wichtig: Beitragslücken vermeiden

Um eine volle AHV-Rente zu erhalten, muss man mindestens 44 Jahre lang Beiträge gezahlt haben. Fehlen Beitragsjahre, wird die Rente gekürzt – um $1/44$ oder rund 2,3 Prozent pro Jahr. Wer ab 20 und bis zum ordentlichen AHV-Alter als Angestellter arbeitet, hat in der Regel keine Beitragslücken. Diese Gefahr besteht vor allem für Nichterwerbstätige und für Selbständigerwerbende:

- **Studium:** Studenten sollten nicht vergessen, sich bei der AHV anzumelden und ihre Beiträge zu entrichten, auch wenn sie keiner Erwerbstätigkeit nachgehen.
- **Auszeiten:** Wenn Sie sich für eine Weile ganz oder teilweise aus dem Erwerbsleben ausklinken, etwa um zu reisen oder sich weiterzubilden, sollten Sie rechtzeitig abklären, ob Sie als Nichterwerbstätige(r) beitragspflichtig sind. Auskunft erhalten Sie bei der zuständigen Ausgleichskasse (in der Regel bei der kantonalen Kasse an Ihrem Wohnsitz).

- **Mutterschaft:** Verheiratete Mütter sind, wenn sie nicht selbst einem Beruf nachgehen, meist über ihre erwerbstätigen Ehemänner versichert; Lücken drohen deshalb keine. Anders verhält es sich bei unverheirateten Paaren. Ledige oder geschiedene Mütter, die nicht berufstätig sind, müssen Beiträge als Nichterwerbstätige entrichten.
- **Auslandsaufenthalt:** Ziehen Sie oder zieht Ihr Ehepartner für eine Weile ins Ausland, um dort zu arbeiten, sollten Sie abklären, inwiefern die AHV-Beitragspflicht davon betroffen ist.
- **Arbeitslosigkeit:** Solange Sie Arbeitslosentaggeld beziehen, zahlen Sie weiterhin automatisch AHV-Beiträge. Anders bei lang andauernder Arbeitslosigkeit, wenn Sie ausgesteuert werden und eventuell Sozialhilfe beziehen: Dann müssen Sie aktiv werden und Beiträge als Nichterwerbstätige(r) entrichten.

> **ACHTUNG** *Problematisch ist es, wenn ein Arbeitgeber den Angestellten zwar stets die Beiträge vom Lohn abgezogen, das Geld aber über Jahre nicht an die AHV-Ausgleichskasse überwiesen hat. Meist bemerken die Arbeitnehmer dieses Problem zu spät, nämlich erst dann, wenn die Firma in Konkurs gegangen ist.*

Das individuelle Konto

Vertrauen ist gut, Kontrolle ist besser – das gilt auch bei der AHV. Kümmern Sie sich nicht erst dann um die Höhe Ihrer Rente, wenn Sie das AHV-Alter erreichen. Vor allem, wenn Sie häufig die Stelle gewechselt haben, sollten Sie periodisch sicherstellen, dass die AHV-Beiträge von allen Arbeitgebern ordnungsgemäss abgerechnet wurden. Wenn Sie erst bei der Rentenauszahlung bemerken, dass AHV-Beiträge fehlen oder nicht verbucht wurden, ist es meist zu spät. Solche Beitragslücken lassen sich im Nachhinein nur schliessen, wenn Sie nachweisen können, dass Sie in der fraglichen Zeit gearbeitet haben und dass Ihnen die AHV-Beiträge vom Lohn abgezogen wurden. Das ist Jahre später häufig unmöglich, weil die nötigen Unterlagen nicht mehr vorhanden sind.

Behalten Sie Ihre Lohnausweise und -abrechnungen, bis Sie überprüft haben, ob alle Beträge korrekt abgerechnet wurden. Wenden Sie sich in regelmässigen Abständen an die für Sie zuständige Ausgleichskasse und verlangen Sie eine Übersicht über Ihr individuelles Konto (IK), also eine Zusammenfassung der Auszüge aus allen Konten, die je für Sie geführt wurden. Darin sind Einkommen, Beitragszeiten sowie Erziehungs- und Betreuungsgutschriften verzeichnet.

Ein solcher Auszug ist in der Regel alle fünf Jahre, sicher aber ab dem 40. Altersjahr gratis. Versehen Sie Ihre Anfrage mit allen nötigen Angaben. Haben Sie beispielsweise geheiratet und den Namen gewechselt, sollten Sie darauf hinweisen. Möglicherweise werden Sie bei einer früheren Ausgleichskasse noch unter Ihrem alten Namen geführt.

ACHTUNG Wenn Sie einen Auszug aus Ihrem individuellen Konto erhalten, erlangt er Rechtsgültigkeit. Das bedeutet, dass er als akzeptiert gilt, wenn Sie nicht intervenieren. Liegen Unklarheiten oder Unregelmässigkeiten vor, müssen Sie deshalb rechtzeitig handeln – innerhalb von 30 Tagen ab Erhalt des Auszugs. Kontrollieren Sie besonders genau, wenn Sie häufig die Stelle gewechselt haben. Spätere Korrekturen sind nicht mehr möglich.

Lücken schliessen

Beitragslücken können bis zu fünf Jahre nach ihrer Entstehung geschlossen werden; später ist keine Nachzahlung mehr möglich. Wenden Sie sich umgehend an die AHV-Ausgleichskasse, wenn Sie auf Ihrem IK-Auszug Lücken feststellen.

Fehlen Beitragsjahre, die sich nicht mehr berücksichtigen lassen, werden Ihnen Beiträge angerechnet, die Sie vor dem 20. Altersjahr geleistet haben, die sogenannten Jugendjahre. Kommen Sie auch damit nicht auf die nötigen 44 Beitragsjahre, wird Ihre AHV-Rente entsprechend gekürzt.

TIPP Die Adressen der Ausgleichskassen finden sich in jedem Telefonbuch (ganz hinten) und im Internet unter www.ahv-iv.ch. Auf der Website der AHV steht auch eine Reihe von Merkblättern zum Download bereit; ferner ein Formular, mit dem Sie per E-Mail Ihren IK-Auszug bestellen können (→ Merkblätter & Formulare → Bestellung Kontoauszug). Unter «InfoRegister» können Sie die 13-stellige Versichertennummer und das Geburtsdatum eingeben und die kontoführenden Ausgleichskassen abrufen.

Wie hoch ist die AHV-Rente?

Die Höhe des Einkommens spielt bei der Berechnung der Rente zwar eine Rolle – eine lückenlose Beitragsdauer ist aber mindestens genauso wichtig.

Die AHV ist eine sehr soziale Versicherung: Wer 44 Jahre lang bloss ein Minimum an Beiträgen eingezahlt hat, erhält immerhin halb so viel Rente wie jemand, der Beiträge von einem Millioneneinkommen entrichtet hat. Anspruch auf eine volle AHV-Rente hat, wer 44 Beitragsjahre vorweisen kann (siehe Tabelle Seite 34). Das ist dann der Fall, wenn Sie ab dem 20. Geburtstag bis zum ordentlichen Rentenalter lückenlos AHV-Beiträge gezahlt haben. Beitragslücken führen zu einer gekürzten Teilrente (siehe Seite 30).

INFO *Bei Ehepaaren wird die Rente plafoniert: Mann und Frau erhalten zusammen nicht mehr als das Anderthalbfache der maximalen Vollrente. Dasselbe gilt bei eingetragener Partnerschaft.*

Richtwert: das durchschnittliche Einkommen

Die Höhe der Rente hängt jedoch nicht nur davon ab, ob Sie die vollständigen Beitragsjahre vorweisen können. Sie wird ebenso von der Höhe des durchschnittlichen Jahreseinkommens beeinflusst, das sich folgendermassen zusammensetzt:
- während der Beitragszeit erzieltes Einkommen, das für die Berechnung der Rente mittels eines Aufwertungsfaktors der Preis- und Lohnentwicklung angepasst wird
- allfällige Erziehungs- und Betreuungsgutschriften

Die Maximalrente erreicht man bei einem Durchschnittseinkommen von 84 600 Franken (Stand 2018). Wer in späteren Erwerbsjahren mehr als das rentenbildende Lohnmaximum verdient, kann damit tiefere Einkommen früherer Jahre ausgleichen. Mehr als die Maximalrente gibt es aber

DIE VOLLRENTEN DER AHV 2018

	Minimalrente	Maximalrente
Einzelrente	Fr. 1175.–	Fr. 2350.–
Renten für Ehepaare*	Fr. 2350.–	Fr. 3525.–
Kinderrente 40%	Fr. 470.–	Fr. 940.–
Witwen-, Witwerrente 80%	Fr. 940.–	Fr. 1880.–
Halbwaisenrente 40%	Fr. 470.–	Fr. 940.–
Vollwaisenrente 60%	Fr. 705.–	Fr. 1410.–

* Die Renten für Ehepaare sind wegen der tieferen Kosten in einem gemeinsamen Haushalt auf 150 Prozent der einfachen maximalen AHV-Rente begrenzt (Plafonierung). Sobald die beiden Einzelrenten diesen Betrag übersteigen, werden sie anteilmässig gekürzt.

nicht – mit höheren Einkommen und entsprechend höheren Abgaben trägt man stattdessen zum sozialen Ausgleich bei. Nur wenn Sie den Rentenbezug aufschieben, können Sie Ihre Rente erhöhen (siehe Seite 36).

Die AHV-Renten werden alle zwei Jahre an die allgemeine Lohn- und Teuerungsentwicklung angepasst. Steigt die Jahresteuerung über vier Prozent, kann der Bundesrat auch vor Ablauf der zwei Jahre handeln und eine Rentenerhöhung beschliessen.

Splitting – Einkommensteilung für Ehepaare

Wenn Sie verheiratet sind, wird bei der Berechnung Ihrer Rente Ihr eigenes Einkommen und dasjenige Ihres Ehepartners je hälftig angerechnet. Die Einkommen werden zusammengezählt und zwischen den Ehepartnern aufgeteilt – das bezeichnet man als Splitting. Die Halbierung bezieht sich aber nur auf die Einkommen, die während der Ehe erzielt wurden. Was Sie vor und nach der Ehe verdient haben, wird nicht geteilt, ebenso wenig vom Splitting betroffen sind die Einkommen aus dem Jahr der Eheschliessung und dem der Scheidung. Wenn nur einer der Ehegatten einem AHV-pflichtigen Erwerb nachgeht, wird das während der Ehe verdiente Einkommen ebenfalls je zur Hälfte dem Mann und der Frau angerechnet.

TIPP *Verlangen Sie nach einer Scheidung unverzüglich die Einkommensteilung – die Formulare dafür sind bei den AHV-Ausgleichskassen oder im Internet verfügbar (www.ahv-iv.ch → Merkblätter & Formulare → Formulare → Allgemeine Verwaltungsformulare). Reichen Sie die Anmeldung zum Splitting wenn immer möglich gemeinsam ein, damit die Teilung rascher und zuverlässiger durchgeführt werden kann und sich eine Verzögerung bei der späteren Rentenberechnung vermeiden lässt. Wenn Sie das Verfahren nicht von sich aus einleiten, nimmt die Ausgleichskasse das Splitting spätestens dann vor, wenn sie Ihre Rente berechnen muss.*

Wenn ein Ehepartner noch erwerbstätig ist

Wird zum Beispiel nur der Ehemann pensioniert, während die Frau noch im Erwerbsleben steht, werden die Erwerbseinkommen vorerst nicht gesplittet. In diesem Fall berechnet man die Rente nur anhand des Einkommens des Ehemanns. Angerechnet werden allerdings allfällige Erziehungs- oder Betreuungsgutschriften.

Erst mit der Pensionierung der Frau kommt es zum Splitting. Das kann zur Folge haben, dass die Rente des Mannes nach der Pensionierung seiner Frau nun höher oder auch tiefer ausfällt als zuvor.

 RITA M. wurde 1954 geboren und bezieht ab 2018 eine ordentliche Altersrente. Sie ist seit 1980 mit demselben Mann verheiratet; er ist aber noch nicht rentenberechtigt. So wird ihre Altersrente auf Basis ihres eigenen, ungeteilten Einkommens berechnet. Da aus der Ehe auch zwei Kinder (Geburtsjahre 1982 und 1985) stammen, werden Rita M. die halben Erziehungsgutschriften für 19 Jahre angerechnet.

 INFO *Die Regeln zum Splitting gelten auch für eingetragene Partnerinnen und Partner.*

Flexibles Rentenalter

Wer vorzeitig in den Ruhestand tritt, muss mit dem Bezug der AHV-Rente nicht zwingend bis zum ordentlichen Rentenalter warten: Es besteht die Möglichkeit, die Rente für ein oder zwei ganze Jahre vorzubeziehen, dann wird sie allerdings lebenslang gekürzt (mehr zum Thema Frühpensionierung ab Seite 149).

Aufschub der AHV-Rente
Wer nach Erreichen des ordentlichen AHV-Alters noch nicht auf eine Altersrente angewiesen ist, kann sie aufschieben. Das ist durchaus lukrativ, denn die Renten steigen teilweise substanziell an, und den höheren Betrag erhält man für die gesamte Rentenbezugsdauer (siehe Kasten). Ein Aufschub kann ausserdem auch steuerlich interessant sein, etwa wenn Sie noch ein Erwerbseinkommen erzielen.

INFO *Der Aufschub des Rentenbezugs ist für höchstens fünf Jahre möglich – Frauen können also bis zum 69., Männer bis zum 70. Geburtstag zuwarten. Er gilt für mindestens ein volles Jahr, anschliessend kann man die Rente jederzeit abrufen. Sie müssen sich also nicht von vornherein festlegen. Sie müssen jedoch innerhalb eines Jahres seit Beginn der Rentenberechtigung zwingend eine Aufschubserklärung einreichen.*

Wenn Sie über das AHV-Alter hinaus ein Einkommen erzielen, müssen Sie dafür weiterhin Beiträge an AHV, IV und EO entrichten, nicht aber an die Arbeitslosenversicherung. Allerdings profitieren erwerbstätige Rentner

ÜBERSICHT: RENTENERHÖHUNG BEI AUFSCHUB

Prozentualer Zuschlag nach einer Aufschubsdauer von

Jahren	und Monaten			
	0 – 2	3 – 5	6 – 8	9 – 11
1	5,2 %	6,6 %	8,0 %	9,4 %
2	10,8 %	12,3 %	13,9 %	15,5 %
3	17,1 %	18,8 %	20,5 %	22,2 %
4	24,0 %	25,8 %	27,7 %	29,6 %
5	31,5 %			

Lesebeispiel: Wenn Sie den Rentenbezug um zwei Jahre und vier Monate aufschieben, erhalten Sie 12,3 Prozent mehr Rente ausgezahlt.

und Rentnerinnen von einem Freibetrag von 1400 Franken pro Monat oder 16 800 Franken pro Jahr; nur höhere Einkommen werden von der Beitragspflicht erfasst. Der Freibetrag gilt übrigens pro Arbeitsverhältnis.

> **TIPP** *Sind Sie verheiratet, haben Sie und Ihr Ehepartner unabhängig voneinander die Möglichkeit, die Rente vorzubeziehen oder aufzuschieben. Das ermöglicht eine flexible finanzielle Planung des Ruhestands.*

Die Ergänzungsleistungen

Die Ergänzungsleistungen helfen dort, wo die Renten und das Einkommen die minimalen Lebenskosten nicht decken. Auf diese Zahlungen hat man einen rechtlichen Anspruch – es handelt sich weder um Almosen noch um Sozialhilfeleistungen.

Zusammen mit AHV und IV gehören die Ergänzungsleistungen (EL) zum sozialen Fundament unseres Staates. Sie werden durch die Kantone ausgerichtet. Um festzustellen, ob jemand Anspruch auf EL hat, werden die gesamten Einkommens- und Vermögensverhältnisse überprüft, wobei man die anrechenbaren Einnahmen (Renten, Einkommen, Vermögensertrag und Vermögensverzehr) den anerkannten Ausgaben (allgemeiner Lebensbedarf, Miete, Durchschnittsprämie für die Krankenkasse) gegenüberstellt. Ergibt sich bei dieser Rechnung ein Defizit, wird dieser Betrag als jährliche Ergänzungsleistung ausgezahlt (ein Beispiel, wie EL berechnet werden, finden Sie im Kasten auf der nächsten Seite).

Den Antrag auf Ergänzungsleistungen sollte man nicht hinauszögern. Denn der Anspruch besteht grundsätzlich erst ab dem Zeitpunkt, zu dem man ein Gesuch stellt.

> **INFO** *Wer Ergänzungsleistungen erhält, kann sich von der Gebührenpflicht für Radio- und Fernsehprogramme befreien lassen. Dazu müssen Sie ein schriftliches Gesuch mit einer Kopie des*

Entscheids über die Gewährung von Ergänzungsleistungen (Verfügung) an die Billag AG in Freiburg richten. Ab dem 1. Januar 2019 ist die Serafe AG in Fehraltorf zuständig.

Wie wird das Vermögen angerechnet?

Die weitverbreitete Vorstellung, Ergänzungsleistungen erhalte nur, wer kein Vermögen (mehr) besitze, ist falsch. Ein Teil des Vermögens wird zwar angerechnet, aber es bestehen Freibeträge. Unberücksichtigt bleibt ein Vermögen von bis zu 37 500 Franken (Alleinstehende) respektive 60 000 Franken (Ehepaare). Steckt das Vermögen in einem Eigenheim, gibt es einen zusätzlichen Freibetrag von 112 500 Franken beziehungsweise, in bestimmten Fällen, 300 000 Franken.

Das diese Freigrenze übersteigende Nettovermögen wird anteilmässig angerechnet. Wie hoch der Anteil ist, hängt von der Lebenssituation ab:
- IV-Rentner und -Rentnerinnen $1/15$
- Zu Hause wohnende AHV-Rentnerinnen und -Rentner $1/10$
- AHV-Rentnerinnen und -Rentner im Heim (fast alle Kantone) $1/5$

BEISPIEL: BERECHNUNG ERGÄNZUNGSLEISTUNGEN

Max G., alleinstehender Rentner, lebt in einer Mietwohnung

Ausgaben		
▪ Allgemeiner Lebensbedarf	Fr. 19 290.–	
▪ Bruttomietzins	Fr. 11 760.–	
▪ Krankenkassenprämien*	Fr. 4 320.–	Fr. 35 370.–
Einnahmen		
▪ AHV-Rente	Fr. 14 100.–	
▪ Leistung der Pensionskasse	Fr. 3 600.–	
▪ Vermögensertrag	Fr. 105.–	
▪ Vermögensverzehr	Fr. 1 500.–	Fr. 19 305.–
Differenz		– Fr. 16 065.–
Jährliche Ergänzungsleistung		**Fr. 16 065.–**
Monatliche Ergänzungsleistung		**Fr. 1 339.–**

*Je nach Kanton variierende Beträge

Achtung: Vermögensverzicht
Vermögensteile zu verschenken, bringt übrigens nichts – das kann im Gegenteil den Gang aufs Sozialamt notwendig machen. Denn das verschenkte Vermögen wird angerechnet, wie wenn es noch vorhanden wäre. Dabei spielt auch der Zeitpunkt der Schenkung keine (wesentliche) Rolle, da es für die Anrechnung von verschenktem Vermögen keine Verjährungsfrist gibt. Immerhin wird aber der Betrag des verschenkten Vermögens pro Kalenderjahr um jeweils 10 000 Franken reduziert, da auch vorhandenes Vermögen zum Lebensunterhalt verwendet und sich dadurch verringern würde.

> **BUCHTIPP**
> Alles Wissenswerte zu den Ergänzungsleistungen und viele Berechnungsbeispiele für verschiedene Situationen finden Sie in diesem Beobachter-Ratgeber: **Ergänzungsleistungen. Wenn die AHV oder IV nicht reicht.**
> www.beobachter.ch/buchshop

> **TIPP** Möchten Sie wissen, ob Sie Anspruch auf Ergänzungsleistungen haben? Die EL-Behörden und Pro Senectute bieten dafür ein einfaches Selbstberechnungsblatt an. Sie können es bei den Behörden beziehen (Adressen unter www.ahv-iv.ch → Sozialversicherungen → Ergänzungsleistungen (EL) → Ihr Recht auf Ergänzungsleistungen) oder bei Pro Senectute direkt online ausfüllen (www.prosenectute.ch/eld).

Extraleistungen für medizinische Behandlungen

Zusätzlich zu den Ergänzungsleistungen besteht auch die Möglichkeit, sich die Kosten für notwendige medizinische Behandlungen rückerstatten zu lassen. Auch wenn Sie keinen Anspruch auf Ergänzungsleistungen haben, weil Ihre Einnahmen die Ausgaben überschreiten, werden Ihnen diese Kosten unter Umständen rückvergütet – dann nämlich, wenn die Krankheits- oder Behinderungskosten höher sind als Ihre Einnahmen. Das kann auch ausnahmsweise mal nur in einem bestimmten Jahr der Fall sein.

Jährlich können – zusätzlich zur Ergänzungsleistung oder separat – folgende Maximalbeträge vergütet werden:
- Für Alleinstehende   25 000 Franken
- Für Ehepaare   50 000 Franken
- Für Heimbewohner   6 000 Franken

ZUSÄTZLICHE UNTERSTÜTZUNG: HILFLOSENENTSCHÄDIGUNG
AHV-Bezügerinnen und -Bezüger haben Anrecht auf Hilflosenentschädigung, wenn sie gemäss Gesetz in schwerem, mittlerem oder leichtem Grad als hilflos gelten. Das ist im Allgemeinen dann der Fall, wenn Alltagsverrichtungen wie etwa Ankleiden, Essen oder Körperpflege nicht mehr allein zu bewältigen sind.

Die Höhe der Hilflosenentschädigung richtet sich nach der Minimalrente der AHV; bei schwerer Hilflosigkeit beträgt sie 80 Prozent davon, das entspricht 940 Franken pro Monat. ■

> **INFO** *Wenn Sie Leistungen für medizinische Behandlungen geltend machen wollen, müssen Sie den Vergütungsantrag innerhalb von 15 Monaten nach Rechnungsstellung einreichen.*

So gehen Sie vor

Ergänzungsleistungen müssen Sie via amtliches Formular beantragen; Sie erhalten es bei den zuständigen Behörden, den EL-Stellen. Diese Stellen erteilen auch detaillierte Auskünfte; die Beratung gehört von Gesetzes wegen zu ihren Aufgaben. Sie befinden sich in der Regel bei der Ausgleichskasse des Wohnkantons; Ausnahmen bilden die Kantone Basel-Stadt, Genf und Zürich (www.ahv-iv.ch → Kontakte → Haben Sie Fragen zu den Ergänzungsleistungen EL)?

> **INFO** *Einzelne Kantone und Gemeinden richten nebst den Ergänzungsleistungen weitere Zusatzleistungen aus. So sieht etwa der Kanton Basel-Stadt monatliche Beihilfen für zu Hause wohnende Personen in der Höhe von max. 84 Franken für Alleinstehende respektive 125 Franken für Ehepaare vor. Der Kanton Zürich zahlt zusätzlich zu den Ergänzungsleistungen Beiträge von jährlich maximal 2420 Franken für Alleinstehende respektive 3630 Franken für Ehepaare (Stand 2018). Erkundigen Sie sich bei der EL-Stelle Ihres Wohnkantons und bei Ihrer Wohngemeinde, ob der Kanton und/oder die Gemeinde solche Zusatzleistungen erbringt.*

Pensionskasse – die berufliche Vorsorge

Der grösste Vermögensposten vieler Erwerbstätiger lagert bei der Pensionskasse – dafür geht ein ansehnlicher Teil des Lohnes weg. Wie arbeitet Ihr Geld bei der Vorsorgeeinrichtung? Welche Leistungen können Sie im Alter von der beruflichen Vorsorge erwarten? Antworten auf diese und weitere Fragen finden Sie im folgenden Kapitel.

Grundzüge der 2. Säule

Wie hoch die Pensionskassenrente einmal ausfallen wird, können Sie im Versicherungsausweis nachlesen. Doch wie kommt diese Zahl zustande? Wie verbindlich ist sie? Und wer ist überhaupt in der 2. Säule versichert?

Seit 1985 ist das Bundesgesetz über die berufliche Vorsorge (BVG) in Kraft. Diese 2. Säule im Schweizer Vorsorgesystem soll in Ergänzung zur AHV den bisherigen Lebensstandard sichern. Im Gegensatz zur AHV wird die berufliche Vorsorge im Kapitaldeckungsverfahren finanziert, das heisst: Jeder und jede Versicherte spart das eigene Altersguthaben an; anhand dieses Betrags werden die späteren Leistungen berechnet.

Das BVG regelt nur das Minimum an Leistungen, das alle Vorsorgeeinrichtungen bieten müssen (BVG-Obligatorium). Den Pensionskassen steht es frei, darüber hinausgehende überobligatorische Leistungen zu versichern. Was in diesem überobligatorischen Bereich der beruflichen Vorsorge gilt, regeln die Kassen jeweils in ihren Reglementen.

Über die Ausgestaltung der Pensionskassenlösung können die Versicherten nicht selber bestimmen, denn die Wahl der Vorsorgeeinrichtung ist Sache des Arbeitgebers. Einige Betriebe verfügen nur über die obligatorische Deckung; viele andere haben eine Pensionskasse gewählt, die auch überobligatorische Leistungen kennt. Die Lösungen sind von Kasse zu Kasse sehr unterschiedlich.

> **TIPP** *Bietet Ihre Pensionskasse nur das BVG-Minimum, sollten Sie prüfen, ob sich die Deckung im Bedarfsfall über die Säule 3a oder eine Privatversicherung verbessern liesse. Welche Lösung empfehlenswert wäre, hängt von Ihren persönlichen Lebensumständen ab. Lassen Sie sich von einer Fachperson beraten (Adressen von Beratungsstellen finden sich im Anhang).*

Zwei wichtige Grössen

Gesetzlich geregelt sind unter anderem der Mindestsatz, mit dem das angesparte Kapital verzinst werden muss, und der Umwandlungssatz zur Berechnung der Altersrente. Diese Vorgaben gelten jedoch nur für die BVG-Minimalleistungen. Im überobligatorischen Teil sind die Pensionskassen frei; hier setzen sie die Beträge in der Regel tiefer an.

Der Mindestzinssatz
Seit der Einführung des BVG und bis Ende 2002 betrug der Mindestzinssatz einheitlich 4 Prozent. Weil die Pensionskassen auf den unsicheren Finanzmärkten nicht mehr genug Rendite erwirtschafteten, wurde der Satz gesenkt; aktuell liegt er bei 1 Prozent (Stand 2018). Der Bundesrat legt den Satz mindestens alle zwei Jahre neu fest.

Der Umwandlungssatz
Ursprünglich betrug der Umwandlungssatz – der Prozentsatz des angesparten Kapitals, der jährlich als Rente ausgezahlt wird – 7,2 Prozent. Die stetig zunehmende Lebenserwartung hat eine anhaltende Diskussion um den Umwandlungssatz ausgelöst. Er wurde schrittweise gesenkt, seit 2014 beträgt er 6,8 Prozent. Das ist nach Ansicht der Pensionskassen immer noch zu hoch. Eine Senkung auf 6,4 Prozent wurde 2010 an der Urne verworfen. Im Rahmen des Projekts «Altersvorsorge 2020» sollte der Umwandlungssatz auf 6 Prozent gesenkt werden. Da die Reform abgelehnt wurde, gilt nun weiterhin ein Satz von 6,8 Prozent. Arbeitnehmende, die auch überobligatorisch versichert sind, müssen sich jedoch schon heute tiefere Umwandlungssätze gefallen lassen.

Wer ist in der 2. Säule versichert?

Obligatorisch BVG-versichert sind alle Arbeitnehmerinnen und Arbeitnehmer, die als Angestellte einen jährlichen Mindestlohn von 21 150 Franken beziehen, unabhängig vom Arbeitspensum (Stand 2018). Die obligatorische Versicherung gilt jeweils ab dem 1. Januar nach dem 17. Geburtstag. Bis zum 24. Geburtstag ist man nur für die Risiken Invalidität und Todesfall versichert und zahlt entsprechend nur dafür Prämien; ab Januar des

WER IST NICHT OBLIGATORISCH BVG-VERSICHERT?
Die folgenden Personengruppen sind dem BVG nicht obligatorisch unterstellt, auch wenn sie den Mindestlohn erreichen:
- Arbeitnehmerinnen und Arbeitnehmer mit einem befristeten Arbeitsverhältnis von höchstens drei Monaten
- Arbeitnehmende, die nur nebenberuflich angestellt sind und hauptberuflich eine selbständige Erwerbstätigkeit ausüben oder hauptberuflich bereits versichert sind
- Personen, die zu mindestens 70 Prozent invalid sind
- Bestimmte Familienmitglieder des Inhabers eines Landwirtschaftsbetriebs, die im Betrieb mitarbeiten, zum Beispiel dessen Nachkommen, die Ehefrau oder der eingetragene Partner

Nicht ausgeschlossen ist allerdings, dass Angestellte, die diese Bedingungen erfüllen, dennoch von ihrem Arbeitgeber versichert werden; das ist dann der Fall, wenn es sich um eine Pensionskasse mit überobligatorischen Leistungen handelt.

folgenden Jahrs kommt das Alterssparen dazu. Wer eine neue Stelle antritt und obligatorisch BVG-versichert ist, muss die angesparten Freizügigkeitskapitalien aus früheren Vorsorgeverhältnissen in die neue Pensionskasse einbringen.

Wer weniger als den Mindestlohn verdient, ist nicht obligatorisch versichert. Es gibt aber viele Pensionskassen, die für Teilzeiterwerbstätige eine tiefere Eintrittsschwelle vorsehen – beispielsweise einen Mindestlohn von 10 575 Franken für Angestellte mit einem 50-Prozent-Pensum.

> **INFO** *Nach Beendigung eines Arbeitsverhältnisses bleiben Angestellte für die Risiken Tod und Invalidität versichert, bis sie in einer neuen Kasse oder bei der Auffangeinrichtung aufgenommen werden, längstens aber für einen Monat. Wer seine Stelle aufgibt, um eine Auszeit einzulegen, sollte sich unbedingt um die nötigen Versicherungen kümmern.*

Das für die 2. Säule geltende Pensionsalter entspricht dem bei der AHV: 65 für Männer, 64 für Frauen. Hingegen ist die Frühpensionierung mit vorgezogenem Rentenbezug im obligatorischen Bereich nicht geregelt. Viele Pensionskassen mit überobligatorischen Leistungen sehen diese Möglichkeit aber in ihrem Reglement vor (mehr dazu auf Seite 151). Das frühestmögliche Rentenalter ist 58 Jahre.

Auch Arbeitslose sind versichert
Angestellte, die bisher einer Pensionskasse angehörten und ihre Stelle verlieren, bleiben in der 2. Säule versichert, solange sie Taggelder der Arbeitslosenversicherung beziehen – allerdings nur für die Risiken Tod und Invalidität; die Versicherung übernimmt die Auffangeinrichtung. Das bisher angesparte Freizügigkeitskapital wird auf ein Freizügigkeitskonto oder auf eine Freizügigkeitspolice nach Wahl überwiesen. Je länger also die Arbeitslosigkeit andauert, desto grösser wird die Lücke in der Altersvorsorge. Eine Weiterversicherung ist bei der Stiftung Auffangeinrichtung möglich (www.chaeis.net → BVG Berufliche Vorsorge → Einzelpersonen).

> **ACHTUNG** *Wenn Sie Ihre Arbeit verlieren und keine neue Stelle in Aussicht haben, sollten Sie sich so früh wie möglich bei der Arbeitslosenversicherung anmelden, um eine Versicherungslücke zu vermeiden (mehr dazu auf Seite 196).*

Spezialfall: mehrere Arbeitgeber

Wie sieht die Situation aus, wenn Sie für verschiedene Arbeitgeber tätig sind und an keiner Stelle mehr als 21 150 Franken pro Jahr verdienen? Sie können sich in diesem Fall theoretisch dem BVG-Obligatorium entziehen, was sich allerdings dramatisch auf Ihr späteres Rentenniveau auswirken wird. Besser sind daher folgende Lösungen:
- Zählen Sie Ihre Einkommen zusammen. Ist der Betrag höher als 21 150 Franken (Stand 2018), können Sie sich der Auffangeinrichtung anschliessen. Bei jedem Verdienst wird der Koordinationsbetrag anteilmässig in Abzug gebracht (siehe Seite 50), und Ihre Arbeitgeber müssen ihren Anteil an die Beiträge ebenfalls beisteuern.
- Sie können auch einen Ihrer Arbeitgeber als BVG-Stelle wählen und die restlichen Arbeitgeber dazu auffordern, die Beiträge an diese Stelle zu überweisen. Das ist unter Umständen günstiger für Sie, weil die Auffangeinrichtung nur das Minimum versichert. Voraussetzung ist aber, dass das Reglement der betreffenden Pensionskasse diese Möglichkeit vorsieht.

Arbeiten Sie für zwei Arbeitgeber und verdienen bei jedem mehr als 21 150 Franken, sind Sie bei beiden obligatorisch versichert. In diesem Fall wird aber der Koordinationsabzug bei beiden Löhnen vorgenommen, was Sie erheblich benachteiligt.

LUCA T. HAT ZWEI TEILZEITJOBS. Bei Arbeitgeber A verdient er 22 000 Franken jährlich, bei Arbeitgeber B sind es 29 000 Franken. Da der Lohn bei beiden Arbeitgebern über der Eintrittsschwelle von 21 150 Franken liegt, muss Luca T. zweimal obligatorisch versichert werden. Beide Male wird der Koordinationsbetrag von 24 675 Franken abgezogen. Beim ersten Job kommt der minimale versicherte Lohn zur Anwendung, das sind 3525 Franken. Bei der zweiten Stelle beträgt der versicherte Lohn 4325 Franken. Mit 7850 Franken ist Luca T.s Absicherung minimal.
AUCH FRANZISKA H. ARBEITET IN ZWEI TEILZEITJOBS. Bei Arbeitgeber A verdient sie 18 000 Franken, bei Arbeitgeber B 15 000 Franken jährlich. In beiden Jobs ist sie nicht obligatorisch BVG-versichert, da die Löhne unter der Eintrittsschwelle von 21 150 Franken liegen. Bei der Pensionskasse von Arbeitgeber A kann sich Frau H. freiwillig versichern lassen, auch für Einkommen aus anderen Beschäftigungsverhältnissen. Basis für die Versicherung ist ihr Jahreseinkommen von insgesamt 33 000 Franken. Franziska H.s versicherter Lohn beträgt nach dem Koordinationsabzug also 8325 Franken.

Was gilt für Selbständigerwerbende?

Selbständigerwerbende sind der obligatorischen Versicherung nicht unterstellt. Das gilt jedoch nur für «echte» Selbständige, also für diejenigen, die beispielsweise ein Einzelunternehmen betreiben oder an einer Kollektivgesellschaft beteiligt sind. Inhaber einer AG oder GmbH sind Angestellte ihrer eigenen Firma und damit eben «unechte» Selbständige. Sie unterstehen dem Obligatorium genauso wie alle übrigen Angestellten.

Echte Selbständige können sich freiwillig in der 2. Säule versichern: bei der Pensionskasse ihrer Angestellten oder ihres Berufsverbands. Oder sie können sich bei der Stiftung Auffangeinrichtung versichern lassen, allerdings nur für die BVG-Minimalleistungen.

> **STICHWORT AUFFANGEINRICHTUNG**
> Zur 2. Säule gehört die sogenannte Auffangeinrichtung. Hier können sich Personen versichern, wenn dies anders nicht möglich ist. Wer beispielsweise für mehrere Unternehmen tätig ist, aber nirgends das Mindesteinkommen von 21 150 Franken verdient, kann sich bei der regionalen Zweigstelle der Auffangeinrichtung melden. Weiter sorgt diese Institution für freiwillig Versicherte – zum Beispiel für Selbständigerwerbende – und für Personen, die aus der obligatorischen beruflichen Vorsorge ausgeschieden sind, sie aber weiterführen möchten. Bezüger von Arbeitslosengeld versichert die Institution gegen Tod und Invalidität. ■

INFO *Viele Selbständigerwerbende verzichten auf eine Versicherung in der 2. Säule und stellen sich stattdessen einen massgeschneiderten Vorsorgeschutz in der Säule 3a zusammen (mehr dazu auf Seite 190).*

Die Beiträge an die Pensionskasse

Beitragszahlungen an die Pensionskassen sind Altersgutschriften: Zusammen mit dem Zins und allfälligen Einkäufen ergeben sie das Kapital, das die Grundlage für die späteren Leistungen bildet.

Mehr als 4,1 Millionen Versicherte und 1,11 Millionen Bezüger von Rentenleistungen zählt die berufliche Vorsorge in der Schweiz. Die jährlichen Beiträge übersteigen die der AHV deutlich – allein 2016 betrugen die Beitragszahlungen sowie die übrigen Beiträge und Einlagen mehr als 53,7 Milliarden Franken; im selben Jahr wurden Pensionskassenrenten von 27,94 Milliarden und Kapitalleistungen von fast 7,6 Milliarden Franken ausgerichtet.

Gespeist wird die berufliche Vorsorge vor allem durch die Beiträge der Arbeitgeber und der Arbeitnehmenden. Die Arbeitgeber müssen mindestens die Hälfte dieser Beiträge leisten.

Die Altersgutschriften

Das BVG schreibt im obligatorischen Bereich Mindestsätze für die Altersgutschriften fest. Diese Altersgutschriften werden auf dem koordinierten Lohn erhoben und steigen mit zunehmendem Alter an.

Der koordinierte Lohn
Der koordinierte Lohn – auch versicherter Lohn genannt – ist massgebend für die Berechnung der Altersgutschriften. Dabei gelten folgende Voraussetzungen:
- Für die Berechnung des koordinierten Lohnes wird beim Bruttolohn der Koordinationsabzug vorgenommen. Dieser Abzug entspricht jeweils 7/8 der maximalen einfachen AHV-Jahresrente; 2018 sind es 24 675 Franken. Wer also beispielsweise 50 000 Franken brutto verdient, hat einen versicherten Lohn von 25 325 Franken.
- Der Mindestjahreslohn für eine Versicherung in der 2. Säule – auch Eintrittsschwelle genannt – beträgt 21 150 Franken (3/4 der AHV-Maximalrente). Wer so viel verdient, hat einen versicherten Lohn vom 3525 Franken.
- Im obligatorischen Bereich gibt es eine Obergrenze für den versicherbaren Lohn, die bei brutto 84 600 Franken pro Jahr liegt (entspricht der dreifachen AHV-Maximalrente). Der maximale versicherte Lohn beträgt also 59 925 Franken.

ECKDATEN BVG-OBLIGATORIUM

■ Eintrittsschwelle, Mindestjahreslohn	21 150 Franken
■ Koordinationsabzug	24 675 Franken
■ Maximal versicherbarer Jahreslohn	84 600 Franken
■ Minimaler koordinierter Jahreslohn	3 525 Franken
■ Maximaler koordinierter Jahreslohn	59 925 Franken
■ BVG-Mindestzinssatz	1%
■ Rentenumwandlungssatz Männer	6,80%
■ Rentenumwandlungssatz Frauen	6,80%

Stand 2018

DIE ABSTUFUNG DER ALTERSGUTSCHRIFTEN

Alter Männer	Alter Frauen	Abzug in Prozent * des koordinierten Lohnes
25 – 34	25 – 34	7
35 – 44	35 – 44	10
45 – 54	45 – 54	15
55 – 65	55 – 64	18

* Minimalsätze; die Pensionskassen dürfen auch höhere Altersgutschriften vorsehen

Alle Zahlen im BVG hängen von der AHV-Rente ab, deshalb werden sie jeweils erhöht, wenn der Bundesrat die AHV-Renten der Teuerung anpasst. Je nach Reglement der Pensionskasse sind auch Löhne unterhalb der Eintrittsschwelle oder oberhalb des Maximums versichert.

 INFO *Der Koordinationsabzug betrifft den Jahreslohn, weil er als Teil des Lohnes bereits in der AHV versichert ist. Damit wird eine Doppelversicherung vermieden.*

Wie hoch sind die Altersgutschriften?

Junge Erwerbstätige verdienen in der Regel weniger – sie sollen durch die Pensionskassenbeiträge nicht zu stark belastet werden. Mit steigendem Alter nimmt meist auch der Lohn zu, zudem werden dafür höhere Beiträge gezahlt (siehe Kasten oben). Das ist mitunter ein Grund dafür, dass Ältere nur schwer eine neue Stelle finden: Nicht nur, dass die Löhne tendenziell höher sind; mit den höheren Altersgutschriften steigen auch die Beiträge des Arbeitgebers – die er zusätzlich zum Lohn vergüten muss.

Die überobligatorische Versicherung

Die meisten Pensionskassen versichern auch Löhne ausserhalb der gesetzlichen Minimalleistungen. Allerdings sind sie frei darin, die Beiträge und Leistungen für diesen überobligatorischen Teil festzulegen: Sie können die

Höhe der Beiträge anpassen, die Mindestverzinsung unterschreiten oder den Umwandlungssatz senken.

Die zusätzlichen Leistungen können zahlreiche Ausprägungen annehmen. Im Folgenden einige typische Formen:
- Nicht nur der koordinierte Lohn, sondern auch die tieferen oder darüberliegenden Lohnbestandteile sind versichert. Allerdings: Die Obergrenze liegt beim Zehnfachen des oberen BVG-Grenzbetrags; zurzeit bei 846 000 Franken (Stand 2018).
- Der Arbeitgeber zahlt mehr als die Hälfte der Beiträge.
- Das Reglement sieht eine vorzeitige Pensionierung vor, frühestmöglicher Zeitpunkt: der 58. Geburtstag.
- Es sind Leistungen für den Konkubinatspartner, die Konkubinatspartnerin vorgesehen.
- Eine Invalidenrente wird schon ab einem Invaliditätsgrad von 25 Prozent ausgezahlt (BVG-Obligatorium: ab 40 Prozent).
- Die Invalidenrente fällt grosszügiger aus als beim Obligatorium.
- Bei der Pensionierung kann man das gesamte Altersguthaben als Kapital beziehen.

Für Kaderleute bestehen je nach Betrieb zusätzliche Vorsorgepläne mit besonderen Leistungen. Diese Kader- oder Beletage-Versicherungen sind oft ein wichtiges Argument bei der Lohnverhandlung.

Risikobeiträge und Verwaltungskosten

Zusätzlich zu den Sparbeiträgen sind Prämien für die Risiken Tod und Invalidität fällig; deren Höhe unterscheidet sich je nach Kasse. Daneben zahlen die Versicherten einen Beitrag an die Verwaltungskosten. Diese Kosten müssen die Pensionskassen auf Verlangen ausweisen, und zwar unterteilt in die Sparten allgemeine Verwaltungskosten, Kosten für die Vermögensverwaltung sowie für Marketing und Werbung.

Im Jahr 2016 wurden für die Vermögensverwaltung der Pensionskassen fast 4 Milliarden Franken aufgewendet (2013: 3 Milliarden). Für die allgemeine Verwaltung wurden 892 Millionen Franken gezahlt. Ein lukratives Geschäft, trotz der steigenden Lebenserwartung der Versicherten. Gemäss einer Studie des BSV wirken sich die Kosten direkt auf die Rendite aus.

Anders gesagt: Zusätzlicher Aufwand für die Vermögensverwaltung zahlt sich in der Regel nicht aus, sondern schmälert bloss das Ergebnis. Kostendisziplin zahlt sich also aus.

> **TIPP** *Die Risikoprämien sind in den letzten Jahren im Verhältnis zu den Altersgutschriften übermässig stark gestiegen. Betragen sie mehr als ein Viertel der gesamten Beiträge, ist eine Überprüfung angezeigt. Als Einzelperson können Sie zwar nicht viel bewegen. Regen Sie aber an, dass Ihr Betrieb eine Analyse der Versicherungssituation vornehmen soll. Ein Wechsel der Pensionskasse kann grosse Einsparungen für die Versicherten mit sich bringen.*

Stellenwechsel und Austritt aus der 2. Säule

Wer ein Arbeitsverhältnis beendet, tritt auch aus der Pensionskasse aus. Dabei hat man Anrecht auf das gesamte Freizügigkeitskapital, das mindestens alle aufgelaufenen Arbeitnehmer- und Arbeitgeberbeiträge, allfällige Einkaufssummen und die Zinsen umfasst.

Wenn Sie den Arbeitgeber wechseln, wird die bisherige Pensionskasse das Freizügigkeitskapital direkt an die neue Vorsorgeeinrichtung überweisen. Falls die neue Kasse umfassendere Leistungen versichert, können Sie sich zusätzlich einkaufen, bis Sie die reglementarischen Leistungen erreicht haben. Sieht die neue Kasse jedoch tiefere Leistungen vor – zum Beispiel weil sie nur das BVG-Minimum abdeckt –, werden die überschüssigen Beträge auf ein Freizügigkeitskonto oder eine Freizügigkeitspolice überwiesen.

Auch wer vor der Pensionierung die Arbeit verliert oder die Erwerbstätigkeit aufgibt, hat Anrecht auf das Freizügigkeitskapital. Dieses Kapital muss ebenfalls auf einem Sperrkonto oder einer Police «geparkt» werden; bei einer späteren Neuanstellung wird es in die neue Pensionskasse eingebracht.

Einkauf in die neue Pensionskasse

Bei einem Stellenwechsel muss die neue Pensionskasse Ihnen ermöglichen, sich in die vollen reglementarischen Leistungen einzukaufen – so steht es im Freizügigkeitsgesetz. Weitergehende Einkäufe sind nicht erlaubt, mit einer Ausnahme: Sofern das Reglement es vorsieht, dürfen Versicherte, die ihre Rente vorbeziehen wollen, die dadurch entstehende Einbusse durch Einkäufe ausgleichen – auch über die reglementarischen Leistungen hinaus. Eine Grenze gibt es aber auch hier: Fällt der vorzeitige Ruhestand ins Wasser, darf das Leistungsziel für die ordentliche Pensionierung um nicht mehr als fünf Prozent überschritten werden.

Ein Einkauf in die Pensionskasse kann überdies auch unabhängig von einem Stellenwechsel interessant sein. Sie können damit Ihre Vorsorgeleistungen und den Risikoschutz für Tod und Invalidität verbessern. Ein weiterer Vorteil besteht darin, dass sich die Einkaufssumme von den Steuern abziehen lässt.

MARTIN L., 45-JÄHRIG, kauft sich mit 20 000 Franken in die Pensionskasse ein. Seine Einlage wird mit dem BVG-Mindestsatz verzinst (1 Prozent, Stand 2018). Das Alterskapital, das er mit 65 beziehen wird, erhöht sich dank des Einkaufs um 24 400 Franken. Seine jährliche Rente steigt um etwa 1464 Franken (Umwandlungssatz 6 Prozent). Würde seine Einlage nur mit 0,5 Prozent verzinst, wäre sein Alterskapital lediglich 22 000 Franken höher; seine Rente würde um etwa 1300 Franken pro Jahr ansteigen.

TIPP *Sie brauchen sich nicht auf einen Schlag mit dem gesamten Betrag einzukaufen, sondern können dies über mehrere Jahre tun – das ist auch steuertechnisch interessanter.*

Einkauf und Vorbezug für Wohneigentum
Wenn Sie früher von Ihrer Pensionskasse Geld für den Kauf von Wohneigentum bezogen haben, müssen Sie diese Vorbezüge erst vollumfänglich zurückzahlen, bevor Sie weitere Leistungen einkaufen und die Summe von den Steuern absetzen können. Und: Nach einem Einkauf dürfen innerhalb der nächsten drei Jahre keine Kapitalbezüge erfolgen – weder für Wohneigentum noch bei der Pensionierung.

CHECKLISTE: EINKAUF IN DIE PENSIONSKASSE

Sich in die Pensionskasse einzukaufen, bringt einige Vorteile. Vor allem die Reduktion der Steuern fällt finanziell sofort ins Gewicht. Dennoch sollte man solche Zahlungen nicht blindlings tätigen. Bedenken Sie folgende Punkte:

- Ist der Einkauf finanziell tragbar, ohne dass Sie sich in Ihrer Lebenshaltung zu sehr einschränken müssen?
- Sind die höheren Leistungen, für die Sie sich einkaufen wollen, für Sie überhaupt relevant? Wenn Sie beispielsweise Single sind, brauchen Sie keine grosszügige Witwen- oder Witwerrente.
- Sie können Gelder der Säule 3a einsetzen, um sich einzukaufen; das ist steuerneutral. Aber Achtung: Mit der Säule 3a können Sie Personen begünstigen, die von der Pensionskasse möglicherweise nicht berücksichtigt werden (zum Beispiel Ihre Konkubinatspartnerin).
- Die Pensionskasse ist keine Bank: Was einmal eingezahlt ist, steht – abgesehen von wenigen Ausnahmen – bis zum Rentenalter nicht mehr zur Verfügung.
- Wo landet Ihre Einkaufssumme: im obligatorischen Topf, der zum Mindestzinssatz verzinst wird, oder im überobligatorischen, der unter Umständen schlechter verzinst wird und dessen Umwandlungssatz dereinst ebenfalls niedriger ausfallen kann als der gesetzliche? Die Rendite fällt so oder so relativ gering aus. Eine Aktienanlage kann sich in 20 Jahren um ein Mehrfaches auszahlen, birgt aber auch Risiken.
- Prüfen Sie die finanzielle Situation Ihrer Vorsorgeeinrichtung, bevor Sie sich einkaufen, und bringen Sie nur Geld ein, wenn keine Unterdeckung vorliegt. Sie könnten sonst Verluste erleiden.

Sonderfall Scheidung

Gehen Mann und Frau auseinander, müssen die während der Ehe erworbenen Freizügigkeitsleistungen geteilt und hälftig an den Partner, die Partnerin abgegeben werden (mehr dazu auf Seite 184). Eine Scheidung dezimiert Ihr Alterskapital möglicherweise erheblich – etwa wenn Sie als voll erwerbstätiger Mann Ihrer nicht erwerbstätigen Frau die Hälfte Ihres Vorsorgevermögens überweisen müssen und umgekehrt leer ausgehen. Eine solche Lücke lässt sich mit einem Einkauf ausgleichen – sofern das Geld in dieser Situation vorhanden ist.

Bei einem Einkauf infolge Scheidung gelten abweichende gesetzliche Bestimmungen. Sie dürfen sie beispielsweise auch dann tätigen, wenn Vorbezüge für Wohneigentum noch nicht zurückgezahlt sind.

> **ACHTUNG** *Informieren Sie sich darüber, innert welcher Frist Sie sich nach der Scheidung wieder in die Pensionskasse einkaufen können. Einige Kassen setzen enge Fristen, andere gar keine. Versuchen Sie, mit Ihrer Vorsorgeeinrichtung eine Vereinbarung zu treffen. Klären Sie ab, in welchen Topf Ihr Geld wandert – in den besser rentierenden obligatorischen, in den überobligatorischen oder anteilmässig in beide?*

Freizügigkeitskonto und Freizügigkeitspolice

Bringen Sie beim Eintritt in eine neue Pensionskasse mehr Freizügigkeitskapital mit als erforderlich oder treten Sie überhaupt nicht in eine neue Pensionskasse ein, muss das Geld trotzdem in der beruflichen Vorsorge bleiben. Sie können es entweder auf ein Sperrkonto bei einer Bank Ihrer Wahl überweisen lassen oder damit bei einer Versicherungsgesellschaft eine Freizügigkeitspolice kaufen.

Das **Freizügigkeitskonto** eignet sich besonders für das kurzfristige «Parken» des Kapitals. Wer seine Vorsorgegelder bald in eine neue Pensionskasse einbringen muss oder wer in Kürze die Barauszahlung verlangen will, wählt mit Vorteil ein solches Sperrkonto bei einer Bank oder der Post. Der Zins ist in der Regel etwas höher als beim Sparkonto und die Konten sind meist spesenfrei.

> **INFO** *Da es oft um ziemlich hohe Beträge geht, lohnt sich ein Zinsvergleich. Für langfristige Anlagen kann man auch eine – möglicherweise partielle – Anlage in Fonds in Betracht ziehen. Lassen Sie sich beraten.*

Eine **Freizügigkeitspolice** kommt beispielsweise dann infrage, wenn Sie das Geld bis zur Pensionierung nicht anrühren und ein Todesfallkapital versichern wollen. Möglich sind gemischte Sparversicherungen oder fondsgebundene Versicherungen mit Einmaleinlage.

> **TIPP** *Verlangen Sie von der Pensionskasse wenn möglich die Aufteilung des Freizügigkeitskapitals auf zwei Konten oder Policen. Diese müssen bei zwei verschiedenen Einrichtungen eröffnet*

werden. So ist später ein gestaffelter Bezug möglich, was steuerliche und weitere Vorteile haben kann. Nur die Pensionskasse kann eine solche Aufteilung, beispielsweise in einen obligatorischen und einen überobligatorischen Teil, vornehmen. Ist das Kapital einmal überwiesen, lässt es sich nicht mehr aufteilen.

Barauszahlung verlangen

Wenn Sie bestimmte Voraussetzungen erfüllen, können Sie sich die Freizügigkeitsleistung bar auszahlen lassen. In folgenden Fällen können Sie eine Barauszahlung verlangen:
- wenn Sie die Schweiz definitiv verlassen
- wenn Sie eine selbständige Erwerbstätigkeit aufnehmen
- wenn Sie Wohneigentum erwerben, das Sie dauernd selber bewohnen
- wenn Sie weniger als einen Jahresbeitrag angespart haben

Daneben bestehen weitere Auflagen: Wer die Schweiz verlässt, sich in einem EU- oder EFTA-Staat niederlässt und dort wieder der obligatorischen Vorsorge untersteht, kann sich lediglich den überobligatorischen Teil auszahlen lassen.

Wer eine selbständige Erwerbstätigkeit aufnimmt, muss die Bestätigung der AHV vorweisen, dass er als Selbständiger anerkannt wurde. Die Auszahlung kann nur bei der Aufnahme der selbständigen Erwerbstätigkeit verlangt werden; das Bundesamt für Sozialversicherungen nennt die Frist von einem Jahr. Erkundigen Sie sich bei Ihrer Vorsorgeeinrichtung, wie sie die Bestimmung anwendet. Bei der Säule 3a muss das Geld ebenfalls innerhalb eines Jahrs seit Aufnahme der selbständigen Erwerbstätigkeit bezogen werden.

Ausser für Wohneigentum ist keine Teilauszahlung möglich. Und das ausgezahlte Kapital unterliegt in jedem Fall der einmaligen Besteuerung; es wird mit einer reduzierten separaten Einkommenssteuer belegt.

> **INFO** *Verheiratete müssen für jede Art von Barauszahlung die Unterschrift des Ehemanns, der Ehefrau beibringen. Dasselbe gilt für eingetragene Partner oder Partnerinnen.*

> **KAPITALBEZUG NACH EINKAUF**
> Laut dem Bundesgesetz über die berufliche Vorsorge (BVG) darf man die aus einem Einkauf resultierenden Leistungen innerhalb der nächsten drei Jahre nicht in Kapitalform beziehen, sondern nur als Rente.
> Gemäss einem Bundesgerichtsurteil von 2010 kann das Steueramt die Steuerabzüge für Einkäufe bei jeglichem Kapitalbezug innerhalb von drei Jahren verweigern, da eine Steuerumgehung anzunehmen ist.

«Ja, aber...» – Vorbehalte

Bei einem Stellenwechsel verlangt die neue Pensionskasse, dass Sie einen Gesundheitsfragebogen ausfüllen. Was, wenn Sie eine gesundheitliche Beeinträchtigung angeben müssen?

Da die 2. Säule obligatorisch ist, dürfen die Pensionskassen beim Antritt einer neuen Stelle keine Vorbehalte hinsichtlich der Gesundheit geltend machen – wenigstens im obligatorischen Teil der beruflichen Vorsorge. Wenn überobligatorische Leistungen ausgerichtet werden, sind dagegen Vorbehalte für die Dauer von bis zu fünf Jahren zulässig; danach sind sie hinfällig. Nicht erlaubt sind generelle Vorbehalte, das heisst Vorbehalte, die sich auf den allgemeinen Gesundheitszustand beziehen. Vielmehr muss die Pensionskasse ein spezifisches Leiden geltend machen.

LISA D., 44-JÄHRIG, war früher aktive Sportlerin. Heute leidet sie an Arthrose, die sie gelegentlich in ihrer Beweglichkeit einschränkt. Beim Stellenwechsel deklariert sie ihr Leiden. Darauf bringt die Pensionskasse einen Vorbehalt bei allfälligen Leistungen an, die eine arthrosebedingte Einschränkung der Arbeitsfähigkeit betreffen. Sollte Frau D. innert fünf Jahren wegen der Arthrose invalid werden, würde die Pensionskasse nur die minimale gesetzliche Rente auszahlen. Aus dem überobligatorischen Topf würden keine Leistungen gewährt.

Vorbehalte werden beim Stellenwechsel von der alten Kasse zur neuen «transportiert». Die Frist von fünf Jahren beginnt aber nicht wieder von Neuem; der Vorbehalt darf insgesamt nur fünf Jahre bestehen bleiben.

Die Leistungen der Pensionskasse

Die Leistungen der Pensionskasse sind bekannt als Leistungen im Alter. Doch die 2. Säule enthält nicht nur die Altersvorsorge, sie versichert auch die Risiken Tod und Invalidität.

Im Fall von andauernder **Invalidität** zahlt die Pensionskasse eine Rente. Diese richtet sich nach dem von der IV festgelegten Invaliditätsgrad und wird erst nach einer bestimmten Wartefrist ausgerichtet. Als Vollrente entspricht sie der BVG-Altersrente zum ordentlichen Pensionierungszeitpunkt, hinzu kommen gegebenenfalls eine Kinderrente und die Prämienbefreiung. Pensionskassen sehen im überobligatorischen Teil manchmal bessere Leistungen vor.

Im **Todesfall** erhalten die Hinterbliebenen – der Ehepartner oder die eingetragene Partnerin sowie die Kinder bis zum Ende ihrer Erstausbildung – eine Witwen-, Witwer- respektive Waisenrente. Die Ehegattenrente beträgt im Obligatorium 60 Prozent der Invalidenrente des Versicherten, die Waisenrente 40 Prozent. Manche Kassen sehen im Rahmen des Überobligatoriums auch Leistungen für Konkubinatspartner vor.

> **BUCHTIPP**
> Detaillierte Informationen zum Thema Invalidität erhalten Sie in diesem Beobachter-Ratgeber: IV – was steht mir zu? Das müssen Sie über Renten, Rechte und Versicherungen wissen.
> www.beobachter.ch/buchshop

Die zentrale Leistung der Pensionskasse ist jedoch wie bei der AHV die lebenslängliche **Altersrente** für Personen, die das ordentliche Rentenalter erreicht haben. Diese Altersrente hängt im Unterschied zur AHV ausschliesslich von den Beiträgen ab, die Arbeitnehmer und Arbeitgeber geleistet haben. Es gibt im Rahmen der 2. Säule keine Sozialkomponente, die dafür sorgt, dass Personen mit besonders tiefem Einkommen eine definierte Mindestrente erreichen. So ist es durchaus möglich, dass die Rente aus der beruflichen Vorsorge nur wenige Hundert Franken monatlich erreicht – wenn überhaupt.

So werden Altersrenten berechnet

Die Höhe der Pensionskassenrente leitet sich bei den meisten Vorsorgeeinrichtungen aus dem Alterskapital zum Zeitpunkt des Ausscheidens aus dem Erwerbsleben ab. Dieser Zeitpunkt entspricht bei einer Kasse mit überobligatorischen Leistungen nicht unbedingt dem Erreichen des AHV-Alters, sondern kann gemäss Reglement auch vorher stattfinden, frühestens mit dem vollendeten 58. Altersjahr.

Das vorhandene Kapital inklusive sämtlicher Zinsen wird mit dem Umwandlungssatz in eine Rente umgewandelt. Dieser Satz liegt derzeit bei 6,8 Prozent. Im Rahmen einer Reform der 2. Säule soll der Umwandlungssatz aufgrund der gestiegenen Lebenserwartung auf 6 Prozent gesenkt werden. Ob und wann eine solche Reform in Kraft tritt, ist derzeit offen.

 CHIARA V. WIRD IM AUGUST 2018 PENSIONIERT. Ihr Altersguthaben beträgt laut Versicherungsausweis 230 450 Franken. Bei einem Umwandlungssatz von 6,8 Prozent kommt sie auf eine jährliche Rente von 15 670 Franken.

STICHWORTE BEITRAGSPRIMAT UND LEISTUNGSPRIMAT

Das BVG geht von einem Beitragsprimat aus; die Mehrheit der Pensionskassen ist nach diesem Prinzip aufgebaut: Die Höhe der Beiträge ist per BVG oder Reglement definiert, das damit angesparte Alterskapital ist massgebend für die Altersrente.

Beim Leistungsprimat steht die Höhe der Leistungen in direktem Zusammenhang mit dem versicherten Lohn. Das Reglement kann beispielsweise vorsehen, dass die Rente 60 Prozent des Lohnes ausmachen soll. Anhand dieses Leistungsumfangs werden dann die Beiträge von Arbeitnehmern und Arbeitgebern berechnet. Erhält der Versicherte eine Lohnerhöhung, muss er sich in die entsprechende höhere Leistungsklasse einkaufen. ∎

Laufende Renten sind von einer Senkung des Umwandlungssatzes nicht betroffen. Die Verschlechterung der Leistungen wird bis dato allein von der aktiven Generation getragen; die heute Erwerbstätigen tragen die Konsequenzen der demografischen Veränderung der Gesellschaft. Bis heute gilt, dass laufende Leistungen von Änderungen der Rahmenbedingungen der 2. Säule nicht betroffen sind. Hingegen ist auch kein obligatorischer Teuerungsausgleich vorgesehen. Aber auch in dieser Frage ist politisch noch nicht das letzte Wort gesprochen.

Die eigene Rente
Die gesetzlichen Umwandlungssätze gelten nur für das Obligatorium; im überobligatorischen Bereich sind die Pensionskassen in der Festlegung ihrer Sätze frei. Bei den meisten Kassen ist der Satz in diesem Bereich teilweise bedeutend tiefer.

INFO *Die Pensionskassen berechnen die Altersrenten entweder mittels zweier Umwandlungssätze oder sie wenden einen Mischsatz an. Was bei Ihrer Pensionskasse gilt, können Sie im Reglement nachlesen. Verschaffen Sie sich einen Überblick über die Leistungen.*

MAX K. WIRD 2018 MIT 65 PENSIONIERT. Sein Alterskapital beträgt 650 000 Franken, davon befinden sich 280 000 Franken im obligatorischen Teil, 370 000 Franken im überobligatorischen Teil. Der für Max K. geltende Umwandlungssatz beträgt gemäss BVG 6,8 Prozent, für die darüber hinausgehenden Leistungen rechnet seine Pensionskasse mit 6 Prozent. Somit beträgt seine jährliche Rente 41 240 Franken.

Würde Max K. mit dem gleichen Alterskapital zehn Jahre später pensioniert, könnte er vielleicht noch mit einem Mischsatz von 5,8 Prozent rechnen, was eine Jahresrente von 37 700 Franken ergäbe, also eine Einbusse von etwa 8,6 Prozent. Inflationsbereinigt wäre das Minus sogar noch höher. Bei einem tiefen Mischsatz von 5 Prozent ergäbe sich eine Rente von 32 500 Franken oder ein Minus von über 21 Prozent.

ACHTUNG *Klären Sie bei Vorbezügen und bei Einkäufen immer ab, ob sie zulasten oder zugunsten des obligatorischen respektive überobligatorischen Teils vorgenommen werden. Dies ist wichtig im Hinblick auf die weitere Verzinsung und für die Berechnung der Altersrente. Überlegen Sie sich insbesondere einen Einkauf ins Überobligatorium gut: Er wird womöglich gar nicht verzinst und mit einem Umwandlungssatz von unter 5 Prozent verrentet.*

Rente oder Kapital?

Bei regelmässiger Einzahlung sammelt sich im Lauf der Jahre eine beachtliche Summe in der Pensionskasse an – so viel, wie man sonst vielleicht nie zusammensparen würde. Angesichts der oft sechsstelligen Beträge überlegt sich so mancher, ob er sich statt einer lebenslangen Rente nicht doch lieber das gesamte Alterskapital auszahlen lassen und es selber anlegen soll.

Die Pensionskassen kennen unterschiedliche Regelungen für den Kapitalbezug. Gesetzlich vorgeschrieben ist, dass mindestens ein Viertel des vorhandenen Altersguthabens als Kapitalleistung bezogen werden kann. Viele Kassen gehen weiter und gewähren den Bezug des gesamten Guthabens. Möchten Sie von dieser Möglichkeit Gebrauch machen, müssen Sie Ihren Wunsch meist drei Jahre vor Ihrer Pensionierung anmelden. Dann sind Sie an Ihren Antrag gebunden – ein Zurück gibt es in den wenigsten Fällen.

 INFO *Wie bei der vorzeitigen Barauszahlung muss der Ehepartner oder die eingetragene Partnerin auch bei einem Kapitalbezug bei der Pensionierung schriftlich zustimmen.*

Pro und Kontra abwägen

Welche Vor- und Nachteile Rente und Kapitalbezug jeweils mit sich bringen, zeigt der nebenstehende Kasten. Die vielen zu berücksichtigenden Aspekte machen deutlich: Die Frage ist komplex und lässt sich nur anhand der individuellen Verhältnisse beantworten. Das familiäre Umfeld erweist sich dabei als zentrales Kriterium: Wer noch Versorgerpflichten hat oder mindestens verheiratet ist, neigt aus Gründen der Absicherung eher zu einer Rentenlösung. Anderseits sind für Konkubinatspartner häufig keine Leistungen vorgesehen, was eher für Kapitalbezug spricht. Auch wenn die Versorgerpflichten gänzlich weggefallen und die Kinder erwachsen sind, kann ein Kapitalbezug sinnvoll sein, weil die Nachkommen das verbleibende Geld erben können.

So oder so: Wer das Kapital bezieht – und die Diskussionen um weitere Senkungen des Umwandlungssatzes fördern diese Tendenz –, muss sich danach selber darum kümmern und es sinnvoll investieren können (mehr dazu ab Seite 81).

Vielleicht ist aber auch eine Mischform das Richtige. Die Höhe der Pensionskassenrente sollte man dabei so wählen, dass sie zusammen mit der AHV die wichtigsten fixen Ausgaben deckt. Der Rest des Guthabens lässt sich als Kapital beziehen. Bei doppelt verdienenden Paaren besteht auch die Möglichkeit, dass der Mann die Rente und die Frau das Kapital bezieht (oder umgekehrt).

> **INFO** *Im Rahmen einer Reform der Ergänzungsleistungen ist angedacht, den Kapitalbezug bei Pensionierung wie auch bei Aufnahme einer selbständigen Erwerbstätigkeit nur noch für den überobligatorischen Teil zuzulassen.*

RENTEN- ODER KAPITALBEZUG?

Kriterium	Bei Rentenbezug	Bei Kapitalbezug
Regelmässigkeit des Einkommens	Gewährleistet und weitgehend fix bis zum Lebensende; geringe finanzielle Flexibilität	Variabel und auf die Länge schwer abschätzbar; kein garantiertes Einkommen; der Bezüger muss den Kapitalverzehr selber planen
Sicherheit des Einkommens	Hoch; keine Verantwortung für Kapitalanlagen	Tief; Anlagerisiko, Langlebigkeitsrisiko
Verfügbarkeit des Kapitals	Nicht möglich	Voll gewährleistet; hohe Flexibilität
Inflationsausgleich	Abhängig von freiwilligen Leistungen der Pensionskasse	Je nach Anlage Inflationsschutz möglich
Persönlicher Aufwand	Niedrig	Hoch oder zumindest mit den Kosten für die Verwaltung durch Dritte verbunden
Vermögensschutz für Nachkommen	Beschränkt auf die Ausrichtung von Hinterbliebenenrenten; nicht verbrauchtes Kapital fällt an die Pensionskasse	Voll gewährleistet; nicht verbrauchtes Kapital geht an die Erben
Versteuerung	Als Einkommen zu 100 Prozent	Einmalig bei Auszahlung zu reduziertem Satz

Das A und O: professionelle Beratung
Wenn Sie einen Kapitalbezug in Betracht ziehen, sollten Sie sich eine professionelle Pensionierungsplanung leisten. Mittels eines aufwendigen Finanzplans wird die Beraterin feststellen können, ob es realistisch ist, mit Ihrem Kapital den gesamten Ruhestand finanzieren zu wollen. Die Planung umfasst Einnahmen und Ausgaben sowie die Vermögensentwicklung während 20 bis 25 Jahren nach der Pensionierung.

Die professionelle Finanzplanung wird von Banken, Versicherern sowie von spezialisierten Firmen und Finanzplanern angeboten. Sie ist sehr aufwendig und kann einige Tausend Franken kosten. Holen Sie im Vorfeld verschiedene Offerten ein (mehr zum Thema Beratung auf Seite 156).

TIPP *Lassen Sie sich bei Ihrem Entscheid weniger von Überlegungen zugunsten anderer Menschen leiten; die Lösung sollte zuallererst für Sie und Ihre Ehefrau respektive Ihren Konkubinatspartner stimmen. Sie müssen für den Rest Ihres Lebens damit klarkommen – und das sind möglicherweise noch viele Jahre. Und seien Sie ehrlich mit sich selbst: Wer während des ganzen Arbeitslebens den Lohn schlecht einteilen und nie Geld sparen konnte, sollte eher die Rente wählen. Denn wer Mühe hat, mit Geld richtig umzugehen, läuft Gefahr, sich anfangs alles leisten zu wollen, sodass das Kapital bereits in wenigen Jahren aufgebraucht ist.*

Vorbezug für Wohneigentum
Auch das ist eine Leistung der 2. Säule: Die «Verordnung über die Wohneigentumsförderung mit Mitteln der beruflichen Vorsorge» (WEFV) ermöglicht einen Vorbezug des in der Pensionskasse angesparten Geldes für den Kauf von selbst genutztem Wohneigentum oder für die Amortisation von Hypotheken. Anstelle eines Bezugs kann man auch die Variante der Verpfändung wählen.

Alle relevanten Informationen über Vorbezug und Verpfändung finden sich in Kapitel 5 (ab Seite 114).

Vom Umgang mit der Pensionskasse

Die Ausführungen zum Pensionskassenwesen lassen es erahnen: Ohne einen Wust an Erläuterungen und Papieren geht hier gar nichts. Also gilt es, Wesentliches von weniger Wichtigem zu unterscheiden.

Mit dem Antritt einer neuen Stelle sind Sie in der Regel obligatorisch der Pensionskasse des neuen Arbeitgebers unterstellt. Kommt sie nicht von sich aus auf Sie zu, sollten Sie Kontakt mit der neuen Kasse aufnehmen.

Die Basis der Versicherung: das Reglement

Das Reglement der Pensionskasse hält fest, wie die gesetzlichen Rahmenbedingungen umgesetzt werden – es ist also das Basispapier schlechthin. Stellen Sie sicher, dass Sie stets die aktuelle Fassung zur Hand haben. Die Kasse stellt sie Ihnen zu, wenn Sie sie anfordern.

Das Reglement enthält je nach Ausgestaltung der Leistungen unter anderem folgende Punkte:

- Angaben zum versicherten Verdienst (etwa bezüglich Gratifikation, 13. Monatslohn)
- Umwandlungssatz für den überobligatorischen Bereich
- Ansprüche der Konkubinatspartnerin, des Konkubinatspartners auf Hinterlassenenleistungen
- Festlegung des Rentenanspruchs bei einer vorzeitigen Pensionierung
- Frühester Zeitpunkt für eine vorzeitige Pensionierung
- Möglichkeiten des Kapitalbezugs
- Wartefrist bei der Invalidenrente
- Leistungen im überobligatorischen Bereich bei Invalidität
- Vorbehalte im überobligatorischen Bereich

Reglemente werden häufig geändert, vielfach nicht eben zum Vorteil der Versicherten. Die Pensionskassen dürfen das – solange die laufenden Leistungen nicht beeinträchtigt werden. Aber selbst das ist erlaubt, nämlich dann, wenn eine Kasse finanziell so schlecht dasteht, dass sie nur mit dem Zugriff auf laufende Renten gerettet werden kann. Ein wenig komfortabler Sachverhalt für die Versicherten, die regelmässig ihre Beiträge leisten.

So verhalten Sie sich richtig
Lassen Sie sich schon vor der Unterzeichnung des Arbeitsvertrags das Reglement Ihrer voraussichtlichen neuen Pensionskasse aushändigen, wenn Sie eine neue Stelle antreten. Machen Sie sich frühzeitig vertraut mit den Absicherungsmöglichkeiten im Rahmen Ihrer neuen Anstellung und fragen Sie nach, wenn Sie etwas nicht verstehen. Eine Wahlfreiheit besteht allerdings nicht: Entscheiden Sie sich für den Arbeitgeber, müssen Sie auch seine Pensionskasse akzeptieren. Erreichen Sie die vorgesehene Einkommensgrenze, werden Sie der Kasse zu den gleichen Bedingungen unterstellt, die für alle Mitglieder gelten. Immerhin wissen Sie dann aber, was Sie zu erwarten haben, und können bei Bedarf für zusätzliche private Absicherung sorgen.

Alle Informationen auf einem Papier: Ihr Versicherungsausweis

Ihre Kasse ist verpflichtet, Sie jährlich mit Informationen über Ihre persönliche Versicherungssituation zu versorgen. Dies geschieht mittels Versicherungsausweis (Beispiel mit Erläuterungen siehe Anhang).

Zentral sind die Angaben zum versicherten Jahreslohn. Diese Zahl können Sie leicht kontrollieren, sodass Sie einen Hinweis erhalten, ob die Pensionskasse in Ihrem Fall richtig abrechnet. Die aufgeführte Alterskapitalsumme zeigt, wie viel Sie bei einem sofortigen vorzeitigen Bezug erhalten würden.

Dem Ausweis lässt sich im Prinzip schon in frühen Lebensjahren entnehmen, welche künftige Rente aus der 2. Säule zu erwarten ist. Allerdings beruht diese Berechnung bloss auf Annahmen – insbesondere auf der Fortschreibung Ihres gegenwärtigen Einkommens. Die tatsächliche Rente hängt aber zusätzlich von weiteren Faktoren ab: von der Lohnentwicklung, von der Verzinsung des angesparten Kapitals und von Ihrer beruflichen Laufbahn. Ebenso sind Verschlechterungen der gesetzlichen Rahmenbedingungen möglich. Besteht neben dem Obligatorium ein grosser überobligatorischer Teil des Altersguthabens, sind Veränderungen im Lauf der Zeit umso wahrscheinlicher. Auch wenn Sie eine Erwerbspause einlegen (etwa zur Weiterbildung oder wegen der Familienplanung), Teilzeit arbeiten oder Ihre Stelle verlieren, werden Sie das prognostizierte Alterskapital nicht erreichen. Je näher der Zeitpunkt der Pensionierung rückt, desto verlässlicher sind die Angaben.

Gut ausgebaute Versicherungsausweise enthalten auch einen Hinweis zur voraussichtlichen Rentenhöhe für den Fall, dass Sie sich vor dem ordentlichen AHV-Alter pensionieren lassen. Diese Zahlen werden Ihren Entscheid ganz wesentlich beeinflussen.

TIPP *Machen Sie sich ein möglichst genaues Bild von Ihrer voraussichtlichen Altersrente: Wie hoch wird sie gemäss Versicherungsausweis ausfallen? Finden Sie im Kontakt mit der Vorsorgeeinrichtung heraus, welche Massnahmen möglich wären, um den Rentenanspruch zu erhöhen.*

Ist die Pensionskasse finanziell gesund?

Lange war die wirtschaftliche Situation der Pensionskassen kein Thema. Das hat sich in den letzten Jahren geändert, nachdem Börsenbaissen einige Vorsorgeeinrichtungen ins Schlingern brachten. Heute lautet die zentrale Frage: Reichen die vorhandenen Reserven aus, um die künftigen Rentenansprüche aller Versicherten zu befriedigen? Auskunft darüber gibt der Deckungsgrad (siehe Kasten auf der nächsten Seite).

Das können Sie tun

Verschaffen Sie sich vor Antritt einer neuen Stelle ein Bild über die wirtschaftliche Situation der künftigen Pensionskasse. Allerdings gibt es keine amtliche Stelle für solche Auskünfte. Holen Sie Ihre Informationen bei der Vorsorgeeinrichtung selber ein oder fragen Sie Personen, die dort bereits versichert sind. Achten Sie insbesondere auf den aktuellen Deckungsgrad. Müsste die Kasse in näherer Zukunft saniert werden, wären Sie als neu versicherte Person davon betroffen. Im Extremfall kann eine solche Unwägbarkeit den Entscheid über die Annahme einer neuen Arbeitsstelle beeinflussen.

STICHWORT DECKUNGSGRAD

Das Deckungskapital einer Pensionskasse ist die Summe aller Beträge, die die Kasse benötigt, um ihre Verpflichtungen zu erfüllen. Dazu gehören die laufenden Rentenzahlungen, die potenziell nötigen Freizügigkeitsleistungen und die künftig versicherten Leistungen. Der Deckungsgrad einer Kasse ergibt sich aus dem Verhältnis zwischen den tatsächlich vorhandenen Mitteln und dem Deckungskapital. Beträgt der Prozentsatz weniger als 100, spricht man von Unterdeckung. Mit anderen Worten: Ist zum Zeitpunkt der Bestandsaufnahme nicht genug Geld vorhanden, um alle – auch die künftigen – Leistungen zu erbringen, liegt eine Unterdeckung vor.

Als kritisch gilt ein Deckungsgrad von unter 90 Prozent. Dann muss die Pensionskasse Sanierungsmassnahmen ergreifen. Speziell ist die Situation bei öffentlichen Kassen, weil dort bisher der Staat für die Verpflichtungen geradestand. Mit der Verselbständigung dieser Vorsorgeeinrichtungen ist dieser Grundsatz aber infrage gestellt. ■

Das Recht auf Informationen

Auf die Vorsorgeeinrichtung Einfluss zu nehmen, ist zwar für einzelne Versicherte nicht ganz einfach. Hingegen haben Sie Anspruch darauf, über die Tätigkeit Ihrer Pensionskasse informiert zu werden. Insbesondere muss die Kasse über den aktuellen Deckungsgrad Auskunft geben. Zudem haben Sie ein Recht auf Informationen über die Verwaltungskosten (siehe Seite 52).

Viele Vorsorgeeinrichtungen verteilen den Jahresbericht und die Jahresrechnung. Darin sollten Sie Angaben über die Vermögensanlagen und Erträge, die Reservenbildung und den Risikoverlauf finden.

Einfluss nehmen auf die Pensionskasse

Die Errichtung und das Obligatorium der 2. Säule wurden immer als grosses Gemeinschaftswerk gefeiert: Arbeitnehmer wie Arbeitgeber hatten sich zusammengefunden, um die Lage der Angestellten zu verbessern – und den Angestellten Einflussnahme auf ihre eigene Vorsorgesituation zu gewähren. Ausdruck dieses Geistes des BVG ist die paritätische Besetzung der Vorstände der Pensionskassenstiftungen: Die Hälfte des sogenannten

Stiftungsrats muss mit Vertretern der Arbeitnehmerschaft besetzt sein. Das Präsidium – und damit ein allfälliger Stichentscheid – obliegt allerdings der Arbeitgeberseite. Die paritätische Zusammensetzung des obersten Organs gilt bei betriebseigenen Pensionskassen genauso wie bei Sammelstiftungen und Gemeinschaftsstiftungen.

INFO *Im Stiftungsrat Ihrer Pensionskasse haben Sie eine direkte Vertretung. Kontaktieren Sie diese Personen, wenn Sie Anliegen oder Fragen haben. Die Stiftungsräte sind hinsichtlich personenbezogener Daten ans Amtsgeheimnis gebunden. Bei rein administrativen Fragen ist die Pensionskassenverwaltung die erste Anlaufstelle.*

Die 2. Säule wird wegen ihrer komplexen Konstruktion zu Recht immer wieder kritisiert. Dennoch gilt: Eine direkte Mitwirkung der Versicherten ist vorgesehen. So sind Sie nicht nur berechtigt, sich bei Fragen an die Kassenverwaltung oder an Mitglieder des Vorstands zu wenden. Sie haben auch Anspruch darauf, Anlagerichtlinien und Schwerpunkte der Anlagepolitik zu erfahren. Anlaufstelle ist der Stiftungsrat oder der speziell berufene Anlageausschuss Ihrer Kasse.

CHANTAL Z. IST ES WICHTIG, dass ihre im Rahmen der Pensionskasse investierten Gelder nicht für den Bau von Atomkraftwerken verwendet werden. Sie wendet sich an einen Arbeitnehmervertreter im Stiftungsrat und bittet ihn um entsprechende Auskünfte. Der Stiftungsrat erklärt Chantal Z., wie sich die Anlagen der Pensionskasse zusammensetzen. Die Arbeitnehmerin findet heraus, dass die entsprechenden Firmen tatsächlich an AKWs beteiligt sind. Sie sammelt im Unternehmen Unterschriften und bittet den Stiftungsrat, auf diese Investitionen zu verzichten.

3. Säule – die private Vorsorge

Das dritte Standbein des Dreisäulensystems hilft, im Ruhestand Lebensträume zu verwirklichen. Zur Selbstvorsorge gehören die steuerlich privilegierte Säule 3a sowie alle anderen freiwillig angesparten Vermögenswerte. Hintergrundinformationen, Anregungen und Tipps finden Sie in diesem Kapitel.

Vorsorgelücken schliessen

Ist von der 3. Säule die Rede, so ist damit nicht nur die steuerlich privilegierte Säule 3a gemeint. Zur 3. Säule gehören alle finanziellen Vorkehrungen, die Sie zur freiwilligen Vermögensbildung und damit zur Selbstvorsorge treffen müssen.

Zur 3. Säule zählen nicht nur Bankguthaben, Wertschriften oder kapitalbildende Lebensversicherungen, sondern auch Immobilien, Sammlungen und Vermögenswerte aller Art.

Sinn und Zweck der 3. Säule ist es, die sogenannte Vorsorgelücke zu schliessen. Die Leistungen der 1. und 2. Säule erlauben den meisten nur begrenzt, den gewohnten Lebensstil über die Pensionierung hinaus aufrechtzuerhalten. Erfahrungswerte zeigen, dass im Pensionsalter rund 70 bis 80 Prozent des zuletzt erzielten Erwerbseinkommens für die Fortführung des bisherigen Lebensstandards benötigt werden. Erreichen die voraussichtliche AHV- und Pensionskassenrente zusammen diese Grössenordnung nicht, ist Sparen im Rahmen der 3. Säule angezeigt.

MIT 58 INTERESSIERT SICH DARIO W. zum ersten Mal für seine Altersvorsorge. Er überschlägt die Zahlen der AHV- und Pensionskassenrente – und muss leer schlucken: Die 48 000 Franken, die er zu erwarten hat, machen nur 60 Prozent seines heutigen Einkommens von brutto 80 000 Franken aus. Dabei bleibt doch jetzt schon Ende Jahr von seinem Lohn oft gar nichts übrig. Dario W. ist mit der berüchtigten Vorsorgelücke konfrontiert (siehe Grafik auf der gegenüberliegenden Seite).

Bei Vorsorgelücken gilt: Je früher Sie die Schliessung der Lücke angehen, desto besser die Aussichten auf Erfolg. Wenn Sie im erwerbsfreien Lebensabschnitt lang gehegte Träume verwirklichen wollen, die auch etwas kosten, muss das Geld ohnehin rechtzeitig beiseitegelegt werden. Und: Wer es sich leisten kann, sollte immer von der steuerprivilegierten Säule 3a Gebrauch machen. Denn jeder Franken, den Sie dank Steueroptimierung sparen, kommt wiederum Ihrem Vermögen zugute.

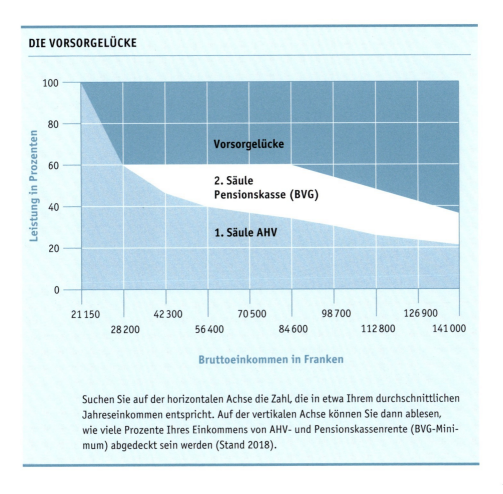

Natürlich hängt es stark von Ihren künftigen persönlichen Bedürfnissen ab, ob das fehlende Einkommen tatsächlich ersetzt werden muss – das können nur Sie allein entscheiden. Immerhin können viele Rentnerinnen und Rentner sogar Geld auf die Seite legen, weil sie ein gemächlicheres Leben auf bescheidenerem Niveau bevorzugen. Wie Sie Ihre Rentenansprüche mit Ihren voraussichtlichen Lebenskosten nach der Pensionierung abgleichen, lesen Sie ab Seite 133.

Die Säule 3a

Für die meisten ist die Säule 3a erste Wahl, wenn es um die zusätzliche Absicherung im Alter geht. Das liegt in erster Linie an den steuerlichen Vorteilen dieser Vorsorgeform.

Für das steuerprivilegierte Sparen halten sowohl Banken wie auch Versicherungen Angebote bereit. Allerdings sind die eingezahlten Gelder bis fünf Jahre vor Erreichen des AHV-Alters blockiert – daher der Name gebundene Vorsorge. Von dieser Regelung ausgenommen sind etwa Bezüge bei der Aufnahme einer selbständigen Erwerbstätigkeit, für die Finanzierung von selbst genutztem Wohneigentum sowie bei Auswanderung. Auch die Begünstigungsmöglichkeiten im Todesfall sind eingeschränkt (siehe Seite 78).

Wer kann die Säule 3a nutzen?

Das Sparen in der steuerbegünstigten Säule 3a steht nur Erwerbstätigen offen (bis maximal fünf Jahre über das AHV-Alter hinaus); Personen ohne Erwerbseinkommen, zum Beispiel Hausfrauen und -männer, sind von dieser Vorsorgemöglichkeit ausgeschlossen. Auch Frühpensionierte, die be-

---

EINZAHLUNGEN IN DIE SÄULE 3A

Folgende Beträge können in die Säule 3a eingezahlt und vom steuerbaren Einkommen abgezogen werden:
- Erwerbstätige, die einer Pensionskasse angehören, dürfen 6768 Franken pro Jahr einzahlen – unabhängig von der Höhe ihres Einkommens.
- Selbständigerwerbende, die keiner Pensionskasse angeschlossen sind, dürfen bis zu 20 Prozent ihres Nettoeinkommens einzahlen, maximal aber 33 840 Franken.
- Angestellte, die keiner Pensionskasse angehören, weil sie zu wenig verdienen, dürfen 20 Prozent ihres Nettoeinkommens für die Säule 3a aufwenden.

Stand 2018

reits eine Rente beziehen, dürfen die Säule 3a nicht mehr alimentieren. Einzahlen dürfen dagegen Arbeitslose, die Taggelder beziehen. Die Höhe der jährlichen Einzahlungen ist begrenzt (siehe Kasten).

Sparen bei der Bank

Praktisch alle Schweizer Banken bieten heute über eine hauseigene Vorsorgestiftung die Möglichkeit des 3a-Sparens an. Die einfachste Variante: Sie eröffnen ein Vorsorgesparkonto, für das ein Vorzugszins gilt. Auf dieses Konto dürfen Sie jährlich im Rahmen der gesetzlichen Bestimmungen einen Beitrag einzahlen, der sich vom steuerbaren Einkommen absetzen lässt. Bei der späteren Auszahlung wird eine einmalige Steuer erhoben; es kommt jedoch ein reduzierter Steuersatz zur Anwendung.

Die Vorteile dieser Lösung: Wenn Sie nicht liquide sind, können Sie auch einmal nicht einzahlen. Und sollten Sie mit der Bank oder den Konditionen nicht zufrieden sein, können Sie das Geld leicht transferieren. Im Vergleich zu einer Versicherungslösung nachteilig ist die Tatsache, dass Sie im Fall einer Erwerbsunfähigkeit kein garantiertes Sparziel erreichen; zudem unterliegt das Guthaben dem Güter- und Erbrecht.

FRITZ M., LEDIG UND 50-JÄHRIG, hat die Säule 3a bisher nicht genutzt und stattdessen jedes Jahr 10 000 Franken auf sein Bankkonto gelegt. Vorsorgebedarf besteht nicht, trotzdem möchte er nun von den Vorzugszinsen und den Steuervorteilen der Säule 3a profitieren. Er beschliesst deshalb, bei seiner Bank ein Vorsorgekonto zu eröffnen und jedes Jahr den maximalen Beitrag einzuzahlen. Was bringt ihm das?

Zahlt Fritz M. 15 Jahre lang regelmässig den 2018 zulässigen Betrag von 6768 Franken ein und bleibt die Verzinsung von 0,5 Prozent konstant, steht ihm mit 65 ein Kapital von 112 971 Franken zur Verfügung. Effektiv eingezahlt hat er 15-mal 6768 Franken, was insgesamt 101 520 Franken entspricht. Zugleich hat er bei einem angenommenen Grenzsteuersatz von 30 Prozent nicht weniger als 30 456 Franken an Einkommenssteuern gespart (zum Grenzsteuersatz siehe Seite 163). Dadurch reduziert sich Fritz M.s Gesamtaufwand auf 71 064 Franken. Die Besteuerung der Auszahlung des Kapitals – die in der günstigen

Gemeinde Wollerau im Kanton Schwyz zurzeit mit 2506 Franken und in der teuren Gemeinde Hundwil im Kanton Appenzell Ausserrhoden mit 9705 Franken zu Buche schlagen würde –, ändert nichts an der Attraktivität der Säule 3a.

Wertschriftensparen mit einem 3a-Konto
Banken empfehlen für Konten der Säule 3a gern das Wertschriftensparen. Damit können sie die höheren Guthabenzinsen vermeiden und die Gelder in den für sie lukrativeren Anlagestiftungen verwalten. Der Haken: Obwohl höhere Renditen möglich sind, wird das Anlagerisiko an den Vorsorgenehmer, also an Sie, übertragen. Obwohl die Vermögen entsprechend den strengen Vorschriften für Pensionskassenanlagen verwaltet werden, sind Verluste je nach Anlagemix und Börsenlage nicht ausgeschlossen. Und wenn Sie Gewinne erzielen, werden diese bei der Kapitalauszahlung besteuert, während Kapitalgewinne im freien Vermögen steuerfrei sind.

> **TIPP** *Basiert Ihre Säule 3a auf einem Investment in Fonds, insbesondere in aktienlastige, sollten Sie diese nach einer positiven Börsenentwicklung acht bis fünf Jahre vor dem Auszahlungstermin verkaufen. So können Sie Kursgewinne absichern, und der gesamte Betrag ist anschliessend bei einer allfälligen Börsenbaisse geschützt.*

Optimierungsmöglichkeiten
Mit folgenden Strategien können Sie die Vorsorge mittels 3a-Bankkonto zusätzlich optimieren:
- Zahlen Sie den Betrag zu Beginn des Jahres ein. So profitieren Sie das ganze Jahr über vom steuerfreien Vorzugszins.
- Wenn Sie sich für eine Anlage in Wertschriften entscheiden: Verteilen Sie die Einzahlungen auf das ganze Jahr – so investieren Sie zu verschiedenen Zeitpunkten und Kursen.
- Führen Sie mehrere 3a-Konten. Damit profitieren Sie von verschiedenen Kontokonditionen und von Renditeunterschieden bei den Anlagestiftungen. Zudem können Sie die einzelnen Guthaben auf diese Weise gestaffelt beziehen und die Steuerprogression brechen. Teilbezüge aus einem Konto sind nicht möglich.

Je nach kantonaler Praxis könnten allerdings zu viele 3a-Konten bei der Auszahlung als Steuerumgehung angesehen werden. Dann werden auch noch nicht ausgezahlte Summen in die Besteuerung einbezogen. Erkundigen Sie sich beim zuständigen Steueramt, wie dies in Ihrem Kanton gehandhabt wird, und reduzieren Sie wenn nötig Ihre Konten bis vor der Pensionierung, indem Sie allfällige Wertschriftenanlagen verkaufen und den Erlös auf ein bereits bestehendes Vorsorgekonto übertragen.

Säule 3a bei der Versicherung

Lebensversicherer halten unterschiedliche Policen bereit, mit denen man im Rahmen der Säule 3a steuerbegünstigt vorsorgen kann. Die zentralen Fragen dabei: Brauchen Sie überhaupt einen Versicherungsschutz? Und wenn ja, welchen? Wichtig: Eine solche Versicherung sollte nur abschliessen, wer die Prämien auf Jahre hinaus regelmässig einzahlen kann.

 ACHTUNG *Für junge Menschen und für Personen mit bescheidenem Einkommen sind Lebensversicherungen der gebundenen Vorsorge fast immer das falsche Instrument. Die Prämie muss man jährlich entrichten; einzahlen darf man aber nur, wenn man ein Erwerbseinkommen erzielt. Wer etwa infolge Mutterschaft oder wegen einer längeren Weiterbildung mehrere Jahre lang pausiert und die Versicherung deshalb prämienfrei stellen muss, macht mit hoher Wahrscheinlichkeit Verluste.*

Auch im Rahmen der gebundenen Vorsorge können Sie sich mit einer reinen Risikoversicherung gegen den Todesfall und/oder gegen Erwerbsunfähigkeit absichern. Versichern Sie die Prämienbefreiung unbedingt mit, wenn ein Sparanteil hinzukommen soll. Dann übernimmt bei Erwerbsunfähigkeit der Versicherer die Prämien, und Sie erreichen Ihr Sparziel garantiert.

 TIPP *Lesen Sie die Vertragsbestimmungen sorgfältig durch. Die Prämienbefreiung setzt eine Erwerbsunfähigkeit von mindestens 25 Prozent voraus. Erst ab einer Erwerbsunfähigkeit von mehr als $66^{2}/_{3}$ Prozent übernimmt der Versicherer die ganze Prämienzahlung.*

ROMEO P., 50-JÄHRIG, verheiratet, ist seit 2015 daran, ein Sparkapital für die Zeit nach der Pensionierung aufzubauen. Gleichzeitig benötigt er eine Versicherung gegen Erwerbsunfähigkeit bei Krankheit von 2000 Franken pro Monat. Er wendet dafür jedes Jahr den maximal möglichen Säule-3a-Beitrag von 6768 Franken auf – bis zu seiner Pensionierung mit 65 Jahren wird er also Prämien von insgesamt 101 520 Franken bezahlen. Die damals angefragte Versicherungsgesellschaft hat ihm zwei Varianten offeriert (siehe Kasten).

Wer erhält das Geld im Todesfall?
Im Todesfall wird die Versicherungssumme direkt an den oder die Begünstigte ausgezahlt. Dabei ist die gesetzliche Begünstigtenordnung zu beachten; sie sieht eine bestimmte Reihenfolge in der Begünstigung vor:
1. Hinterbliebener Ehepartner bzw. eingetragene Partnerin
2. direkte Nachkommen; Personen, die vom Verstorbenen in erheblichem Mass unterstützt wurden; die Person, die mit ihm in den letzten fünf Jahren vor seinem Tod ununterbrochen eine Lebensgemeinschaft geführt hat oder die für den Unterhalt von gemeinsamen Kindern aufkommen muss
3. Eltern
4. Geschwister
5. übrige Erben

Der Versicherungsnehmer hat das Recht, die Reihenfolge der Begünstigten ab Position 3 zu ändern und ihre Ansprüche näher zu bezeichnen. Die entsprechende Begünstigungsregelung teilt man der Versicherung schriftlich mit. Vorteilhaft: Die Begünstigten erhalten die Auszahlung unabhängig davon, ob sie die Erbschaft annehmen oder ausschlagen.

Optimierungsmöglichkeiten
Wenn Sie eine Versicherungslösung favorisieren, sollten Sie folgende Tipps beherzigen:
- Risiken wie Todesfall und Erwerbsunfähigkeit lassen sich günstig im Rahmen der Säule 3a abdecken. Die Prämien können Sie vom steuerbaren Einkommen absetzen. Werden bis zum Ablauf des Versicherungsvertrags keine Leistungen fällig, müssen Sie auch nichts versteuern.
- Ist es Ihnen wichtig, das garantierte Sparziel zu erreichen, und stellt die Zahlung der jährlichen Prämie über die ganze Laufzeit kein Problem

BEISPIEL OFFERTE

Variante 1
Gemischte, kapitalbildende Lebensversicherung, kombiniert mit Erwerbsunfähigkeitsrente bei Krankheit und Unfall, fixe Prämie

- Todesfall- und Erlebensfallkapital garantiert Fr. 76 962.70
- Möglicher Überschuss bei 2% Rendite
  des Vertragsguthabens Fr. 9 747.30
- Erwerbsunfähigkeitsrente bei Krankheit oder Unfall,
  Wartefrist 720 Tage* Fr. 24 000.–
- Vertragslaufzeit 15 Jahre, Prämienbefreiung
  ab 361. Tag bei Krankheit oder Unfall, Jahresprämie Fr. 6 768.–

Für die Prämiensumme von 101 520 Franken erhält der Versicherte ein garantiertes Todes- und Erlebensfallkapital von 76 962.70 Franken, bei 2 Prozent Rendite des Guthabens sogar maximal 86 710 Franken. Die Differenz gegenüber der Prämiensumme inklusive Verzinsung des Sparteils deckt die Kosten der Versicherung von Todesfall und Erwerbsunfähigkeit bei Krankheit und Unfall. Dank der Prämienbefreiung wird das Sparziel garantiert erreicht.

Variante 2
Erlebensfallversicherung mit ansteigendem Todesfallkapital, kombiniert mit Erwerbsunfähigkeitsrente bei Krankheit oder Unfall; fixe Prämie

- Erlebensfallkapital garantiert Fr. 79 424.60
- Möglicher Überschuss bei 2% Rendite
  des Vertragsguthabens Fr. 9 398.40
- Erwerbsunfähigkeitsrente bei Krankheit und Unfall,
  Wartefrist 720 Tage* Fr. 24 000.–
- Vertragslaufzeit 15 Jahre, Prämienbefreiung
  ab 361. Tag bei Krankheit oder Unfall, Jahresprämie Fr. 6 768.–

Stirbt der Versicherte vor Ablauf, erhalten die Begünstigten keine fixe Todesfallsumme, sondern das bis dann angesparte Kapital. Im ersten Jahr sind das 4094 Franken (der Rest der Prämie dient der Risikoabsicherung); dann steigt die Summe jährlich um den Sparteil der Prämie an; entsprechend ist das garantierte Erlebensfallkapital verglichen mit Variante 1 höher.

* Bei vielen Arbeitgebern sind die ersten zwei Jahre Erwerbsunfähigkeit durch eine Krankentaggeldversicherung abgedeckt. Dank der Wartefrist ist die Prämie günstiger.

> **STICHWORT FONDSGEBUNDENE LEBENSVERSICHERUNG**
> Fondgebundene Lebensversicherungen hatten während der Börsenhausse Hochkonjunktur. Bei dieser Variante zahlen Sie eine Bruttoprämie, die sich aus einem Risikoschutz und einem Sparteil zusammensetzt. Der Sparteil wird in Fonds investiert. Während das Todesfallkapital garantiert ist, hängt die Auszahlungssumme im Erlebensfall bei vielen Produkten vom Börsenverlauf ab.
> Das ist mit Chancen und Risiken verbunden. Was aber viele Versicherte nicht wissen: Bei schlechtem Börsengang haben sie doppelt zu leiden: Je schlechter die Fonds sich entwickeln, desto höher fällt der Risikoteil der Prämie aus, da ja weniger Deckungskapital vorhanden ist. Denn das garantierte Todesfallkapital will finanziert sein. Je tiefer das Fondsvermögen, desto mehr Rückstellungen in Form von Risikoprämien sind erforderlich, um das Todesfallkapital sicherzustellen. Wenn die Börse sich wieder erholt, ist entsprechend weniger Kapital vorhanden, das an den Kursgewinnen teilnehmen kann.
> Einige Versicherungen garantieren auch bei fondsgebundenen Lebensversicherungen ein Erlebensfallkapital, unabhängig vom Börsenverlauf. Das ist natürlich nicht gratis zu haben – die Rendite reduziert sich dadurch weiter. ■

dar, könnte der Abschluss einer Erlebensfallversicherung die Variante der Wahl sein (siehe Kasten Seite 79, Variante 2). Achten Sie darauf, dass die Prämienbefreiung mitversichert ist.
- Gemischte Lebensversicherungen kombinieren den Sparprozess mit der Todesfallrisikoversicherung. Achten Sie darauf, dass es sich um eine Variante mit flexiblem Sparteil handelt – so verpflichten Sie sich nur für die Risikoprämie oder allenfalls für die Risikoprämie und einen Teil der Sparprämie.
- Vergleichen Sie verschiedene Offerten. Wählen Sie Produkte mit garantierten Prämien, dann kann der Versicherer die Prämie während der Vertragsdauer nicht erhöhen. Orientieren Sie sich an den garantierten Leistungen, nicht an den unsicheren Überschussversprechungen.

Allfinanzlösungen

Für Banken und Versicherer ist der Markt der langfristig zur Verfügung stehenden Säule-3a-Gelder interessant. Da die Vorteile des einen die

Nachteile des anderen sind, bieten Banken vermehrt auch Produkte mit Versicherungsschutz und Versicherer bankähnlich ausgestaltete Säule-3a-Policen an. Bei solchen Allfinanzlösungen den Überblick zu behalten, ist nicht immer einfach.

> **INFO** *Studieren Sie die Produktbeschreibungen und Leistungsbedingungen bei Allfinanzlösungen stets genau. Oft zeigt sich, dass Vorsorgebedürfnisse beim Versicherer und Sparprozesse bei der Bank am besten platziert sind und dass die Vermischung von Vorsorge und Anlage nicht im Interesse der Kundinnen und Kunden ist.*

Säule 3b: Versicherungssparen

Jeder Franken auf dem Sparkonto, jede gekaufte Aktie, jedes erworbene Gemälde gehört zur Säule 3b. Auch das Eigenheim zählt zur freien Vorsorge. Doch viele denken beim Stichwort 3b zunächst an Versicherungsprodukte.

Die Versicherer halten im Bereich der freien Selbstvorsorge ganz unterschiedliche Produkte bereit, die zum Teil rechtliche und steuerliche Vorteile mit sich bringen.

Lebensversicherungen können einerseits nach der Art ihrer Finanzierung (periodisch oder einmalig) und anderseits nach der Art der Leistung (Kapital oder Rente) unterschieden werden. Grob betrachtet ergeben sich folgende drei Varianten:

- periodisch finanzierte gemischte Lebensversicherungen
- einmalig finanzierte gemischte Lebensversicherungen
- Leibrentenversicherungen

Wenn Sie Kapital weder ansparen noch verzehren möchten, stehen Ihnen im Rahmen der Säule 3b auch reine Todesfallversicherungen mit frei wählbaren Begünstigten sowie Erwerbsunfähigkeitsversicherungen zur Risikodeckung zur Verfügung.

Gemischte Lebensversicherungen mit Jahresprämie

Lebensversicherungen, die sowohl ein Todesfall- wie auch ein Erlebensfallkapital beinhalten, werden auch als gemischte Kapitalversicherungen bezeichnet. Diese Form der Vorsorge geniesst abgesehen von den erb- und betreibungsrechtlichen Vorteilen auch gewisse steuerliche Privilegien. Neben Versicherungen mit garantiertem Mindestzinssatz gibt es auch fondsgebundene Policen (siehe Seite 80). Gemischte Lebensversicherungen haben mehrere Vorteile:

- Sie sind steuerlich privilegiert. Zwar sind die Prämien im Rahmen des Versicherungsabzugs kaum absetzbar, da dieser bereits von den Krankenkassenprämien ausgeschöpft wird; bei periodischer Prämienzahlung bleiben jedoch die Erträge bei der Auszahlung am Ende der Laufzeit steuerfrei. Während der ganzen Vertragsdauer ist der Rückkaufswert als steuerbares Vermögen zu deklarieren.
- Die Auszahlung an den oder die Begünstigte im Todesfall fällt nicht in den Nachlass. Deshalb sind diese Versicherungen eine Möglichkeit, den Konkubinatspartner, die Lebenspartnerin abzusichern. Allerdings darf man mit der Auszahlung keine Pflichtteile verletzen. Für die Berechnung dieser Pflichtteile wird der Rückkaufswert der Police zum Nach-

STICHWORT RÜCKKAUFSWERT

Müssen Sie Ihre Lebensversicherung frühzeitig auflösen, zahlt Ihnen die Versicherungsgesellschaft lediglich den Rückkaufswert aus. Er entspricht dem Deckungskapital abzüglich der noch nicht belasteten Kosten für den Versicherungsabschluss und für die Verwaltung.

Ein Rückkauf zahlt sich nie aus; in den ersten zwei bis drei Jahren ist der Rückkaufswert tief, da die Provision an den Vertreter zu Beginn der Vertragslaufzeit ausgezahlt und über diese zwei bis drei Jahre verteilt der Police belastet wird. Die Verwaltungskosten sind anfänglich ebenfalls hoch. Lebensversicherungen sollte man daher nur abschliessen, wenn man sicher ist, die Prämien während der ganzen Laufzeit zahlen zu können.

lass addiert. Die Versicherung zahlt ihre Leistung aber unabhängig von einer möglichen Pflichtteilsverletzung aus. Es ist dann Aufgabe der betroffenen Erben, ihren Pflichtteil geltend zu machen (siehe Seite 216).
- Begünstigt der Versicherungsnehmer im Versicherungsvertrag seine Ehefrau oder seine Nachkommen, kann dieser Anspruch weder gepfändet noch konkursamtlich verwertet werden. Vor allem bei selbständiger Erwerbstätigkeit mit entsprechendem Unternehmerrisiko ist dieser Vorteil nicht zu unterschätzen.

Gemischte Lebensversicherungen sind – wie das Beispiel auf Seite 79 zeigt – aus Renditeüberlegungen uninteressant. Und: Vorzeitige Vertragsauflösungen sind mit herben Verlusten verbunden. Attraktiv sind jedoch die erb- und betreibungsrechtlichen Vorteile sowie die Spardisziplin, die mit der Verpflichtung zur jährlichen Prämienzahlung verbunden ist. Ein weiteres grosses Plus: das garantierte Erreichen des Sparziels durch die meist mitversicherte Prämienbefreiung im Fall voller Erwerbsunfähigkeit.

Einmalig finanzierte Lebensversicherungen

Statt mit jährlichen Prämienzählungen können Sie eine gemischte Lebensversicherung auch mit einer Einmalprämie im Rahmen einer sogenannten Einmaleinlageversicherung bezahlen. Sie bringen also zu Beginn der Vertragsdauer einen substanziellen Betrag ein. Die Erträge sind von der Einkommenssteuer befreit – sofern der Vertrag der Vorsorge dient. Dies ist dann der Fall,
- wenn der Versicherungsnehmer die Auszahlung nicht vor dem 60. Geburtstag erhält;
- wenn der Vertrag mindestens fünf Jahre (bzw. bei fondsgebundenen Lebensversicherungen mindestens zehn Jahre) dauert;
- wenn der Abschluss vor dem 66. Geburtstag erfolgt;
- wenn Versicherungsnehmer und versicherte Person identisch sind.

ACHTUNG *Beachten Sie, dass Einmaleinlageversicherungen einer Stempelsteuer von 2,5 Prozent unterliegen. Kurze Laufzeiten lohnen sich deshalb nicht; bei einer Laufzeit von fünf Jahren reduziert sich die jährliche Rendite um 0,5 Prozent.*

Lang laufende Einmaleinlageversicherungen sollte man nicht abschliessen, wenn die Kapitalmarktzinsen tief sind – die Renditen sind verschwindend gering; teuerungsbereinigt können solche Policen sogar zum Verlustgeschäft werden. Stattdessen empfiehlt es sich, das Vermögen in leicht liquidierbaren Anlagen (Konto, Festgeld) zu parkieren, um zum gegebenen Zeitpunkt in besser rentierende Anlageformen investieren zu können.

CLAUDE H., 50, MÖCHTE 100 000 FRANKEN für die Dauer von zehn Jahren und mit möglichst wenig Risiko anlegen. Ein Vergleich von Einmaleinlageversicherungen zeigt, dass die garantierte Todes- und Erlebensfallsumme bei einem der besten Anbieter 103 989 Franken beträgt. Dies entspricht bei zehnjähriger Laufzeit einer garantierten, steuerfreien Rendite von 0,39 Prozent. Werden die nicht garantierten Überschüsse berücksichtigt, ergibt sich im besten Fall eine Rendite von 0,41 Prozent.

Im Vergleich dazu rentiert eine Bundesobligation von zehn Jahren Laufzeit heute negativ. Dabei ist die Obligation jederzeit handelbar; bei steigenden Zinsen muss man allerdings mit Verlusten rechnen. Aber auch ein Rückkauf der Einmaleinlageversicherung ist mit Verlusten verbunden. Claude H. entscheidet sich wegen der tiefen Renditen weder für die eine noch für die andere Variante – er lässt das Geld liegen und sucht nach Anlagealternativen. Aktien mit tiefer Dividendenrendite sind keine Alternative, da ein Kurseinbruch die Dividende von vielen Jahren vernichten kann.

Lassen Sie sich nicht von den möglicherweise höheren Renditen bei Fondspolicen blenden – sie sind vom Börsenverlauf abhängig und deshalb nicht garantiert (siehe Seite 80). Falls Sie sich dennoch für eine Fondspolice entscheiden: Wählen Sie möglichst ertragsorientierte Anlagen (zum Beispiel Obligationen); dann kommt die Steuerbefreiung der Erträge wirklich zum Tragen.

Leibrentenversicherungen

Eine Alternative zu den Lebensversicherungen mit Kapitalauszahlung ist die Leibrentenpolice. Wie der Name sagt, gibt es hier eine Rente statt eines

Kapitals – je nach Ausgestaltung des Vertrags lebenslang. Damit sind Sie von der Sorge entbunden, Ihr Kapital bis ans Lebensende richtig einteilen zu müssen, zumal niemand die eigene Lebensdauer kennt. Die Versicherer kalkulieren ihre Leistungen auf Basis der allgemeinen Lebenserwartung und des Kapitalmarktumfelds. Da jeder Versicherer über eine grosse Anzahl von Verträgen verfügt, ergibt sich ein Risikoausgleich zwischen lang Lebenden und früher Versterbenden.

Die Versicherungsgesellschaften bieten Leibrentenpolicen in den unterschiedlichsten Formen an:
- periodisch oder einmalig finanziert
- mit sofortiger oder aufgeschobener Leistung. Wird der Bezug aufgeschoben, fällt die Rente höher aus.
- auf ein oder zwei Leben ausgerichtet. Mit der zweiten Variante können Sie auch Ihren Partner, Ihre Partnerin absichern; er oder sie erhält nach Ihrem Tod weiterhin die ganze Rente oder auch eine Teilrente, je nach Vertrag.
- mit oder ohne Rückgewähr. Rückgewähr bedeutet, dass der nicht verbrauchte Teil des eingezahlten Kapitals an eine im Vertrag begünstigte Person ausgezahlt wird, wenn der Versicherungsnehmer während der Dauer des Rentenbezugs stirbt. Leibrentenverträge ohne Rückgewähr sind nicht rückkaufsfähig und nicht kündbar, müssen also bis zum Ableben des Versicherten eingehalten werden.

Während das garantierte Einkommen als Vorteil zu werten ist, gibt es auch einige Nachteile: Die Abschluss- und Verwaltungskosten sind hoch

> **STICHWORT LANGLEBIGKEITSRISIKO**
>
> Schweizerinnen und Schweizer erfreuen sich statistisch gesehen einer hohen Lebenserwartung. Über das einzelne Individuum sagt diese Statistik jedoch nichts aus – keiner weiss, wie alt er oder sie wird. Und je länger man lebt, desto mehr Geld braucht man. Für diesen Sachverhalt gibt es im Versicherungsjargon den Begriff Langlebigkeitsrisiko. Mit der Pensionskassenrente oder der Leibrente einer privaten Versicherungsgesellschaft delegiert man dieses Risiko an die betreffenden Institutionen.

und die fixe Rente lässt bei veränderten Einkommensbedürfnissen keine Flexibilität zu. Die Rente wird zu 40 Prozent besteuert; damit zahlen Sie Steuern für den Verbrauch Ihres bereits versteuerten Vermögens. Und wenn Sie den Vertrag auflösen, wird der Rückkauf nicht als Vermögenstransfer – von der Versicherung zurück aufs Bankkonto – betrachtet, sondern die Rückgewährsleistung wird wie eine Rentenleistung besteuert.

> **TIPP** *Holen Sie vor dem Abschluss einer Leibrentenversicherung mehrere Offerten ein die Unterschiede können beachtlich sein. Prüfen Sie zudem die Alternative des Kapitalverzehrs. Ein Beispiel, wie sich Vermögen geschickt in Etappen verbrauchen lässt, finden Sie auf Seite 205. Banken bieten beispielsweise standardisierte Entnahmepläne. Konsultieren Sie einen Vermögensberater Ihres Vertrauens.*

Säule 3b: Geldanlagen

Alle Lücken auf der Vorsorgeseite geschlossen, eine Liquiditätsreserve von drei bis sechs Monatslöhnen beiseitegelegt – und immer noch Geld zur Verfügung? Dann geht es jetzt darum, es möglichst sinnvoll zu investieren.

Oberste Priorität hat langfristig eine geschickte strategische Aufteilung des Vermögens auf die einzelnen Anlagekategorien, etwa Obligationen, Aktien, Immobilien, aber auch Liquidität. In einem stetigen Prozess sollte man diese Aufteilung immer wieder neu auf die persönlichen Bedürfnisse abstimmen – die Fachwelt spricht in diesem Zusammenhang von Anlagestrategien (siehe Kasten).

Wichtig beim Geldanlegen: Die einmal festgelegte Anlagestrategie konsequent befolgen und langfristige Ziele nicht kurzfristigen Marktschwankungen opfern. Selbstverständlich haben spontane Käufe und Verkäufe aus taktischen Überlegungen ebenfalls ihre Berechtigung, allerdings sollte man dies lediglich mit einem klar begrenzten Anteil des Vermögens tun und die Anlagen entsprechend überwachen.

> **ANLAGESTRATEGIEN**
> Die folgenden Anlagestrategien unterscheiden sich hauptsächlich im Umfang des Aktienanteils. Es gilt: Je höher der Aktienanteil, desto höher die Renditechancen, desto höher aber auch das Verlustrisiko.
> - **Einkommensorientierte Anlage** (Aktienanteil 0 Prozent)
> - **Ertragsorientierte Anlage** (Aktienanteil maximal 25 Prozent)
> - **Ausgewogene Anlage** (Aktienanteil maximal 50 Prozent)
> - **Dynamische Anlage** (Aktienanteil maximal 75 Prozent)
> - **Aktien** (Aktienanteil 100 Prozent)

TIPP *Viele Menschen zwischen 40 und 50 vergeben sich Chancen, weil sie ihr Geld einfach liegen lassen, statt es zu bewirtschaften. Wenn Sie sich nicht mit Geldfragen befassen mögen, können Sie Ihr Vermögen auch verwalten lassen. Das kostet zwar etwas, dafür steigt aber auch die Rendite. Welche Punkte Sie bei der Wahl eines Vermögensverwalters beachten sollten, lesen Sie auf Seite 209.*

Das Grundlagenwissen

Egal, ob Sie viel Geld oder wenig investieren, ob Sie Ihr Guthaben selber verwalten oder es verwalten lassen – einige Eckpfeiler der Geldanlage sollten Sie kennen. Dazu gehören Überlegungen zu Rendite und Risiko, zu Liquidität, Zeithorizont, Anlagestil und Diversifikation.

Rendite und Risiko

Diese zwei Begriffe sind untrennbar miteinander verbunden: Rendite und Risiko. Dabei gilt: Je höher die Rendite, desto höher das Risiko. Obwohl dieser Grundsatz in Stein gemeisselt ist, finden dubiose Finanzleute immer wieder Leichtgläubige, die auf vermeintlich sichere, hochrentable Anlageangebote hereinfallen – und dann grosse Verluste erleiden. Halten Sie sich also stets vor Augen: Keine höhere Rendite ohne entsprechendes Risiko!

ACHTUNG *Tätigen Sie nur Anlagen, die Sie restlos verstehen, und klären Sie die möglichen Risiken sorgfältig ab. Sind Sie bereit und finanziell in der Lage, diese Risiken zu tragen? Auch vermeintlich sichere Anlagen können risikobehaftet sein – sei es, dass bei einer Obligation der Schuldner zahlungsunfähig wird, sei es, dass die Teuerung die Kaufkraft angreift oder der Fiskus zuschlägt.*

Liquidität

Je liquider Guthaben und Vermögenswerte, desto geringer fällt die Rendite aus. Trotzdem lassen sich auch liquide Mittel bewirtschaften. Für Gelder, die jederzeit verfügbar sein müssen, bieten sich verschiedene Bankkonten an; nicht sofort benötigte Mittel können auf Zinsstufensparkonten gelegt werden. Eine weitere Möglichkeit sind Prämiendepots, wenn Sie eine Lebensversicherungspolice haben; diese dienen der Bezahlung laufender, periodisch finanzierter Lebensversicherungen. Unwiderrufliche Prämiendepots geniessen eine höhere Verzinsung, da das eingezahlte Geld nur für die laufenden Versicherungsprämien verwendet werden darf; die Verzinsung ist verrechnungssteuerfrei. Und je nach Zinssituation und Betrag kommen auch Festgeldanlagen oder kurzfristig abrufbare Callgeld-Anlagen infrage.

TIPP *Berücksichtigen Sie bei Ihren Überlegungen zur Liquidität nicht nur geplante Ausgaben (Ferien, Autokauf), sondern auch Unvorhergesehenes (Stellenverlust, Zahnarzt). Es ist ein Irrtum, zu glauben, man müsse jederzeit sein ganzes Geld bis auf den letzten Rappen investiert haben. Liquidität senkt zwar die Gesamtrendite Ihres Vermögens, sie verhindert aber, dass Sie bei unerwartetem Geldbedarf Ihre Anlagestrategie kurzfristig ändern müssen. Und Sie können mit einem bestimmten Anteil an liquiden Mitteln von besonderen Kaufgelegenheiten profitieren.*

> **BUCHTIPP**
> Viel Grundlagenwissen, einen Überblick über die gängigen Finanzprodukte und verschiedene Anlagestrategien bietet dieser Beobachter-Ratgeber:
> **Plötzlich Geld – so legen Sie richtig an. Möglichkeiten zur souveränen Vermögensverwaltung.**
> www.beobachter.ch/buchshop

Der Zeithorizont

Der Faktor Zeit wird häufig unterschätzt, er beeinflusst aber massgeblich die zu erwartende Rendite einer Investition. Mit Obligationenanlagen bindet man das

Kapital während längerer Laufzeiten, dafür zahlen die Schuldner bei normalen Marktverhältnissen höhere Zinsen. Aktien lassen bei längerer Anlagedauer höhere Renditen bei abnehmendem Verlustrisiko erwarten – wobei es auch in der Vergangenheit Perioden von zehn und mehr Jahren gab, in denen Aktien nicht an Wert zulegten oder sich gar im Verlustbereich bewegten.

Es lohnt sich, den eigenen Anlagehorizont realistisch einzuschätzen, damit es nicht zu schlechten Erfahrungen mit (zu) langfristig ausgelegten Anlageentscheiden kommt. Wer nach zwei, drei Quartalen wegen unerwartet schlechter Resultate das Handtuch wirft, profitiert nicht.

Auch dem Zinseszinseffekt wird häufig zu wenig Bedeutung beigemessen. Die folgende Beispiele zeigen deutlich: Man sollte mit dem Vermögensaufbau möglichst früh beginnen und an der sorgfältig gewählten Anlagestrategie festhalten.

HANNI F., 25, LEGT JÄHRLICH 5000 FRANKEN auf die Seite und erzielt eine durchschnittliche Rendite von 1,5 Prozent auf ihren Anlagen. Nach zehn Jahren verfügt sie über ein Kapital von 54 316 Franken. Weil sie Mutter wird und zu Hause für ihr Kind sorgt, kann sie nicht weiter sparen; sie lässt das Geld aber weiter angelegt. Bei gleich bleibender Rendite stehen ihr nach weiteren zehn Jahren, mit 45, insgesamt 63 036 Franken zur Verfügung – dies bei einer Gesamteinlage von 50 000 Franken.

MARTIN Z. KANN SICH MIT 25 noch nicht fürs Sparen begeistern. Erst mit 32 Jahren beschliesst auch er, etwas auf die hohe Kante zu legen, und spart 5000 Franken pro Jahr. Bei gleicher Rendite braucht er 12 Jahre und Gesamteinlagen von 60 000 Franken, bis er Hanni F.s Resultat übertrifft. Martin Z. verfügt dann über ein Sparguthaben von 66 184 Franken.

Anlagestile

Anlagen lassen sich aktiv bewirtschaften, indem man laufend interessante Titel kauft und weniger aussichtsreiche verkauft. Da es aber auch den meisten Anlageprofis nicht gelingt, einen Vergleichsindex über längere Zeit zu schlagen, werden vermehrt passive Anlagen empfohlen, etwa börsengehandelte Indexfonds, sogenannte Exchange Traded Funds (ETF, siehe Seite 98). Diese folgen direkt einem Index, der einen Gesamt- oder

Teilmarkt, eine Branche, eine Region abbildet. Passivanlagen verlangen nur nach einer Änderung, wenn der zugrunde liegende Index sich ändert (zu den Indizes siehe Seite 94).

> **TIPP** *Mit passiven Anlagen erzielen Sie immer durchschnittliche Ergebnisse – nie mehr, aber auch nie weniger. Achten Sie bei der Auswahl passiv verwalteter Produkte auf günstige Spesen und passen Sie den Anteil Ihres so angelegten Vermögens den Börsenzyklen an. Unter diesen Bedingungen ist eine passive Teilnahme an der Entwicklung eines Börsenplatzes im Aufwärtstrend durchaus empfehlenswert. Bei fortgeschrittener Hausse sollten Sie hingegen besser davon absehen.*

Geldwerte und Sachwerte

Geldwerte – Obligationen, Kontensparen, privat gewährte Darlehen – sind reine Zahlungsversprechen. Schuldner ist beispielsweise die kontoführende Bank, der Lebensversicherer, aber auch der Staat oder ein Unternehmen, das Kapital über eine Obligation aufnimmt. Als Gläubiger erhalten Sie für das ausgeliehene Geld einen Zins, dazu bekommen Sie Ihr Kapital per Tilgungstermin zurück. Sowohl die Höhe des Zinses als auch die Wahrscheinlichkeit der Kapitalrückzahlung hängt von der Qualität des Schuldners (Bonität, siehe Seite 102) ab.

Sachwerte dagegen stellen Eigentum dar. Mit dem Erwerb eines Sachwerts werden Sie Eigentümer respektive Miteigentümer von Liegenschaften, Aktiengesellschaften oder Rohstoffen. Ihr Kapitaleinsatz wird nicht verzinst, sondern nimmt am Wertzuwachs teil. Dieser findet nicht kontinuierlich statt wie die Zinszahlung einer Obligation, auf längere Sicht übertrifft er aber mit grosser Wahrscheinlichkeit deren Rendite. Darüber hinaus stellen Sachwerte einen realen Gegenwert dar, was in unserem Papiergeldsystem nicht zu unterschätzen ist.

> **TIPP** *Investieren Sie in Sachwerte, wenn Sie einen langfristigen Vermögensaufbau in Betracht ziehen. Sie reduzieren damit das Risiko des schleichenden Kaufkraftverlustes (Inflation) und sind an den Wertsteigerungsmöglichkeiten Ihrer Anlage beteiligt. Zudem sind Kapitalgewinne auf beweglichem Privatvermögen bis dato steuerfrei.*

Diversifikation
Vermögensanlagen sollten Sie möglichst breit abstützen. Sie steigern damit die Rendite bei gleichzeitiger Reduktion der Risiken, da verschiedene Anlagen sich auch unterschiedlich entwickeln. Einen grossen Teil Ihres Vermögens werden Sie in Ihrer Heimwährung anlegen, in der auch Ihre Ausgaben anfallen. Wenn Sie Zinsanlagen in Fremdwährung tätigen, ist zwar der (steuerbare) Ertrag höher – Sie gehen damit aber ein Währungsrisiko ein, das den Zinsvorteil oft übersteigt. Bei Aktienanlagen fallen Währungsschwankungen nicht so stark ins Gewicht, da der Aktienkurs einen Ausgleich bewirken kann.

Eine Mischung aus verschiedenen Konten, Obligationen-, Aktien- und Immobilienanlagen, eventuell ergänzt durch eine Lebensversicherung, wird sich bewähren. Allerdings eliminiert auch die beste Diversifikation immer nur die Risiken von Einzelanlagen, nie aber die Marktrisiken, wie dies der Einbruch der Weltbörsen in den Jahren 2007 bis 2009 beispielhaft gezeigt hat.

So vermeiden Sie Anlagefehler

Viele Fehlerquellen im Umgang mit Geld können Sie eliminieren, wenn Sie die folgenden sechs Grundsätze beachten:
- **Ehrlich zu sich selber sein:** Oft erkennen Investoren erst bei Börsenturbulenzen, dass starke Kursschwankungen und Verlustgefahr sie emotional belasten. Übereilte Änderungen der Anlagestrategie, eventuell Verluste sind die Folge.
Schätzen Sie Ihre eigene Risikobereitschaft und -fähigkeit vor dem Anlageentscheid realistisch ein.
- **Die Nerven bewahren:** Langfristig ausgerichtete Anlagen werden allzu oft kurzfristigen Börsenschwankungen geopfert. Kauft eine Anlegerin beispielsweise Gold als Inflationsschutz, gibt es keinen Grund, dieses nach kurzer Zeit infolge vorübergehend rückläufiger Kurse gleich wieder zu verkaufen.
Behalten Sie die Nerven – und die langfristigen Anlagen.
- **Den Horizont auftun:** Viele Anlegerinnen und Anleger investieren nur in zwei, drei Aktien an der Börse ihres Heimatlands – im Glauben, diese Titel zu kennen. Mit diesem als «home bias» bezeichneten, auf die

Heimatbörse fixierten Anlagestil entsteht eine Konzentration auf wenige Anlagen mit entsprechend hohen Risiken.
Schauen Sie über die Grenze hinaus und berücksichtigen Sie auch Fremdmärkte.

- **Diversifizieren:** Im Bestreben, möglichst rasch markante Gewinne zu erzielen, bauen Anleger oft zu grosse einzelne Depotpositionen auf. So berauben sie sich der Möglichkeit, bei verschiedenen Gewinnern dabei zu sein. Und sie erhöhen das Risiko, dass mit dem Einbruch eines ihrer Titel ein grosser Teil des Vermögens in Mitleidenschaft gezogen wird.
Reduzieren Sie die Risiken und erhöhen Sie die Chancen, indem Sie Ihr Portefeuille so gestalten, dass keine Position mehr als fünf bis zehn Prozent einnimmt.

- **Mutig handeln:** Investoren halten häufig an Verlustpositionen fest, da sie sich am Einstandspreis orientieren. Sie verdrängen Verluste oder versuchen sogar, durch Nachkäufe den Durchschnittseinstand zu verringern. Das ist Augenwischerei.
Gestehen Sie sich einen Fehlentscheid frühzeitig ein. So begrenzen Sie Verluste konsequent.

- **Dranbleiben:** Begrenztes Vorstellungsvermögen verleitet Anlegerinnen und Anleger immer wieder zu der Annahme, Aktien, deren Kurs bereits gestiegen ist, seien zu meiden und zurückgebliebene Titel zu bevorzugen. Doch Börsentrends dauern meist länger an als erwartet.
Lassen Sie Gewinne laufen, begrenzen Sie Verluste. So bleibt Ihre Chance, möglichst lange an Aufwärtsbewegungen teilzunehmen, intakt.

Ein Patentrezept für die perfekte Vermögensanlage gibt es nicht, ebenso wenig den idealen Anlagemix. Wenn Sie auf eine breite Verteilung der Vermögenswerte achten und dabei die persönliche Steuerbelastung berücksichtigen, optimieren Sie Ihre Vermögensstruktur bereits. Diese ist ebenso Veränderungen unterworfen wie das Anlageziel und die Anlagedauer. Wichtig bei allen Entscheiden: Sie sollten sich damit wohlfühlen.

Interessanterweise zeigen sich Frauen, die mit ihrer höheren Lebenserwartung und dem meist geringeren Einkommens eine grössere Vorsorgelücke zu schliessen hätten, weniger risikofreudig als Männer. Dies lässt sich damit begründen, dass Frauen kurzfristige Risiken tief halten wollen, riskantere Anlagen aber erst langfristig höhere Renditen abwerfen. Fundiertere Information und das bewusste Sammeln von Erfahrungen, probeweise mit einem kleinen Teil des Vermögens, könnten helfen, Risiken bewusst einzugehen – und die damit verbundenen Chancen zu nutzen.

Bankkonten und Festgeld

Ihre liquiden Mittel und allfällige Ersparnisse, die Sie fortlaufend bilden, sind auf einem Bankkonto am besten aufgehoben. Für längerfristige Anlagen sind Bankkonten wegen der tiefen Verzinsung dagegen wenig geeignet. Eine höhere Verzinsung bieten oft Fremdwährungskonten, dem höheren, steuerbaren Zins stehen allerdings Währungsrisiken gegenüber. Einen Währungsverlust können Sie steuerlich nicht geltend machen.

Ebenfalls einen höheren Ertrag verspricht eine Festgeldanlage – als Entschädigung für die längere Kapitalbindung. Diese Anlageform steht jedoch erst ab einem Betrag von 100 000 Franken zur Verfügung.

Prüfen Sie nebst der Verzinsung auch die Spesen und Rückzugsmöglichkeiten. Einige Banken bieten Vorzugskonten für Aktionäre oder Genossenschafter.

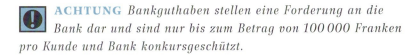

ACHTUNG Bankguthaben stellen eine Forderung an die Bank dar und sind nur bis zum Betrag von 100 000 Franken pro Kunde und Bank konkursgeschützt.

Obligationen

Bei Obligationen handelt es sich um Schuldpapiere von Unternehmen oder öffentlichen Haushalten wie Bund, Kantonen und Gemeinden. Der Käufer von Obligationen erhält gegenüber dem Schuldner ein Forderungsrecht auf Verzinsung und Rückzahlung seiner Einlage. Die Sicherheit der Obligation hängt von der Qualität (Bonität, siehe Seite 102) des Schuldners ab – sie wird bei bekannten Schuldnern regelmässig von Ratingagenturen wie Standard & Poor's oder Moody's bewertet; Banken und Broker können vor dem Kauf über die Bonität Auskunft geben. Die Courtage, die auch beim Kauf von Obligationen anfällt, kann vor allem bei kurzen Laufzeiten die Rendite empfindlich schmälern.

Bankeigene Kassenobligationen gelten als sehr sichere Anlage. Man kann sie in kleinen Beträgen (ab 1000 Franken) und mit unterschiedlichen Laufzeiten (zwei bis acht Jahre) spesenfrei erwerben. Nachteilig ist jedoch vor allem, dass diese Titel nicht gehandelt werden, dass man sie also bis zur Rückzahlung halten muss.

TIPP *Achten Sie beim Kauf von Obligationen auf die Zahlungsfähigkeit (Bonität) des Schuldners und behalten Sie diese im Auge. Hohe Zinsen oder sinkende Obligationenkurse bei stabilem Zinsumfeld weisen auf mangelnde oder abnehmende Bonität des Schuldners hin. Mit Obligationenfonds vermeiden Sie das Einzeltitelrisiko.*

Aktien

Mit dem Erwerb von Aktien beteiligt man sich an der wirtschaftlichen Entwicklung eines Unternehmens. Am Unternehmenserfolg ist der Anleger über eine Kurssteigerung und allenfalls über eine Ausschüttung einer Dividende beteiligt. Wachstumsorientierte Firmen schütten oft keine oder nur geringe Dividenden aus, da sie die erarbeiteten Mittel wieder ins eigene Unternehmen investieren.

ACHTUNG *Mit dem Kauf einzelner Aktien gehen Sie nicht nur ein allgemeines Marktrisiko, sondern auch ein titelspezifisches Risiko ein. Überspitzt formuliert ist die Vermögenskonzentration auf wenige Einzeltitel eine Wette darum, dass deren Kurs sich im Vergleich*

STICHWORT BÖRSENINDEX
Ein Börsenindex misst die Wertentwicklung einer Gruppe von Aktien auf einem bestimmten Teilmarkt. Zu den bekannten Indizes zählen der Dow Jones Industrial Average (USA), der DAX (Deutschland) oder der SMI (Schweiz). Bei Letzterem handelt es sich um einen reinen Preisindex für die grossen Schweizer Aktienwerte; daneben gibt es auch den SPI als Performance-Index, bei dessen Berechnung die Dividenden der im Index enthaltenen Aktien reinvestiert werden. Börsenindizes dienen oft als Vergleichsgrösse hinsichtlich der Performance von Wertpapieren, insbesondere von Anlagefonds.

zum Gesamtmarkt besser entwickelt. Gehen Sie dieses Risiko – wenn überhaupt – nur mit einem geringen Anteil Ihres Vermögens ein. Besser ist es, ganze Märkte oder Sektoren abzudecken, etwa mit Sammelanlagen wie Aktienfonds, Baskets oder Indexfonds beziehungsweise -zertifikaten.

Indexzertifikate
Ein Grossteil der aktiv gemanagten Aktienfonds erwirtschaftet die vom Vergleichsindex erreichte Wertentwicklung (Performance) nicht. Deshalb entscheiden sich immer mehr Anlegerinnen und Anleger, einen Teil ihres Geldes indexnah anzulegen, um so mindestens ein durchschnittliches Resultat zu erzielen. Diesem Anliegen tragen die Indexzertifikate Rechnung. Sie bewegen sich mit dem Basisindex (zum Beispiel SMI, DAX) nach oben oder nach unten.

Mit dem Erwerb von Indexzertifikaten geht der Investor ein sogenanntes Emittentenrisiko ein: Die Zertifikate sind nur so gut wie das dahinterstehende Finanzinstitut. Zudem weisen sie oft eine beschränkte Laufzeit auf, oder der Handel ist illiquid und wenig transparent.

INFO *Wenn Sie Ihr Vermögen ganz oder teilweise passiv – das heisst indexnah – investieren möchten, sollten Sie anstelle der Indexzertifikate sogenannte Exchange Traded Funds (ETF, siehe Seite 98) wählen. Beachten Sie, dass Sie mit solchen Anlagen immer nur ein durchschnittliches Resultat erzielen und an den Aufwärts- wie auf Abwärtsbewegungen des zugrunde liegenden Marktes vollumfänglich teilnehmen.*

Immobilienanlagen

In Immobilien können Sie direkt oder indirekt investieren. Bei der Direktanlage werden Sie Eigentümer eines bestimmten Objekts und werden im Grundbuch als solcher eingetragen; indirekte Beteiligungen finden über einen Immobilienfonds oder über Aktien einer Immobiliengesellschaft statt.

Immobilienanlagen sind bezüglich Chancen-Risiko-Verhältnis zwischen Aktien und Obligationen positioniert und eignen sich gut zur Risikostreuung innerhalb eines Portefeuilles. Die Tabelle auf der nächsten Seite ver-

DIREKTE UND INDIREKTE IMMOBILIENANLAGE: PRO UND KONTRA	
Direktanlage zum Beispiel Mehrfamilienhaus	**Indirekte Anlage** zum Beispiel Immobilienfonds
+ Besitzerstolz + Selbstauswahl und -bewertung + Option auf Eigenverwaltung	+ Tägliche Kauf- und Verkaufsmöglichkeit, auch bei kleinen Beträgen + Professionelle Bewirtschaftung + Diversifikation (verschiedene Objekte, Regionen) + Wertsteigerung bei Verkauf: steuerfreier Kapitalgewinn
− Vermögenskonzentration in einem Objekt	− Oft Aufpreis auf den Nettoanlagewert (Agio)
− Zusätzliche Steuerpflicht am Ort der Liegenschaft − Besteuerung des Grundstückgewinns beim Verkauf	− Anonymität der Liegenschaften − Kein Einfluss auf Fremdkapitalhöhe

mittelt einen Überblick über die Vor- und Nachteile beider Varianten (ausführliche Informationen zum Thema Wohneigentum als Teil der Vorsorge finden Sie ab Seite 109).

TIPP *Betrachten Sie Ihre eigenen vier Wände als Beitrag zur Lebensqualität und Altersvorsorge und nicht als Anlage, zumal keine direkte Rendite anfällt. Schliesslich werden Sie Ihr Heim kaum verkaufen, nur weil der Wert der Liegenschaft angestiegen ist.*

Anlagefonds und Fondssparpläne

Nach schweizerischem Recht sind Anlagefonds ein Sondervermögen, das eine Fondsleitung verwaltet und eine von dieser Leitung unabhängige Depotbank verwahrt. Dabei werden die Gelder vieler Anlegerinnen und Anleger gebündelt und nach dem Prinzip der Risikostreuung in verschiedenen Vermögenswerten angelegt. Mit Fonds können Sie in unterschiedlichste Anlagen – Obligationen, Aktien, Rohstoffe und andere – und mit verschiedenen Anlagestrategien investieren.

GEBÜHREN VERGLEICHEN

Wer Anlagefonds erwirbt, zahlt dem Fondsmanager Managementgebühren; die Höhe der Gebühren ist im Fondsreglement festgelegt. Im Internet lassen sich die Gebühren verschiedener Fonds vergleichen, zum Beispiel unter www.swissquote.ch.

Grundsätzlich gilt, dass die Managementgebühren mit steigendem Aufwand höher ausfallen. Einem Aktienfonds werden also mehr Gebühren belastet als einem Obligationenfonds. Als Richtwert gilt oft die Total Expense Ratio (TER), in der allerdings die Kosten für den Kauf und Verkauf der Titel nicht enthalten sind – und gerade sie können bei häufigen Käufen und Verkäufen beträchtlich ausfallen.

Die Höhe der Fondsgebühren gibt immer wieder Anlass zu Diskussionen. Sie sind beim Fondsvergleich jedoch nur ein Faktor unter anderen. Gebühren sollten nie das alleinige Auswahlkriterium sein; letztlich zählt die Performance des Fonds.

Wenn Sie ein Vermögen von weniger als 100 000 Franken haben oder sich nicht um Geldanlagen kümmern möchten, bieten sich Strategiefonds an, die sich nach einer bestimmten Anlagestrategie ausrichten lassen: zum Beispiel einkommensorientiert, ausgewogen oder dynamisch (siehe Seite 87). Damit erreichen Sie eine gute Diversifikation und eine professionelle, wenn auch standardisierte Vermögensverwaltung.

INFO Das Anlagefondsgesetz schützt Anleger vor betrügerischen Machenschaften seitens der Fondsleitung. Trotzdem sollten Sie Anlagefonds seriös prüfen, bevor Sie sich zum Kauf entschliessen. Dabei helfen Ratingagenturen (zum Beispiel Morningstar), die die Resultate mittels Vergleichsindex prüfen und die dem Fondsvermögen belasteten Kosten, Kauf- und Verkaufskommissionen und Ähnliches vergleichen. Ratings finden sich auf einschlägigen Internetseiten, etwa auf www.swissquote.ch, www.nzz.ch/finanzen oder www.fuw.ch.

Mit der Auswahl allein ist es aber noch nicht getan: Relevant ist auch die weitere Entwicklung Ihres Anlagefonds, denn schon oft hat ein Wechsel in der Fondsleitung für Enttäuschung gesorgt. Beim Vergleich von Strategiefonds sollte man deshalb auch auf die Höhe der Aktienquote achten, da zum Beispiel der Anlagestil «ausgewogen» ganz unterschiedlich umgesetzt werden kann.

TIPP *Im Internet – zum Beispiel unter www.swissquote.ch, www.cash.ch, www.finanzen.ch – können Sie kostenlos Anlagefonds suchen und vergleichen. Wählen Sie nur Fonds aus, die über mehrere Jahre den Vergleichsindex geschlagen haben respektive zu den besten Produkten ihrer Kategorie zählen. Bitten Sie Ihre Bank oder Ihren Berater, Ihnen die Bewertungen der letzten fünf bis zehn Jahre zu zeigen. Lassen Sie sich nicht mit hauseigenen Produkten abspeisen. Behalten Sie die Entwicklung Ihrer Anlagen stets im Auge.*

In Exchange Traded Funds investieren
Ein Exchange Traded Fund, kurz ETF, ist ein äusserst spesengünstiges Anlageinstrument, das – im Gegensatz zu herkömmlichen Fonds – wie Aktien fortlaufend an der Börse gehandelt werden kann. Auch fällt, anders als bei den Anlagefonds, beim Kauf keine Ausgabekommission an, sondern lediglich die Courtage wie bei jedem Direkterwerb von Wertschriften. Als Sondervermögen stehen Exchange Traded Funds unter öffentlicher Aufsicht und beinhalten kein Emittentenrisiko.

ETFs erlauben es, auch mit kleinem Mitteleinsatz eine breite Diversifikation zu erreichen und indexnah zu investieren. Das Angebot wird laufend erweitert, so gibt es ETFs auf Sektoren (wie Energie, Technologie), Regionen (Schwellenländer) und Rohwaren (zum Beispiel Gold) und solche, die sich an den verschiedenen Anlagestrategien orientieren (reine Obligationen-ETFs, reine Aktien-ETFs). Während der letzten Börsenkrise fanden ETFs, die auf sinkende Aktienkurse ausgelegt waren (Short-ETFs), grossen Zuspruch.

TIPP *Exchange Traded Funds liegen im Trend, weil sie kostengünstig und transparent sind. Fragen Sie Ihre Bank nach dieser Anlagemöglichkeit und geben Sie sich nicht mit den wesentlich teureren Zertifikaten oder Fonds zufrieden.*

Auch ETFs können jedoch Risiken enthalten, etwa wenn sie laut Prospekt Wertschriften an Dritte ausleihen dürfen. Ebenfalls risikoreicher sind ETFs, die nicht den Full-Replication-Ansatz verfolgen, das heisst, die etwa bei der Indexnachbildung nicht alle im Index vorhandenen Titel kaufen, sondern den Index teilweise «synthetisch» durch den Einsatz von Derivaten nachbilden.

ACHTUNG *Auch hier gilt: vor dem Kauf die Konstruktionsweise studieren! Und verwechseln Sie ETFs nicht mit ETCs. ETCs sind börsengehandelte Rohstoffe (Exchange Traded Commodities), die das gleiche Emittentenrisiko beinhalten wie strukturierte Produkte (siehe Seite 101).*

Vermögen aufbauen mit Fondssparplänen

Für Banken sind vorab Kundinnen und Kunden mit einem Vermögen von über 100 000 Franken interessant. Vielleicht gehören Sie zu den Glücklichen, die dank einer Erbschaft oder Schenkung zu so viel Geld gekommen sind. Für alle anderen heisst es: konsequent sparen.

Banken unterstützen die Vermögensbildung beispielsweise mit Fondssparplänen. Dabei zahlen Sie einen fixen monatlichen Betrag – mindestens aber 50 bis 100 Franken – auf ein Konto ein; dieser Betrag wird anschliessend laufend in verschiedene Anlagefonds investiert, die Sie aus einer Palette ausgewählt haben.

Der Vorteil: Mit Fondssparplänen können Sie auch Bruchteile eines Fonds erwerben und gleichzeitig in verschiedene Anlagen und Märkte investieren. Durch die regelmässige Anlage eines fixen Betrags werden die Anschaffungskosten automatisch optimiert, weil man bei höheren Fondskursen weniger, bei tieferen Kursen mehr Anteile erwirbt. So ergibt sich über die zeitliche Verteilung ein Durchschnittspreis.

Wenn Sie sich mit dem Gedanken tragen, in einen Fondssparplan zu investieren, sollten Sie folgende Punkte bedenken:

- Wie viele Fonds stehen zur Auswahl? Empfehlenswert ist mindestens ein Dutzend. Achten Sie auf eine möglichst grosse Auswahl, auf die geografische Verteilung, auf die Themenvielfalt.
- Kann man nur in bankeigene Fonds investieren oder werden auch attraktive Drittprodukte angeboten?
- Wie waren die Resultate der Fonds in der Vergangenheit? Diese sind zwar keine Garantie für die Zukunft, aber Verlierer bleiben meist Verlierer...
- Wie hoch sind Ausgabe- und allenfalls Rücknahmekommissionen, wie hoch sind sie bei der Konkurrenzbank? Üblich sind ein bis zwei Prozent; ist ein Vermittler involviert, können es auch bis zu fünf Prozent sein.
- Werden auf der vereinbarten Sparplansumme im Voraus zu entrichtende Pauschalkosten fällig, die bei einem vorzeitigen Abbruch für Sie verloren sind?

- Fallen weitere Kosten (Depotgebühren, Kontoführungsgebühren) an? Wenn ja, sollten Sie die betreffenden Fondssparpläne eher meiden.
- Wie oft und mit welchen Kosten lassen sich einzelne Fonds wechseln? Bei hauseigenen Produkten sollte ein kostenloser Wechsel pro Jahr möglich sein.
- Wird eine Ersteinlage verlangt?
- Gibt es flexible Einzahlungsmöglichkeiten (Betrag, Rhythmus)?
- Ist eine Mindest- oder eine Maximalanlagedauer vorgeschrieben?
- Bestehen Rückzugsmöglichkeiten? Wenn ja, zu welchen Bedingungen?

TIPP *Wenn Sie einen sanften Druck zum Sparen benötigen, sind Fondssparpläne ideal. Richten Sie einen Dauerauftrag in einer für Sie längerfristig tragbaren Höhe ein und wählen Sie einen Sparplan, der Ihren Bedürfnissen entspricht.*

Edelmetalle und Rohstoffe

Gold bot in der Vergangenheit Schutz vor Inflation und Wirtschaftskrisen und liegt heute wieder als Kapitalanlage im Trend. Mit der zunehmenden Entwicklung bevölkerungsreicher Schwellenländer wie China und Indien sind nebst den Edelmetallen auch Industriemetalle – etwa Blei, Zink oder Kupfer – sowie Öl, Gas und Getreide vermehrt gefragt.

Da Rohstoffe und Edelmetalle in der Wertentwicklung nicht direkt an den Verlauf der Aktienbörsen gebunden sind, stellen sie eine interessante Depotbeimischung dar. Sie sollte jedoch nicht mehr als fünf bis zehn Prozent betragen. Nebst dem Kauf von physischem Gold in Münzen oder Barren bieten sich auch Investitionen über Exchange Traded Funds (ETFs), Anlagefonds oder Derivate in Edelmetalle und Rohstoffe an.

TIPP *Achten Sie darauf, dass der von Ihnen gekaufte Edelmetall-ETF das Edelmetall in eigenen Tresoranlagen vorrätig hat und auf Wunsch zur Auslieferung bereithält. Ebenso sollten Ausleihgeschäfte (Securities Lending) nicht gestattet sein. So haben Sie die Gewissheit, dass Sie in effektiv vorhandenes Gold investieren.*

Derivate und strukturierte Produkte

«Derivat» ist ein Oberbegriff für alle Anlageinstrumente, deren Preis sich aus dem Kurs anderer Wertpapiere respektive Produkte ableitet, dem sogenannten Basiswert. Mit dem Einsatz von Derivaten kann man eine risikodiversifizierte Vermögensverwaltung betreiben.

Werden Derivate mit herkömmlichen Anlagen wie Aktien, Obligationen, Immobilien oder Ähnlichem kombiniert, spricht man von strukturierten Produkten. Und die boomen: Täglich werden neue Finanzprodukte ausgegeben, die fast alle möglichen Marktszenarien abdecken. Wenn Sie solche Instrumente in Ihrem Portefeuille berücksichtigen wollen, sollten Sie folgende Tipps befolgen:

- Derivate, insbesondere strukturierte Produkte, sind komplex. Vor dem Kauf sollten Sie die Funktionsweise kennen und verstehen. Ansonsten Hände weg!
- Prüfen Sie vor jedem Kauf die Gewinn- und Verlustchancen.
- Wählen Sie Produkte mit guter Liquidität und geringer Differenz zwischen An- und Verkaufspreis (Wiederverkäuflichkeit).
- Erwerben Sie derivative beziehungsweise strukturierte Produkte nur von als solid bekannten Bankhäusern. Berücksichtigen Sie nur solche mit Ratings zwischen A und AAA oder setzen Sie auf eine Staatsbank.
- Schenken Sie den Steuerfolgen Beachtung – quellensteuerfrei ist nicht gleichbedeutend mit einkommenssteuerfrei.
- Interessante Informationen zu derivativen Produkten verschiedener Anbieter finden Sie im Internet, zum Beispiel unter www.payoff.ch.

Produkte mit Kapitalschutz

Wenn Sie Geld in Aktien anlegen möchten, aber nicht bereit sind, das damit verbundene Verlustrisiko zu tragen, bieten sich kapitalgeschützte Produkte an. Diese offerieren eine Mindestrückzahlung des angelegten Betrags (beispielsweise 90 oder 100 Prozent) und gleichzeitig eine Beteiligung an Kurssteigerungen. Normalerweise handelt es sich bei diesen Instrumenten um Kombinationen aus einer risikolosen Geldmarkt- oder Obligationenanlage, die per Ablauf die zugesicherte Rückzahlung ermöglicht, und einer Optionsstrategie, die Chancen auf Gewinne bietet. Je nach Produkt nimmt der Anleger voll oder nur teilweise an einer positiven Kursentwicklung des Basiswerts teil.

BANKENJARGON AUSGEDEUTSCHT

Ausübung	Wahrnehmung des Optionsrechts
Bezugsverhältnis	Anzahl benötigter Optionen, die zum Erwerb des Basiswerts nötig sind
Bonität	Qualität, das heisst Ruf des Schuldners hinsichtlich seiner Zahlungsfähigkeit
Call-Option	Recht, aber nicht Pflicht zum Kauf einer Anlage oder Ware zu einem festgesetzten Preis während eines bestimmten Zeitraums
Emission	Ausgabe von Wertpapieren bzw. Finanzprodukten an der Börse
Emissionspreis	Preis, zu dem ein Finanzprodukt erstmals angeboten wird
Emittent	Herausgeber von erstmals in Umlauf gebrachten Finanzprodukten bzw. Wertpapieren
Liberierung	Bezahlung der aus Emission zugeteilten Wertpapiere
Put-Option	Recht, aber nicht Pflicht zum Verkauf einer Anlage oder Ware zu einem festgesetzten Preis während eines bestimmten Zeitraums
Strukturiertes Produkt	Kombination verschiedener Anlagen in einem Produkt
Vergleichsindex	auch Benchmark genannt; dient der Messung und Beurteilung des Anlageerfolgs mittels einer festgelegten Vergleichsgrösse als Massstab
Warrant	als Wertpapier gehandeltes Optionsrecht
Zeichnung	Absichtserklärung hinsichtlich des Kaufs von Wertpapieren aus Emission

 BEISPIEL KAPITALSCHUTZPRODUKT: Raiffeisen Kapitalschutzzertifikat mit CAP auf den SMI

- Emissionspreis: Fr. 1000.–
- Kapitalschutz: Fr. 900.–
- Nettobarwert: Fr. 877.–
- Liberierung: 25. März 2014
- Rückzahlung: 25. März 2019
- Unterliegender Basiswert: Swiss Market Index (SMI)
- Partizipation ab Ausübungspreis: 100%
- Ausübungspreis/Wert bei Fixierung: Fr. 7523.56
- Obere Begrenzung: 126% des Ausübungspreises

Mit diesem Produkt wird das investierte Geld in alle im Swiss Market Index (SMI) enthaltenen Schweizer Aktien angelegt. Sollte der SMI per Rückzahlungsdatum des Produkts unter 7523,56 Punkten notieren, werden 90 Prozent des investierten Kapitals zurückgezahlt. An einer Aufwärtsentwicklung nimmt der Anleger zu 100 Prozent, aber nur bis maximal 126 Prozent der Anfangsinvestition teil. Diese Einschränkung zeigt, dass der Kapitalschutz nicht gratis zu haben ist.

 TIPP *Wenn Sie von einer Aufwärtsbewegung überzeugt sind oder die Schwankungsrisiken tragen können, wählen Sie besser eine Direktanlage ohne Kapitalschutz.*

Kapitalgeschützte Produkte haben immer einen steuerbaren Ertrag – in obigem Beispiel die Differenz zwischen dem Nettobarwert und dem Kapitalschutz, also 23 Franken; im schlechtesten Fall erhalten Sie nur 900 Franken zurück, müssen davon aber einen Teil als steuerbares Einkommen deklarieren. Auch gilt der Kapitalschutz per Verfall. Während der Laufzeit kann der Wert der Anlage erheblich schwanken.

Partizipationsprodukte

Für Anleger, die mit steigenden Kursen eines Basiswerts rechnen, stehen ebenfalls strukturierte Produkte bereit. Sie bilden beispielsweise die Wertsteigerung eines Aktienkorbs, eines Indexes oder verschiedenster Kombinationen ab und ermöglichen mit einem einzigen Produkt den Zugang zu einem ganzen Markt oder zu einer Branche. Mit relativ wenig Kapital- und Verwaltungsaufwand lässt sich damit eine breite Risikostreuung erreichen. Jedes ausgebende Finanzinstitut verwendet eigene Produktbezeichnungen.

 BEISPIEL PARTIZIPATIONSPRODUKT: ZKB Trackerzertifikat auf einen dividendenstarken Aktienbasket II
- Basiswert: Schweizer Aktienbasket, bestehend aus:
  – 6.25% APG SGA SA
  – 6.25% Zurich Insurance Group AG
  – 6.25% Cembra Money BankAG
  – 6.25% Swiss Re Ltd
  – 6.25% Swisscom AG

- 6.25% Swiss Prime Site AG
- 6.25% Burkhalter Holding AG
- 6.25% PSP Swiss Property AG
- 6.25% Swiss Life Holding AG
- 6.25% Valora Holding AG
- 6.25% Adecco SA
- 6.25% Novartis AG
- 6.25% Kühne + Nagel International AG
- 6.25% ABB Ltd
- 6.25% Schweiter Technologies AG
- 6.25% Kardex AG

- Basketwert: Fr. 98.–
- Emissionspreis: Fr. 100.–
- 1 Zertifikat entspricht 1 Basket
- Emissionsdatum: 10. November 2017
- Rückzahlungsdatum: 10. November 2020

Mit diesem Produkt kauft die Investorin mit einer einzigen Transaktion ein Portefeuille von Beteiligungen an dividendenstarken Schweizer Aktien und partizipiert an deren Kursentwicklung. Bei Fälligkeit des Wertschriftenkorbs erhält sie eine Barauszahlung in Höhe des Gegenwerts der Aktien. Im positiven Fall ist das mehr, als sie investiert hat – im schlechten Fall kann der Basiswert auch wesentlich unter den einstigen 100 Franken notieren.

Die Anlegerin erhält jährlich eine Ausgleichszahlung als Kompensation für die während der Laufzeit des strukturierten Produkts in den Basiswertkomponenten anfallenden Dividendenzahlungen.

Nebst dem Kursrisiko besteht für die Anlegerin mit solchen Produkten immer auch ein Emittentenrisiko, da der Herausgeber des Produkts – im Beispiel allerdings die Zürcher Kantonalbank mit Staatsgarantie – ihr, ähnlich wie bei einer Obligation, in der Position eines Schuldners gegenübersteht. Hinzu kommen je nach Produkt auch Währungsrisiken.

TIPP *Achten Sie bei der Wahl von Partizipationsprodukten auf die Laufzeit und die Kosten der emittierenden Bank. Prüfen Sie, ob sich Ihre Anlageidee eventuell anderweitig umsetzen lässt, etwa mit ETFs (siehe Seite 98).*

Gewisse Derivate werden ohne festes Verfalldatum gestaltet, wodurch die Wiederanlagekosten für eine erneute Investition in ein ähnliches Produkt entfallen. Allerdings: Bei Produkten ohne festen Verfall behalten sich die Emittenten ein Kündigungsrecht vor, sodass Sie eventuell nach einer Börsenbaisse nicht auf die Erholung Ihrer Anlagen warten können, sondern eine Barrückzahlung erhalten.

Vielbeachtete Trends

Finanzmärkte unterliegen einem starken Wandel und bringen immer wieder neue Anlagethemen und -formen hervor. Diese etablieren sich oder verschwinden wieder.

Rohstoffe
Seit einiger Zeit stehen Rohstoffe im Rampenlicht – die Nachfrage in den aufstrebenden asiatischen Volkswirtschaften boomt. Investitionen sind über derivative Produkte sogar mit Kapitalschutz möglich. Ob dieser Rohstoffboom von Dauer ist, wird die Zukunft zeigen. Viele Argumente sprechen dafür, aber eine Gewissheit gibt es nicht.

Nachhaltige Anlagen
Mit den Rohstoffen und deren Verschleiss eng verbunden ist das Thema nachhaltige Anlagen. Diese haben seit Ende der 80er-Jahre in Europa an Bedeutung gewonnen und während der Börseneuphorie zwischen 1997 und 2001 einen ersten Höhepunkt erlebt. Nachhaltig wirtschaftende Unternehmen zeichnen sich im Vergleich zu anderen Firmen durch einen effizienteren Energie- und Ressourcenverbrauch aus – ein Verhalten, das durch steigende Rohstoff- und Energiekosten noch gefördert wird.

Bis anhin konnte der ökonomische Erfolg nachhaltiger Anlagen allerdings nicht belegt werden. Immerhin verliert man mit Aktien von Firmen, die ihr Handeln nach ökologischen, ethischen oder sozialen Kriterien ausrichten, nicht mehr Geld als mit herkömmlichen Anlagen – dies die Schlussfolgerung einer Studie. Unabhängig von Renditebetrachtungen sind solche Anlagen interessant für Investoren, die sich mit der Ausbeutung unseres Planeten nicht einfach abfinden wollen und sich auch eine gewisse Signalwirkung versprechen. Beweis dafür ist der Erfolg verschiedener Anlagefonds in diesem Bereich. Investitionen in nachhaltige Anlagefonds im deutschsprachigen Raum betrugen laut dem Sustainable Business Institute per 30. Juni 2017 rund 85 Milliarden Euro. Die Palette mit unterschiedlichen Investitionsschwerpunkten hält für vielerlei Vorlieben das passende Produkt bereit.

Heute bieten die meisten Finanzinstitute nachhaltige Anlageprodukte an. Allerdings kennen selbst die Anlageberater dieser Institute nicht immer alle Optionen. Fragen Sie also ausdrücklich nach oder wählen Sie eine der folgenden Banken – sie führen eine besonders breite Palette an Produkten in ihrem Angebot:

- Die Alternative Bank (ABS) hat sich in ihrer Geschäftstätigkeit als «soziale und ökologische Alltagsbank» dem nachhaltigen Wirtschaften verschrieben. Unterdessen hat sie auch Nachhaltigkeitsfonds von Drittanbietern im Angebot.
- Die Bank Cler AG bietet nachhaltige Anlagefonds von verschiedenen Fondsgesellschaften und lässt diese von einem Beirat für Nachhaltigkeit überwachen.
- Die Zürcher Kantonalbank vertreibt – wie andere Kantonalbanken auch – die Nachhaltigkeitsprodukte von Swisscanto. Daneben bietet sie Umweltsparkonten und -kredite mit speziellen Konditionen an.

TIPP *Nachhaltigkeit wird unterschiedlich definiert und interpretiert. Oft erheben Anbieter für nachhaltige Produkte Verwaltungskosten von bis zu zwei Prozent pro Jahr, um dann stark in Standardwerte wie Nestlé (Wasser), ABB (Energie) oder Toyota (Hybridtechnik) zu investieren. Prüfen Sie, ob dies tatsächlich Ihrer Vorstellung von Nachhaltigkeit entspricht und ob die Direktanlage nicht günstiger wäre.*

Mikrokredite

Ein weiteres aktuelles Thema mit sozialem Hintergrund ist Mikrofinanz. Gemeint sind Kleinstkredite, die zu fairen Bedingungen in Entwicklungsländern vergeben werden. Dies ermöglicht Kleinunternehmern, das eigene Schicksal und das ihrer Familie selbst in die Hand zu nehmen. Die Rückzahlungsquote solcher Kredite ist erfahrungsgemäss sehr gut, sodass unterdessen auch kommerzielle Banken ins Mikrofinanzgeschäft einsteigen. Über diese Banken, etwa über den Global Microfinance Fund von Responsability, wie auch über unabhängige Entwicklungsorganisationen wie Oikocredit sind entsprechende Investitionen möglich. Sie versprechen langfristig einen Zins von rund zwei Prozent – angesichts der aktuellen Zinssituation und der Risiken an den globalen Aktienmärkten kein schlechtes Ergebnis.

 TIPP *Trends und Entwicklungen der Anlagemärkte zu verfolgen, kann faszinierend sein. Achten Sie bei neuen Anlagen dennoch darauf, ob und wie diese zu Ihren bestehenden Anlagen passen. Machen Sie nicht jede Modeströmung mit.*

Anlagealternativen ausserhalb des Bankensystems
Aufgrund der von den Notenbanken geschaffenen Tiefzinsphase suchen immer mehr Anlegerinnen und Anleger nach Alternativen ausserhalb des spärlichen Bankangebots. Beim **Crowdlending** können Privatinvestoren über Internetplattformen anderen Personen oder Unternehmen Kapital direkt zur Verfügung stellen. Damit lässt sich eine höhere Rendite erzielen. Auch hier gilt es jedoch, den Grundsatz der Risikoverteilung zu beachten, und klar ist: Je höher die angestrebte Rendite, desto höher das damit verbundene Risiko!

Ebenfalls ausserhalb des Bankensystems stehen die elektronisch geschaffenen **Kryptowährungen** wie zum Beispiel Bitcoin, die wegen ihrer massiven Preisschwankungen das Interesse der Medien finden und immer mehr spekulative Anleger in den Bann schlagen. Allerdings: Die von den Notenbanken ausgegebenen Währungen wie USD, EUR, YEN, CHF geniessen eine breite Akzeptanz und dienen dank ihrer relativ geringen Schwankungen sowohl der Zahlungsabwicklung wie auch der Kassahaltung, beides Funktionen, die die Kryptowährungen heute noch nicht erfüllen.

Wohneigentum als Altersvorsorge

Die eigenen vier Wände haben einen hohen emotionalen Wert, der weit über den materiellen hinausgeht. Trotzdem: Immobilien sind ein wichtiger Bestandteil einer umfassenden Vorsorgeplanung. Lesen Sie auf den folgenden Seiten, welchen Spielraum Sie bei der Finanzierung des Eigenheims haben und wie Sie mit Liegenschaften optimal Geld anlegen.

Ein Eigenheim erwerben

Eine eigene Wohnung oder gar ein Haus – das ist der Traum vieler Schweizerinnen und Schweizer, auch im Hinblick auf die Altersvorsorge. Ein Eigenheim verspricht Schutz vor Kündigung und eine finanziell günstige Bleibe, die sich darüber hinaus wieder mit Gewinn verkaufen liesse.

Wer beabsichtigt, Wohneigentum zu erwerben, benötigt dafür ziemlich viel Kapital. Wenn Sie die Liegenschaft dauernd selbst bewohnen, ist dafür ein Vorbezug von Guthaben der 2. Säule oder der Säule 3a möglich. Für viele Ersterwerber ist das die einzige Möglichkeit, so viel Kapital zu investieren.

Auch zum Zeitpunkt der Pensionierung kann es sich lohnen, frei werdende Gelder – etwa aus einer Lebensversicherung – in ein Eigenheim zu stecken. Die Vorteile liegen auf der Hand:

- Die Wohnkosten sind in der Regel tiefer als bei einer vergleichbaren Mietwohnung.
- Wenn Sie eine Festhypothek mit fixer Laufzeit abschliessen, bleiben die Wohnkosten über einen längeren Zeitraum stabil.
- Im eigenen Haus oder in der eigenen Wohnung kann man Ihnen nicht kündigen.
- Innerhalb der eigenen vier Wände können Sie weitgehend selbst bestimmen.

Das passende Objekt finden

Soll das Eigenheim Teil einer langfristigen Vorsorgeplanung sein, muss es besonderen Anforderungen genügen. Nur so ist sichergestellt, dass Sie auch im hohen Alter noch ohne Probleme darin wohnen können.

ACHTUNG *Die finanzielle Belastung mit dem Eigenheim muss auch bei sinkendem Einkommen infolge Pensionierung und bei steigenden Zinsen tragbar sein.*

Empfehlenswert fürs Alter ist eher eine Eigentumswohnung als ein Haus. Zum einen liegen Einfamilienhäuser oft dezentral, zum anderen erfüllen Treppen oder fehlende Lifte nicht gerade die Anforderungen an eine alters- und behindertengerechte Ausstattung. Ein grosser Garten rund ums Haus ist zwar schön und bietet Raum für eine sinnvolle Freizeitbeschäftigung im Ruhestand. Doch wenn Kraft und Beweglichkeit nachlassen, kann der Umschwung schnell zur Belastung werden.

TIPP *Achten Sie nicht nur auf eine alters- und behindertengerechte, bei Bedarf nachrüstbare Ausstattung, sondern ebenso auf eine Lage, die Mobilität – auch ohne Auto – gewährleistet.*

Altersgerecht wohnen

Selbst Wohnungen, die als altersgerecht angepriesen werden, halten nicht immer das, was sie versprechen. Deshalb lohnt es sich, das Objekt vor dem Kauf genau unter die Lupe zu nehmen. So stellen Sie sicher, dass Sie in Ihrem Zuhause bleiben können, wenn Sie dereinst einmal nicht mehr so gut zu Fuss unterwegs sind. Die wichtigsten Punkte im Überblick:

- **Ort, Quartier:** Einkaufsmöglichkeiten, Ärzte, Restaurants, Spitex und eine Haltestelle des öffentlichen Verkehrs sollten in kurzer Distanz liegen und möglichst ohne Treppen zu Fuss erreichbar sein.
- **Umgebung, Wege:** Die Haustür sollte von der Strasse aus ebenerdig und ohne Stufen erreichbar sein. Der Zugangsweg sollte eine glatte Oberfläche haben (kein Kies) und gut beleuchtet sein. Alle Wege und Räume im und ums Haus oder in der Wohnung müssen mit einer rollbaren Gehhilfe (Rollator) problemlos benutzt werden können.
- **Hausinneres:** Waschküche, Keller, Tiefgarage und Wohnungstür müssen per Lift direkt erreichbar sein. Der Lift sollte so gross sein, dass darin mindestens eine Person mit Rollator Platz hat. Gibt es keinen Lift im Haus, sollte die Wohnung maximal im zweiten Stock liegen und die Treppe so konstruiert sein,

BUCHTIPP
Einen vertieften Einblick ins Thema Eigenheim und Informationen zu allen rechtlichen Grundlagen bieten diese Beobachter-Ratgeber: **Der Weg zum Eigenheim. Finanzierung, Kauf, Bau und Unterhalt** und **Stockwerkeigentum. Kauf, Finanzierung, Regelungen der Eigentümergemeinschaft.**
www.beobachter.ch/buchshop

dass ein Treppenlift nachgerüstet werden kann. Die Wohnung selbst sollte sich auf einer einzigen Ebene befinden.
- **Türen:** Sämtliche Türen innerhalb der Wohnung müssen mindestens 80 Zentimeter breit sein und dürfen keine Schwellen aufweisen. Auch der Zugang zum Balkon oder zur Terrasse sollte diesen Abmessungen entsprechen, und die Schwelle sollte maximal 2,5 Zentimeter hoch sein.
- **Bad:** Mindestens ein Badezimmer sollte so konzipiert sein, dass es sich mit einfachen Umbauten an die Bedürfnisse Behinderter anpassen lässt.

> **TIPP** *Holen Sie im Zweifelsfall Rat bei einer Fachstelle für alters- und behindertengerechtes Wohnen ein (ausgewählte Adressen finden Sie im Anhang).*

Überlegungen zur Finanzierung

Wenn Sie den Kauf eines Eigenheims als Altersvorsorge in Betracht ziehen, sollten Sie unbedingt Ihre gesamte finanzielle Situation für die Zeit nach der Pensionierung detailliert durchrechnen. Wie Sie das angehen, steht in Kapitel 6 (ab Seite 133). Beachten Sie bei der Kalkulation folgende Punkte:
- Setzen Sie für Anschaffungen, Reisen oder Unvorhergesehenes eine grosszügige Reserve ein, auf die Sie jederzeit zugreifen können.
- Berücksichtigen Sie die Höhe der anfallenden Kosten für Zins, Unterhalt und Amortisation des Eigenheims.
- Behalten Sie die Entwicklung der Rentensituation im Auge, wenn Sie Gelder aus der 2. Säule und der Säule 3a für den Kauf Ihres Eigenheims einsetzen wollen.

> **TIPP** *Ohne ein sorgfältiges Durchspielen verschiedener Szenarien geht es nicht. Sind Sie unsicher, ob und wie viel Sie für ein Eigenheim investieren wollen und ob Ihre finanzielle Situation den Kauf überhaupt zulässt, sollten Sie einen Finanzberater mit Erfahrung im Immobilienbereich beiziehen. So erhalten Sie Gewissheit, dass Sie sich nicht auf ein Abenteuer einlassen, das Sie bald bereuen – etwa weil Sie sich danach ständig nach der Decke strecken müssen.*

Hypotheken aufnehmen

Völlig schuldenfreie Liegenschaften gibt es wenige – obwohl das je nach Risikoneigung der Eigentümer durchaus sinnvoller sein kann, als das Geld anzulegen. Insbesondere älteren Menschen ist es oft wohler, wenn sie die Kredite so weit wie möglich zurückgezahlt haben. Dadurch wird die Steuerbelastung zwar etwas ansteigen, letztlich ist die Ersparnis aber höher (mehr dazu auf Seite 123). Üblicherweise werden Immobilien für den privaten Gebrauch jedoch grösstenteils über Hypotheken finanziert.

PÜNKTLICH ZU SEINEM 60. GEBURTSTAG wollte Heinz V. gemeinsam mit seiner Frau den Traum von der eigenen Wohnung verwirklichen. Die nach allgemeiner Faustregel erforderlichen 20 Prozent Eigenkapital waren schon lange angespart und der monatliche Verdienst hoch genug, dass das Paar den Zins würde zahlen können. Umso grösser war die Überraschung, als die Hausbank lediglich eine Hypothek für 60 Prozent des Kaufpreises gewähren wollte.

Während die Banken sich um junge Hypothekarkunden reissen und ihnen kulante Zinsbedingungen und Finanzierungsmodelle im Umfang von bis zu 90 Prozent des Kaufpreises offerieren, haben es ältere Menschen bei der Suche nach Hypotheken schwerer. Dass sie oft schlechtere Konditionen angeboten bekommen, hat zwei Gründe: Erstens sind die Renten von AHV und Pensionskasse zusammen tiefer als der einstige Lohn, wodurch aus Sicht der Bank auch der maximal tragbare Zins sinkt. Zweitens reduziert sich aufgrund der kürzeren Lebenserwartung älterer Menschen die Zeit für die partielle Amortisierung einer Hypothek. In der Regel verlangt die Bank, dass die zweite Hypothek innert 15 Jahren, spätestens aber bis zur Pensionierung, vollständig amortisiert ist.

Beides wirkt sich auf die Höhe der Belehnung aus. Oft lässt sich mit der Bank aber noch verhandeln. Zusatzsicherheiten, beispielsweise Wertschriften oder eine rückkaufsfähige Lebensversicherung, können sich günstig auf die Belehnungshöhe wie auch auf die Konditionen auswirken.

TIPP *Wenn Sie in höherem Alter eine Hypothek benötigen, sollten Sie sich unbedingt bei mehreren Banken nach den Konditionen erkundigen: Nicht alle Banken sind gleich restriktiv.*

Fällt die Hypothek trotz aller Bemühungen zu wenig hoch aus, bleibt Ihnen nichts anderes übrig, als zusätzliches Eigenkapital aufzubringen. Eine zweite Möglichkeit: Sie bitten Ihre Kinder, eine solidarische Schuld zugunsten der Bank zu unterschreiben. Viele scheuen diesen Weg jedoch, weil sie das Gefühl haben, sich dadurch in eine Abhängigkeitssituation zu begeben.

Kapital aus der 2. Säule und der Säule 3a

Seit 1995 darf man Gelder aus der 2. Säule (Pensionskasse) und aus der Säule 3a für den Kauf von dauernd selbst genutztem Wohneigentum verwenden. Die Idee dahinter: In jüngeren Jahren fehlt oft das nötige Eigenkapital für den Kauf eines Eigenheims, dafür ist das Einkommen gross genug, um zusätzlich zur Zinszahlung bis zur Pensionierung auch das Loch in der Vorsorge wieder stopfen zu können. Kommt hinzu, dass der Besitz eines teilweise abgezahlten Eigenheims im Alter billiger sein kann als eine Mietwohnung.

Dank der Gelder aus Pensionskasse und Säule 3a verfügen Sie über mehr Eigenkapital. Sie brauchen einen weniger hohen Hypothekarkredit und profitieren von tieferen Zinsen. Konkret stehen zwei Wege offen: der Vorbezug oder die Verpfändung.

Vorbezug aus der Pensionskasse
Sie können sich Ihr Guthaben bei der Pensionskasse auszahlen lassen und es als Eigenkapital für den Kauf eines Eigenheims verwenden. Ein solcher Vorbezug ist aber nur alle fünf Jahre möglich; der Mindestbetrag liegt bei 20 000 Franken. Sind Sie älter als 50, gilt zudem eine Limite: Sie können entweder maximal die Hälfte Ihrer aktuellen Freizügigkeitsleistung beziehen oder die Freizügigkeitsleistung, die Ihnen im Alter von 50 Jahren zugestanden hätte – je nachdem, welcher Betrag höher ausfällt. Drei Jahre vor dem frühestmöglichen Pensionierungstermin ist ein Bezug nicht mehr möglich.

> **INFO** *Für den Vorbezug ist die Unterschrift des Ehemanns respektive der Ehefrau erforderlich; er wird im Grundbuch vermerkt. Verkaufen Sie die Liegenschaft, müssen Sie das Geld an die*

Pensionskasse zurückzahlen. Dasselbe gilt bei einer langfristigen Vermietung oder wenn Sie jemandem eine Nutzniessung einräumen.

KARL UND ERIKA Z., er 60, sie 57, wollen mit ihrem Vorsorgekapital eine Eigentumswohnung erwerben. Bei Herrn Z.s Pensionskasse ist die Pensionierung gemäss Reglement frühestens mit 62 Jahren möglich. Frau Z. ist nicht erwerbstätig, sie verfügt aber über ein Freizügigkeitskonto mit einem Guthaben von 150 000 Franken. Die beiden sind sehr enttäuscht, als sie erfahren, dass sie ihre Vorsorgegelder nicht beziehen dürfen: Ihnen kommt die Bestimmung in die Quere, dass der Bezug für Wohneigentum nur bis drei Jahre vor dem frühestmöglichen Pensionierungszeitpunkt erlaubt ist. Für Karl Z. wäre das bis vor dem 59. Geburtstag erlaubt gewesen. Und weil Frauen ihr Guthaben auf einem Freizügigkeitskonto ab 59 ohne Einschränkung beziehen können, hätte Erika Z. den Bezug für Wohneigentum vor dem 56. Geburtstag anmelden müssen.

Mit dem Vorbezug werden Ihre Altersleistungen bei der Pensionskasse reduziert. Bei einzelnen Kassen können auch die Leistungen bei Invalidität oder Todesfall betroffen sein. Es ist also unabdingbar, die Zahlen zu prüfen und die so entstandene Lücke mittels einer zusätzlichen Risikoversicherung zu beheben.

Die Pensionskasse ist verpflichtet, ihre Versicherten auf die Auswirkungen eines Vorbezugs (oder einer Verpfändung), die Möglichkeit der Zusatzversicherung für die Risiken Tod und Invalidität sowie auf die steuerlichen Auswirkungen aufmerksam zu machen. Die zusätzlichen Absicherungskosten tragen Sie selbst – auch das sollten Sie in Ihrem Budget berücksichtigen.

ACHTUNG *Bis das Geld fliesst, können gut und gern sechs Monate ins Land gehen. Melden Sie einen Vorbezug deshalb rechtzeitig an. Die Auszahlung zieht zudem Steuern nach sich, die je nach Wohnort rund 5 bis 15 Prozent der bezogenen Summe betragen. Einige Pensionskassen verlangen auch Bearbeitungsgebühren.*

Den Vorbezug können Sie bis drei Jahre vor dem frühestmöglichen Pensionierungszeitpunkt zurückzahlen: Der Mindestbetrag für die Rückzahlung liegt bei 10 000 Franken (ausser für die letzte Tranche, falls diese tiefer ist). Dabei sollten Sie bedenken, dass auch Zinsen und Zinseszinsen dazugehören, wenn Sie wieder die gleichen Altersleistungen erreichen wollen. Die Steuern, die Sie beim Bezug entrichtet haben, können Sie gegen Vorlage der Belege zurückfordern, jedoch ohne Zinsvergütung.

Vorbezug aus der Säule 3a
Wenn Sie Ihr Säule-3a-Konto für den Kauf eines Eigenheims leeren, gelten die gleichen Bedingungen wie bei der 2. Säule: Sie können dies nur alle fünf Jahre tun und nur für Wohneigentum, das sie selber bewohnen. Allerdings ist kein Mindestbetrag vorgeschrieben; Sie können auch weniger als 20 000 Franken auf einmal beziehen. Danach lässt sich die Säule 3a wieder alimentieren wie zuvor. Ein Eintrag ins Grundbuch erübrigt sich. Den Vorbezug kann man nicht zurückzahlen.

Verpfändung von Vorsorgekapital
Bei einer Verpfändung dient der Bank das Kapital aus der Vorsorge nur als Sicherheit; im Gegenzug gewährt sie ein Darlehen, das eine Belehnung in Höhe von bis zu 90 Prozent des Kaufpreises ermöglicht. Die Zinsen dafür bewegen sich meist im Bereich derer für die erste Hypothek.

Die Vorteile der Verpfändung: Es gibt keine Leistungseinbussen, insbesondere keine Reduktion des Versicherungsschutzes bei der 2. Säule. Das gesamte Alterskapital wird weiter verzinst. Die durch das Darlehen höher ausfallenden Zinskosten ermöglichen Steuereinsparungen. Nachteilig ist hingegen die höhere Zinsbelastung durch die Belehnung im Umfang von bis zu 90 Prozent. Auch muss das Darlehen in Höhe des verpfändeten Vorsorgekapitals in den meisten Fällen bis zum Erreichen des AHV-Alters zurückgezahlt werden.

Vorbezug oder Verpfändung?
Ob Vorbezug oder Verpfändung der Pensionskasse – langfristig betrachtet kommen beide Varianten in etwa auf das Gleiche heraus (siehe Rechenbeispiel; eine Vorlage für Ihre Berechnungen finden Sie im Download). Das trifft allerdings nur zu, wenn Sie beim Vorbezug wirklich das Kapital samt entgangenen Zinsen wieder ansparen wollen. Meist entscheiden sich Personen mit eher knappem Budget für den Vorbezug, damit die Wohnkosten günstiger werden. Dann ist eher davon auszugehen, dass das Geld

für die Rückzahlung der Vorsorgegelder fehlt. Somit bleibt die Lücke in der Vorsorge bestehen; die Altersrente wird tiefer ausfallen.

Verpfändung ist im Hinblick auf die Vorsorge meist die bessere Lösung, sie funktioniert aber nur, wenn das Einkommen hoch genug ist, dass die Zinsen tragbar bleiben. Zudem hat die Bank künftig ein Wörtchen mitzureden, wenn es um Ihr Vorsorgekapital geht. Wollen Sie beispielsweise einen Teil des Geldes beziehen, um sich selbständig zu machen, oder müssen Sie bei einer Scheidung einen Teil an die Pensionskasse Ihrer Ehefrau überweisen, brauchen Sie dazu die Einwilligung der Hypothekarbank.

ACHTUNG *Können Sie beim Kauf des Eigenheims kein eigenes Erspartes aufbringen und steht Ihnen ein eher knappes Budget zur Verfügung, sollten Sie sich zweimal überlegen, ob die Investition richtig ist. Denn wenn Sie Schwierigkeiten haben, die Zinsen und Amortisationen zu zahlen, ist nicht nur das Eigenheim verloren, sondern meist auch die Altersvorsorge.*

RECHENBEISPIEL: VORBEZUG VERSUS VERPFÄNDUNG

Ausgangslage: Bezug bzw. Verpfändung von 100 000 Franken Pensionskassenkapital, Wiederansparung bzw. Amortisation des Betrags innert 20 Jahren

	Variante Vorbezug	Variante Verpfändung
■ Sparbetrag für Wiederansparung	Fr. 5 486.– [1]	
■ Amortisation der zusätzlichen Hypothek		Fr. 4 497.– [2]
■ Hypothekarzinsen (2%)		Fr. 2 000.–
■ Steuerersparnis dank Abzug der Schuldzinsen		– Fr. 600.– [3]
■ Zusätzlicher Versicherungsschutz wegen Kürzung der Pensionskassenleistung	Fr. 1 100.– [4]	
Jährlicher Gesamtaufwand	**Fr. 6 586.–**	**Fr. 5 897.–**

1) zur Wiederansparung des bezogenen Pensionskassenkapitals (100 000 Franken) und der entgangenen Zinsen (nach 20 Jahren 49 000 Franken); angenommene jährliche Verzinsung: 1%
2) gerechnet mit 1% Zins
3) Annahme: Grenzsteuersatz 30%
4) Annahme: Invalidenrente in Höhe von 7000 Franken, Witwenrente 4200 Franken

> **ACHTUNG** Seit dem 1. Juli 2012 müssen mindestens 10 Prozent des Kaufpreises bzw. des Belehnungswerts aus Eigenkapital bestehen, das nicht aus der 2. Säule, also nicht aus Vorbezug oder Verpfändung stammt. Diese Regelung gilt bei allen Neugeschäften und Krediterhöhungen, nicht aber bei Verlängerungen oder Ablösungen bestehender Hypotheken. Dabei handelt es sich um Mindestvorgaben; je nach Anbieter können die Vorschriften auch restriktiver sein.

Das Eigenheim als Teil der Vorsorge

Sie besitzen bereits ein Eigenheim? Dann sollten Sie es unbedingt in die Vorsorgeplanung einbeziehen. Zum einen, um die Wohnsituation zu überdenken, zum anderen, um die künftige Finanzierung zu prüfen und eventuell neu auszurichten.

Je früher Sie wissen, wie es nach der Pensionierung mit Ihrem Eigenheim weitergehen soll, desto besser. Denn angesichts der meist restriktiveren Hypothekarpolitik der Banken gegenüber älteren Schuldnern hilft jedes gewonnene Jahr, wenn eine Um- oder Neufinanzierung nötig wird.

Die Hypothek im Auge behalten

Mit dem Austritt aus dem Erwerbsleben ändern sich die finanziellen Verhältnisse: Die Leistungen aus AHV, Pensionskasse und, falls vorhanden, der 3. Säule lösen nun den Lohn ab. Diese Zahlungen fallen jedoch meist tiefer aus als das bisherige Einkommen. Gleichzeitig gelangen möglicherweise grössere Summen zur Auszahlung, beispielsweise aus einer Lebensversicherung. Das kann sich auf Ihre Hypothekarfinanzierung auswirken.

Es empfiehlt sich deshalb, schon einige Jahre vor der Pensionierung erste Berechnungen anzustellen und Alternativen zum bestehenden Hypothekarmodell zu prüfen – besonders dann, wenn Hypotheken zur Ablösung anstehen. Da kann es sich lohnen, einen Spezialisten beizuziehen und mit ihm die Strategie festzulegen. Faustregeln dafür existieren nicht; wichtig ist es aber, dass Sie Ihren Finanzbedarf für die Zeit nach der Pensionierung kennen. Ein Budget leistet dabei gute Dienste (mehr dazu auf Seite 134).

> **MARIANNE UND GUSTAV T.** sind kürzlich in Pension gegangen. Bereits fünf Jahre im Voraus hatten sie mit ihrem Finanzberater besprochen, wie sie mit den Vorsorgegeldern und dem Haus verfahren würden. Für die beiden war von vornherein klar, dass sie nach der Pensionierung so lange wie möglich grosse Reisen unternehmen wollten. Deshalb empfahl ihnen der Finanzberater, das geräumige, teure Haus auf die Pensionierung hin zu veräussern und eine kleinere Eigentumswohnung an gut erschlossener Lage zu kaufen. Mit dem Überschuss finanziert das Paar nun seine Reiseträume.

Wer hilft beim Entscheid?

Anfragen beim Beobachter-Beratungszentrum zeigen, dass die Leute häufig einen neutralen Finanzberater suchen, der für sie eine unabhängige Pensionierungsplanung durchführen soll. Einem solchen Berater sollten Sie aber voll und ganz vertrauen können; die Offenlegung sämtlicher persönlicher und finanzieller Angelegenheiten ist ein Muss. Wer bereits vollstes Vertrauen in seinen Bank- oder Versicherungsberater hat, kann sich auch an diese Person wenden.

> **TIPP** *Bedenken Sie: Finanzpläne, auch solche von Banken und Versicherungen, sollten immer neutral und frei von Produktempfehlungen sein. Sie als Kunde zahlen für die Planung und Beratung einen im Voraus vereinbarten Betrag, sind danach aber frei in der Entscheidung, welches Institut für Sie den Finanzplan umsetzen soll. Führen Sie vor der Vergabe des Auftrags ein erstes, unverbindliches Gespräch und lassen Sie sich die Kosten für die Beratung offerieren. Und: Selbst unabhängige Finanzdienstleistungsunternehmen oder selbständige Finanzplanerinnen sind noch keine Garanten für Neutralität. Fragen Sie im Verwandten- und Bekanntenkreis nach Erfahrungen und verlangen Sie von Ihrem Berater in spe Referenzen (mehr zum Thema Zusammenarbeit mit Beratern auf Seite 156).*

Bleiben oder umziehen?

Sind die Kinder ausgeflogen und steht die Pensionierung bevor, machen sich viele Einfamilienhausbesitzer Gedanken, ob sie umziehen sollen. Das Haus ist zu gross geworden und das Treppensteigen inzwischen manchmal mühsam, der Garten bereitet viel Arbeit und erschwert spontane Reisen. Bevorzugte Alternative: eine Eigentumswohnung an guter Lage in einem städtischen Zentrum oder zumindest in dessen Nähe. Der Immobilienmarkt hat schon länger auf diesen Trend reagiert. Immer öfter werden Wohnungen mit grosszügigen Terrassen an gut erschlossenen Lagen angeboten. Denn wer von einem Haus mit eigenem Garten in eine Wohnung umzieht, wünscht sich meist mehr als nur einen kleinen Balkon.

Auf dem Papier sieht der Umzug vom Einfamilienhaus in eine Eigentumswohnung einfach aus. In der Realität hingegen gibt es ein grosses Hindernis: Das für den Kauf der neuen Wohnung benötigte Kapital steckt noch im alten Haus. Nur die wenigsten haben genug Geld auf der Seite, um während einiger Zeit zwei Immobilien finanzieren zu können. Damit der Wechsel in die Eigentumswohnung trotzdem funktioniert, gibt es drei mögliche Wege:

- **Eine Zwischenlösung wählen:** Sie verkaufen Ihr Haus, ziehen vorübergehend in eine Mietwohnung und suchen erst dann eine Eigentumswohnung.
  - **Vorteil:** Es steht Ihnen genug Eigenkapital für den Neukauf zur Verfügung.
  - **Nachteil:** Sie müssen zweimal umziehen und unter Umständen, je nach Kanton und Besitzdauer, beim Verkauf des alten Hauses Grundstückgewinnsteuer bezahlen. Diese wird aufgeschoben, wenn eine Immobilie verkauft und mit dem Erlös innerhalb einer «angemessenen» Frist eine Ersatzliegenschaft gekauft wird. Verkaufen Sie die neue Liegenschaft schon nach kurzer Zeit wieder, ist die Grundstückgewinnsteuer trotzdem fällig.
- **Einen Kredit aufnehmen:** Wenn Sie Ihr Haus bereits zu einem grossen Teil abgezahlt haben, wird Ihnen die Bank einen Kredit für eine weitere Liegenschaft geben. Das vorhandene Haus dient dann als Sicherheit.
  - **Vorteil:** Sie können die neue Wohnung rechtzeitig kaufen und bis zum Umzug im Haus bleiben.

- **Nachteil:** Wenn Sie für das Haus keinen Käufer finden, müssen Sie es vorübergehend vermieten und eventuell Einbussen in Kauf nehmen. Ausserdem sind Sie gezwungen, während der Übergangszeit Zinsen und Kosten für zwei Liegenschaften zahlen.
- **Den Eigentumsantritt verschieben:** In den Gesetzen über den Verkauf von Liegenschaften ist nicht geregelt, wie viel Zeit zwischen der Unterzeichnung des notariellen Kaufvertrags und der Entrichtung des Kaufpreises mit nachfolgendem Eintrag ins Grundbuch verstreichen darf. Diese Lücke kann man sich völlig legal zunutze machen: Haben Sie einen Käufer für Ihr Haus gefunden, unterschreiben beide Parteien den Kaufvertrag. Der Eigentumsantritt, verbunden mit der Zahlung und dem Grundbucheintrag, erfolgt aber erst zu einem von den Parteien bestimmten Termin. Dabei hat der Käufer die Finanzierung durch ein unwiderrufliches Zahlungsversprechen einer Schweizer Bank sicherzustellen.
    - **Vorteil:** Mit dem unterschriebenen Kaufvertrag in der Hand erhalten Sie von der Bank normalerweise einen Kredit für den Kauf eines neuen Objekts.
    - **Nachteil:** Das Vorgehen setzt entsprechende Absicherungen voraus. Unterschreiben Sie den Vertrag für den Verkauf Ihres Hauses zudem nur, wenn Sie für die neue Wohnung zumindest einen beurkundeten Reservationsvertrag abgeschlossen haben. Sonst besteht das Risiko, dass Sie am Ende ohne Haus und ohne Wohnung dastehen.

TIPP *Achten Sie bei der Wahl Ihrer neuen Wohnung darauf, dass sie alters- und behindertenfreundlich ist (siehe Seite 111).* Ziehen Sie im Zweifelsfall Fachleute zu Rate.

Die Hypothek freiwillig amortisieren?

Schulden haben – das bereitet vielen Menschen Mühe, auch wenn damit die Belehnung des Eigenheims gemeint ist. In der Regel ist die zweite Hypothek auf den Zeitpunkt der Pensionierung hin abgezahlt, während die erste bestehen bleibt. Oder wäre es sinnvoll, auch die erste Hypothek, zumindest teilweise, zurückzuzahlen? Das hängt von Ihren persönlichen Bedürfnissen ab.

Finanzberater argumentieren oft, Eigenheimbesitzer sollten aus Steuergründen nicht amortisieren. Doch diese Rechnung geht in den meisten Fällen nicht so einfach auf. Sie mag stimmen bei höheren Einkommen und im Vergleich zu steuergünstigen Anlagen. Wenn das Einkommen nach der Pensionierung stark zurückgeht und die Risikoneigung beim Investieren eher abnimmt, könnte die Amortisation jedoch die günstigere Lösung sein.

Allerdings sollten Sie nicht das gesamte Ersparte für die Rückzahlung der Kredite verwenden, denn bei einem späteren Kapitalbedarf wird die Bank die Hypothek, wenn überhaupt, nur wieder aufstocken, wenn Sie das Geld für die Liegenschaft verwenden und das Eigenheim mit dem Renteneinkommen noch tragbar ist. Grundsätzlich kann das Finanzinstitut die Aufstockung der Hypothek zur Finanzierung des Lebensunterhalts verweigern.

ROSANNE UND WALTER A. haben die Hypothek für ihr Haus laufend amortisiert. Als sie nach der Pensionierung eine kleine Erbschaft antreten konnten, reduzierten sie ihre Schulden auf 50 000 Franken. Acht Jahre später wollen sie ein neues Auto für 60 000 Franken kaufen. Um ihre Ersparnisse dafür nicht allzu arg zu strapazieren, wollen sie die Hypothek wieder erhöhen. Ihre Bank lehnt das Gesuch jedoch ab, denn sie vergibt nur zweckgebundene Hypotheken. Rosanne und Walter A. müssen für den Wagen also selber aufkommen oder sich um eine Finanzierung bei einer anderen Bank bemühen.

STICHWORT IMMORENTE

Seit ein paar Jahren bieten Finanzinstitute – in der Schweiz sind es erst wenige – das Modell der Immorente oder umgekehrten Hypothek an: Haben Sie das Ersparte aufgebraucht und ist das Eigenheim nicht mehr oder nur noch tief belehnt, gewährt Ihnen die Bank dafür eine neue Hypothek und sichert sich gleich einen Teil davon für die künftigen Zinszahlungen. Den Rest des Kredits können Sie für den Lebensunterhalt gebrauchen. Erst wenn das Kapital aufgebraucht ist oder wenn Sie verstorben sind, muss die Hypothek zurückgezahlt und die Liegenschaft allenfalls verkauft werden.

Amortisation oder Investition?

Sie haben auf Ihrem Sparkonto einen grösseren Betrag liegen oder eine kleine Erbschaft gemacht? Nun überlegen Sie, ob Sie damit die Hypothek amortisieren wollen. Die Finanzberaterin rät Ihnen aber, eine Anlage zu tätigen oder eine Lebensversicherung abzuschliessen. Was tun? Wann lohnt sich eine Anlage, wann die Amortisation?

Durch die Reduktion der Hypothek sinken die Schuldzinsen. Dadurch sinkt der Schuldzinsabzug bei den Steuern, also steigt die Steuerbelastung an.

GLORIA T. ZAHLT 100 000 FRANKEN Hypothek ab. Das Geld stammt aus der Auszahlung ihrer Säule 3a, lag bisher auf dem Sparkonto und brachte 0,2 Prozent Zins. Für die Hypothek zahlt sie einen Zins von 1,8 Prozent. Dadurch spart sie jährlich 1800 Franken bei der Hypothek, erhält aber auf dem Sparkonto 200 Franken weniger Zins. Trotzdem bleiben unter dem Strich 1600 Franken, um diesen Betrag steigt ihr steuerbares Einkommen. Bei einem Grenzsteuersatz von 25 Prozent ergibt das eine um 400 Franken höhere Steuerrechnung. Netto hat Gloria T. also 1200 Franken mehr zur Verfügung – pro Jahr.

Zahlen Sie eine Hypothek zurück, haben Sie trotz höherer Steuern mehr Geld zur Verfügung. Wenn Sie nun, statt zu amortisieren, Ihr Erspartes «besser» anlegen wollen, wie hoch muss dann die Rendite sein, damit sich dies lohnt? Ganz einfach: Die Nettorendite Ihrer Anlage, also die Rendite nach Abzug der Steuern, muss höher sein als der Hypothekarzinsbetrag nach Abzug der höheren Steuerbelastung. Die Eckpfeiler für diese Rechnung sind der aktuelle Hypothekarzins und der für Sie geltende Grenzsteuersatz (siehe Tabelle auf der nächsten Seite).

Die Rechnung zeigt: Je höher Ihr Grenzsteuersatz, desto tiefer kann die Rendite nach Abzug der Steuern sein. Oder anders gesagt: Je höher Ihr Einkommen und damit die Steuerbelastung, desto eher lohnen sich Schulden.

Wie hoch muss aber die Bruttorendite einer Anlage sein, damit Sie nach Steuerabzug auf diese Zahlen kommen? Bei steuerfreien Kapitalgewinnen, etwa auf Aktien, entspricht die Bruttorendite der Nettorendite. Bei einer

DIE ERFORDERLICHE NETTORENDITE

Hypothekar-zins	Grenzsteuersatz			
	20%	25%	30%	35%
1	0,8	0,75	0,7	0,65
1,5	1,2	1,125	1,05	0,975
2	1,6	1,5	1,4	1,3
2,5	2	1,875	1,75	1,625
3	2,4	2,25	2,1	1,95
3,5	2,8	2,625	2,45	2,275
4	3,2	3	2,8	2,6

Lesebeispiel: Bei einem Hypothekarzins von 3,5 Prozent und einem Grenzsteuersatz von 30 Prozent muss die Nettorendite einer Anlage 2,45 Prozent betragen, damit es sich lohnt zu investieren, statt zu amortisieren.

sicheren Kassenobligation dagegen ist der gesamte Ertrag steuerpflichtig. Also müsste die Bruttorendite gleich hoch sein wie der effektive Hypothekarzins. Da jedoch keine Bank gleich viel für Kassenobligationen vergütet, wie sie für Schuldzinsen verrechnet, ist dies gar nicht möglich. Generell gilt, dass sich die erforderliche Rendite mit sicheren Anlageinstrumenten nie erreichen lässt.

Rendite: nur mit Risiko
Damit sich die Investition gegenüber der Amortisation auszahlt, müssen Sie gewisse Risiken in Kauf nehmen. Sind Sie nicht bereit, Schwankungen bei Aktienkursen, Rohstoffen oder fremden Währungen zu tragen, fahren Sie mit Rückzahlung besser.

Das gleiche Prinzip gilt auch bei Lebensversicherungen. Mit einer Sparversicherung mit festem Zinssatz kommen Sie kaum je auf die erforderliche Rendite, obwohl sie steuerbefreit ist. Und bei fondsgebundenen Policen haben Sie zwar höhere Renditechancen, Sie werden aber kaum einen Versicherer finden, der Ihnen eine solche Erlebensfallrendite garantiert. Da sehen Sie erst nach zehn Jahren, mit welcher Variante Sie besser gefahren wären.

> **TIPP** *Wenn Sie bereit sind, Kursrisiken einzugehen, sollten Sie sich Anlagen suchen, die im Durchschnitt während der vergangenen zehn Jahre die nötige Mindestrendite erreicht haben. Achten Sie dabei auch auf die Kosten. Und denken Sie daran, dass der langjährige Durchschnitt der Hypothekarzinsen eher bei fünf als bei drei Prozent gelegen hat.*

Amortisation der gesamten Hypothek?

Wenn Sie eher eine sicherheitsbewusste Anlegerin sind und sich für die Amortisation entschieden haben, wird Ihre Hypothek immer kleiner werden. Irgendwann stehen Sie vor der Entscheidung, sie eventuell ganz zurückzuzahlen.

Auch davon raten Finanzberater in der Regel ab. Einerseits aus den bekannten Steuergründen, anderseits, weil man, so wird argumentiert, später Schwierigkeiten haben könnte, wenn man beispielsweise für eine Renovation einen neuen Kredit aufnehmen müsste. Lassen Sie sich jedoch von solchen Argumenten nicht von Ihrer Idee abbringen. Niemand kann Ihnen heute sagen, ob Sie in zehn Jahren eine Hypothek aufnehmen müssen und ob Sie diese dann auch wirklich erhalten. Die Bank wird Ihre finanzielle Situation von Grund auf prüfen – unabhängig davon, ob Sie noch eine Resthypothek von beispielsweise 50 000 Franken haben oder nicht. Und steuerlich bringt eine Hypothek von 50 000 oder auch 100 000 Franken keine wirklich grosse Einsparung.

Aus anlagetechnischer Sicht ist eine schuldenfreie Liegenschaft eine sehr sichere, werterhaltende Investition – vorausgesetzt, sie befindet sich an einer gefragten Lage. Solange Sie ein solches Eigenheim gut unterhalten und pflegen, werden Sie kaum Geld damit verlieren.

> **INFO** *Wenn Sie Ihre Hypothek vollständig zurückgezahlt haben, erhalten Sie Ihre Schuldbriefe zurück. Bewahren Sie diese sicher in einem Tresor oder Bankdepot auf (Depotgebühren beachten), denn damit können Sie bei Bedarf wieder eine Hypothek aufnehmen. Eine Löschung und Neuerrichtung sind überdies immer mit Kosten verbunden.*
>
> *Beim papierlosen Registerschuldbrief muss der bisherige Gläubiger der Übertragung auf Ihren Namen zustimmen. Registerschuldbriefe sind physisch nicht mehr vorhanden; Sie müssen kein Wertpapier*

mehr aufbewahren. Sie können Papierschuldbriefe beim Grundbuchamt in Registerschuldbriefe umwandeln lassen.

Renovieren statt amortisieren
Wer in den Jahren vor der Pensionierung zu den Gutverdienenden gehört und Steuern sparen möchte, kann Geld in die Renovation des Eigenheims stecken. Denn solange Renovationen werterhaltenden Charakter haben, darf man die Kosten dafür vom steuerbaren Einkommen absetzen. So sparen Sie nicht nur Steuern, sondern haben in den ersten Jahren nach der Pensionierung – wenn das Einkommen meist tiefer ist als im Arbeitsleben – auch keine Kosten für die Erneuerung von Haus oder Wohnung.

Immobilien als Anlageobjekte

Eignen sich Investitionen in Immobilien für die Altersvorsorge?
Im Prinzip ja, allerdings muss eine Reihe von Voraussetzungen erfüllt sein. Zudem tun Anleger gut daran, sich mit den finanziellen und steuerlichen Konsequenzen und den möglichen Risiken vertraut zu machen.

Grundsätzlich haben Sie zwei Möglichkeiten, in Immobilien zu investieren: direkt, indem Sie eine Liegenschaft erwerben und dann vermieten, und indirekt, beispielsweise über Immobilienfonds.

Rendite mit Mietliegenschaften?

Wenn Sie genug Kapital haben und es in Immobilien investieren möchten, die Sie nicht selbst bewohnen, sollten Sie das Projekt gut durchrechnen. Lässt sich der benötigte Mietertrag erzielen, sodass das Eigenkapital eine dem Risiko angemessene Rendite erreicht? Vergessen Sie auch nicht, dass Sie durch einen hohen Kapitaleinsatz ein Klumpenrisiko eingehen.

Im Idealfall rentiert Ihr Eigenkapital bei dieser Anlageform mit vier bis sechs Prozent. Angesichts der grossen Sicherheit ist das eine ansehnliche Rendite.

ACHTUNG *Bedenken Sie, dass Sie das Risiko tragen, wenn Ihre Mieter nicht zahlen oder wenn die Wohnung leer steht. Ausserdem müssen Sie die Wohnung instand halten; die Abnutzung kann bei einer Vermietung grösser sein, als wenn Sie selbst darin wohnen. Falls Sie sich nicht selbst um die Vermietung kümmern wollen, sind auch noch die Verwaltungskosten zu berücksichtigen. All diese Kosten und Rückstellungen müssen mit dem Mietzins abgedeckt sein. Nebst den finanziellen Belastungen kann es auch Auseinandersetzungen und Konflikte mit Mietern geben.*

Von zentraler Bedeutung ist die sorgfältige Auswahl der Immobilie: Die Liegenschaft sollte sich an einer guten, ruhigen Lage befinden. Wichtig ist auch die Nähe zu Einkaufsmöglichkeiten und der Anschluss an den öffentlichen Verkehr.

Unabdingbar sind eine aktuelle Verkehrswertschätzung und eine Beratung durch Profis, beispielsweise durch den Hauseigentümerverband oder durch eine Bank. Zudem sollte man nicht vergessen, die steuerliche Situation zu prüfen. Insbesondere mit ausserkantonalen Liegenschaften haben schon manche Käufer unliebsame Überraschungen erlebt.

Übrigens: Eine Finanzierung mit Vorsorgegeldern ist für vermietete Objekte nicht möglich. Sie müssen also das ganze Eigenkapital aus Ihrem freien Vermögen aufbringen.

TIPP *Beachten Sie, dass das Kapital bei direktem Immobilienbesitz gebunden ist. Brauchen Sie das Geld wieder, müssen Sie die Liegenschaft verkaufen. Es kann allerdings Monate oder sogar Jahre dauern, bis Sie einen Käufer finden, der bereit ist, den von Ihnen geforderten Preis zu zahlen. Sind Sie auf einen schnellen Verkauf angewiesen, müssen Sie unter Umständen gar einen Kapitalverlust hinnehmen.*

Ferienwohnungen taugen nicht als Vorsorge
Der Kauf und die Weitervermietung einer Ferienwohnung als Vorsorgeinvestition ist nicht empfehlenswert. Im Gegenteil: Das Risiko des Leer-

stands ist hier noch grösser als bei normalen Renditeliegenschaften. Und der Aufwand für Möblierung, Reinigung und Vermietung ist hoch. Ausserdem ist fraglich, ob sich mit einem späteren Verkauf Gewinn erzielen lässt. Insbesondere Wohnungen in kleineren, weniger gefragten Schweizer Ferienorten haben in den vergangenen Jahrzehnten an Wert eingebüsst und lassen sich heute oft nur mit Verlust verkaufen.

Heikel ist auch der Kauf einer Ferienwohnung oder eines Ferienhäuschens im Ausland. Der Aufwand und das Vermietungsrisiko sind ebenfalls gross. Und für Laien ist es schwierig, zu beurteilen, wie sich der Wert einer Immobilie an einem fremden Ort in den nächsten zehn oder zwanzig Jahren entwickeln wird.

> ACHTUNG *Kaufen Sie Ferienwohnungen – egal, ob im In- oder Ausland – nie mit dem Ziel der Altersvorsorge. Selbst dann nicht, wenn Ihnen der örtliche Immobilienmakler Traumrenditen und beachtliche Wertsteigerungen verspricht. Das gilt besonders auch für Anteile an Ferienanlagen, die im sogenannten Timesharing verkauft werden. Hier besteht ein hohes Risiko, dass Sie die Anteile später nicht oder nur zu schlechten Preisen verkaufen können.*

Indirekte Immobilienanlagen

Wesentlich sinnvoller und gewinnversprechender als direkte Investitionen in Immobilien sind indirekte Anlagen. Dabei stehen zwei Wege offen:
- der Kauf von Aktien börsenkotierter Immobilienfirmen
- der Kauf von Anteilen an einem Immobilienfonds

Aktien von Immobilienfirmen
Einige wenige grosse Immobilienfirmen in der Schweiz sind seit einigen Jahren an der Börse kotiert. Ihre Aktien können frei gehandelt werden. Wer Aktien von Immobilienfirmen kauft, hat Mitbestimmungsrechte an der Generalversammlung des Unternehmens, dafür gibt es keinen Anlegerschutz im Fall eines Konkurses.

Im Gegensatz zu den meisten Immobilienfonds setzen die börsenkotierten Immobilienfirmen weniger auf Wohnbauten, sondern vor allem auf Bürohäuser und Gewerbeliegenschaften. Daneben sind sie oft selber als

Generalunternehmer in der Bauwirtschaft tätig. Daher ist der Wert ihrer Aktien stärker von der gesamtwirtschaftlichen Entwicklung abhängig als bei einem Immobilienfonds, was das Risiko erhöht.

Grundsätzlich gilt für den Kauf der Aktien von Immobilienfirmen dasselbe wie bei anderen Aktien: Wenn Sie investieren wollen, sollten Sie genügend Zeit und Geduld mitbringen und Verluste verkraften können. Zudem sollten Sie diversifiziert anlegen, also keinesfalls ausschliesslich in Aktien von Immobilienfirmen.

Anteile an Immobilienfonds
Infolge des Kurseinbruchs an den Aktienmärkten während der weltweiten Finanzkrise haben wertbeständige Anlagen an Attraktivität gewonnen. Dazu zählen auch Immobilienfonds, die viele Banken im Angebot haben.

Im Gegensatz zu klassischen Fonds (siehe Seite 96), die das Geld ihrer Kunden möglicherweise auf den Aktienmärkten anlegen, bieten Immobilienfonds eine grössere Sicherheit; das Risiko liegt irgendwo zwischen den Risiken von Obligationen- und Aktienanlagen. Das gilt auch für die Rendite: Bei vielen Immobilienfonds kann man derzeit mit einer durchschnittlichen Ausschüttungsrendite von knapp drei Prozent rechnen.

Gewährleistet ist die Sicherheit hauptsächlich durch die Anlage der Gelder in Wohnhäuser, denn Mieter ziehen auch in wirtschaftlich schlechten Zeiten nicht einfach aus – der Ertrag ist also gesichert. Hinzu kommt, dass die Nachfrage nach Wohnraum den Prognosen zufolge in den nächsten Jahren noch zunehmen wird. Stärker von der allgemeinen Wirtschaftslage abhängig sind Immobilienfonds, die einen grossen Teil des Vermögens in Geschäftsliegenschaften investieren. Ist die Wirtschaftslage schlecht, ist mit Leerständen zu rechnen, was sich direkt in der Rendite niederschlägt.

> **INFO** *Zu den Vorteilen von Immobilienfonds zählt der gute Schutz der Anlegerinnen und Anleger: Die Fonds unterstehen dem Kollektivanlagengesetz (KAG). Dieses verlangt etwa, dass die Gelder in mindestens zehn verschiedenen Objekten angelegt werden müssen, damit sich das Risiko verteilt, und dass die Verschuldung eines Fonds, etwa durch Hypotheken, 30 Prozent nicht überschreiten darf. Die Kombination aus Anlegerschutz und guter Aussicht auf Rendite machen Immobilienfonds zu einer interessanten Anlagemöglichkeit für Vorsorgegelder und zu einer geeigneten Ergänzung des Wertpapierportefeuilles.*

Bei der Auswahl des passenden Immobilienfonds sollten Sie unbedingt den Wert des dazugehörenden Immobilienportefeuilles und den gehandelten Wert des Fonds miteinander vergleichen (Écart). Liegt der gehandelte Wert mehr als 10 bis 15 Prozent über demjenigen des Portefeuilles, besteht das Risiko von Verlusten, wenn viele Anleger ihre Anteile in kurzer Zeit verkaufen und der Wert der Fondsanteile sinkt. Viele Immobilienfonds sind derzeit massiv überbewertet.

STICHWORT ÉCART
Der Beriff Écart bezeichnet die Differenz zwischen dem tatsächlichen Vermögenswert der Immobilien und dem Börsenkurs der Immobilienfirma oder des Immobilienfonds.
Der Écart sollte nicht mehr als 10 bis 15 Prozent betragen. Liegt der Wert höher, sollten Sie die Aktien oder Fondsanteile eher verkaufen.

TIPP Der Verkauf von Anteilen an Immobilienfonds ist nicht ganz einfach, wenn diese nicht an der Börse gehandelt werden. Die Fondsgesellschaft muss Anteile nur am Ende eines Geschäftsjahrs und nach Ablauf einer einjährigen Kündigungsfrist zurückkaufen. Unter dem Jahr bleibt nur der Weg über die Börse – mit dem Risiko, einen schlechten Verkaufspreis zu erzielen. Legen Sie deshalb nur Geld in Immobilienfonds an, das Sie kurzfristig garantiert nicht benötigen, und planen Sie den Verkauf Ihrer Anteile früh genug.

Indizes im Immobilienbereich
Zum Vergleich verschiedener Investitionsmöglichkeiten im Immobilienbereich und zur Beobachtung der Entwicklung stehen mehrere Indizes zur Verfügung. Mit dem Symbol oder der Valorennummer können Sie den aktuellen Stand an der Börse und die Entwicklung abfragen. Die Kurse finden Sie im Internet auf den Seiten der Banken oder bei der Schweizer Börse SIX Swiss Exchange (www.six-swiss-exchange.com).
- SWX IAZI Private Real Estate Price Index (Symbol PREAL, Valor 3053234): Der Index umfasst die Preisentwicklung privat gehandelter Liegenschaften in der Schweiz. Es handelt sich um effektive Kaufs- und Verkaufspreise. Die Daten stammen anonymisiert von Banken, Versicherern und Pensionskassen. Erfasst werden etwa 60 Prozent aller

Handänderungen in der Schweiz, was über 25 000 Liegenschaften pro Jahr entspricht. Enthalten sind Einfamilienhäuser wie auch Stockwerkeigentum.

- SWX IAZI Investment Real Estate Price Index (Symbol IREAL, Valor 3053239): Dieser Index basiert auf zirka 50 Prozent aller Schweizer Handänderungen von Renditeliegenschaften (Wohnen und gemischt) zu effektiven Marktbedingungen.
- SXI Real Estate Funds (Symbol SWIIT, Valor 994740): In diesem Index sind 29 an der Schweizer Börse gehandelte Immobilienfonds enthalten (Stand April 2017).
- SXI Real Estate Shares (Symbol REAL, Valor 4266031): Dieser Index enthält 15 an der Schweizer Börse gehandelte Immobilienaktien (Stand April 2017).
- DB Rüd Blass Immobilienfonds Schweiz Index (Symbol DBCHREF, Valor 1416846): Der DB Rüd Blass Immobilienfonds Schweiz Index misst die Performance (total Return) einer Auswahl schweizerischer Immobilienfonds. Die Zusammensetzung ist gewichtet nach Nettofondsvermögen. Der Index ist reinvestiert, das heisst, die ausgezahlten Erträge werden miteingerechnet, dadurch wird die Gesamtrendite ausgewiesen. Er enthält maximal zehn Immobilienfonds.

TIPP *Informationen und Unterlagen zu den verschiedenen Immobilienfonds erhalten Sie bei Ihrer Bank. Fragen Sie insbesondere nach der Zusammensetzung, der Rendite, der Kursentwicklung und nach dem Écart der Fonds.*

Finanzplanung – richtig angepackt

Nur ein Budget bringt den finanziellen Überblick. Denn ohne Einnahmen- und Ausgabenaufstellung ist Finanzplanung nicht möglich. Schliesslich müssen Sie wissen, was Sie bis zur Pensionierung ansparen können – oder was Sie für die Frühpensionierung ansparen müssen. In diesem Kapitel lesen Sie, wie Sie dabei am besten vorgehen.

Planung: nur mit Budget

Im Hinblick auf den Ruhestand sollten Sie klären, wie viel Geld Sie wofür ausgeben. Insbesondere eine vorzeitige Pensionierung ist teurer, als man denkt – da gilt es, möglichst früh zu überlegen, wie sich die späteren Einkommensausfälle überbrücken lassen.

Viele Menschen haben noch nie ein Budget aufgestellt und wissen deshalb nicht genau, wohin ihr Lohn jeden Monat fliesst. Wenn Sie über ein stattliches Einkommen verfügen, kümmert Sie das womöglich nicht – oder noch nicht. Sie haben am Ende des Monats meist einen Batzen übrig, den Sie aufs Sparkonto umbuchen können.

Wer schon heute regelmässig bei Ebbe auf dem Konto noch viel Monat übrig hat, findet mit einem Budget am einfachsten heraus, wie und wo sich die Ausgaben reduzieren lassen. Vielleicht lässt sich die Monatsrechnung so weit beeinflussen, dass es sogar möglich wird, etwas Geld auf die Seite zu legen.

Wie auch immer: Mit der Pensionierung naht die Stunde der Wahrheit; eine eingehende Betrachtung der künftigen finanziellen Situation ist jetzt angezeigt. Denn nur anhand konkreter Zahlen können Sie abschätzen, inwieweit sich Ihre Vorstellungen vom Ruhestand mit Ihren Finanzen in Einklang bringen lassen. Prüfen Sie folgende Punkte:

- Wie viel Geld wird auch ohne Erwerbseinkommen weiterhin regelmässig verfügbar sein?
- Welche neuen Zahlungsströme werden zum Lebensunterhalt beitragen – und welche Ausgaben werden anfallen?
- Was werden Sie zusätzlich vom bestehenden Vermögen verbrauchen können?
- Welche Massnahmen können Sie ergreifen, wenn sich ein Defizit abzeichnet?

Weshalb ein paar Jahre vor dem Ruhestand etwas Neues anfangen? Weil viele Gründe für ein Budget sprechen, denn einige Konstanten des Lebens werden sich einschneidend verändern. Ganz besonders ins Gewicht fallen dürfte der Umstand, dass die Renten kaum gleich hoch sein werden wie das einst erzielte Erwerbseinkommen. Je weiter Sie von der Pensionierung entfernt sind, desto besser können Sie Lücken aber noch stopfen.

Zwar wird die steuerliche Belastung mit sinkendem Einkommen ebenfalls abnehmen – wegen der Progression sogar überproportional. Aber mit den Kosten im Zusammenhang mit der Berufstätigkeit entfallen auch die steuerlichen Abzugsmöglichkeiten. Und dann tauchen möglicherweise neue Bedürfnisse auf: Reisen, Sport, Weiterbildung und andere Träume, für deren Realisierung die Zeit jetzt gekommen ist. Je nach familiärer Situation wollen Sie vielleicht auch Ihre Kinder finanziell unterstützen, und gesundheitliche Beeinträchtigungen können zusätzliche Kosten verursachen.

Schritt für Schritt zum Budget

Wenn Sie noch nie ein Budget erstellt haben, werden Sie zuerst etwas Routine im Erfassen der Ausgaben erwerben müssen. Behalten Sie einige Grundsätze im Auge (zwei Beispiele für ein Monatsbudget vor und nach der Pensionierung finden Sie auf Seite 137 und 138):

- Ein realistisches Budget lässt sich nur erstellen, wenn Sie über Ihre laufenden Einnahmen und Ausgaben einigermassen Bescheid wissen. Notieren Sie die entsprechenden Posten über einen Zeitraum von mindestens drei Monaten, besser noch über ein ganzes Jahr.
- Ihr Budget soll zwar realistisch sein. Das heisst aber nicht, dass Sie auf Franken und Rappen genau Rechenschaft ablegen müssen. Im Detail stellen sich die Dinge immer anders dar, als man denkt.
- Erstellen Sie Ihr Budget wenn möglich am Computer. Korrekturen, Einfügungen und neue Strukturen sind schnell erledigt, und das Ganze sieht immer nach einer gelungenen Arbeit aus – eine gute Motivation zum Weitermachen.
- Führen Sie parallel ein Monats- und ein Jahresbudget: Auf diese Weise können Sie grössere Positionen wie Steuern, Autoversicherungen, Krankenkassenprämien anteilmässig aufs ganze Jahr verteilen.

Budgetieren richtig gemacht – so gehen Sie vor
Budgetieren will gelernt sein. Einsteiger vergessen schon mal einzelne Positionen – besonders, wenn diese Positionen nicht regelmässig auftauchen.

Zum Beispiel die Zahnarztrechnung, aber auch Ausgaben, die nur quartalsweise oder halbjährlich anfallen, etwa Hypothekarzinsen oder Versicherungsprämien. Notieren Sie deshalb über eine möglichst lange Dauer sorgfältig alle Einnahmen und Ausgaben.

Tragen Sie alle Kostenfaktoren in Ihren Budgetbogen ein (benutzen Sie dazu das Erhebungsblatt im Anhang; es enthält alle relevanten Posten); monatliche Ausgaben wie Miete oder Krankenkassenprämie lassen sich einfach übertragen. Tragen Sie die effektiven Beträge ein. Für die jährlich anfallenden Posten wie Versicherungsprämien übernehmen Sie die Zahlen aus Ihren Verträgen und dividieren sie durch zwölf. Bei den Ausgaben für den Haushalt oder für Kleider schätzen Sie die tatsächlichen Einkäufe der letzten Monate ab, falls Sie nicht Buch darüber geführt haben.

> **INFO** *Budgetieren ist immer eine sehr individuelle Angelegenheit, deshalb lassen sich nicht einfach irgendwelche Standardzahlen aus einem beliebigen Muster übernehmen. Falls Sie dennoch Hilfe in Form von Vorlagen benötigen, finden Sie Tipps und Budgetbeispiele bei der Budgetberatung Schweiz (www.budgetberatung.ch). Unter www.beobachter.ch/download können Sie zudem die Vorlage für die Budgetbeispiele in diesem Ratgeber herunterladen.*

Fügen Sie möglichst auch Reservepositionen ein. Die brauchen Sie zum Beispiel für unvorhergesehene Arztkosten, Selbstbehalte, Reparaturkosten, Neuanschaffungen oder Ähnliches. Das ist sinnvoll, denn der Blick in die Zukunft beruht immer auf Annahmen.

> **DIE EHELEUTE KARL UND RUTH M.**, beide 55 Jahre alt, müssen mit dem Einkommen des Ehemanns auskommen. Trotzdem bleibt ein monatlicher Überschuss. Ihre Situation vor und nach der Pensionierung zeigt Budgetbeispiel 1 (eine Vorlage für eigene Berechnungen finden Sie im Download). Den Überschuss sollten die M.s während der kommenden zehn Jahre konsequent sparen. Dann steht ihnen das Geld nach der Pensionierung für die Deckung des Mankos oder für ausserordentliche Ausgaben zur Verfügung. Sollte die Variante «Minimum nach Pensionierung» Wirklichkeit werden, kann das Ehepaar allenfalls Ergänzungsleistungen beantragen (siehe Seite 37).

⬇ BUDGETBEISPIEL 1

	Ist-Situation (vor Pensionierung)	Minimum nach Pensionierung	Maximum nach Pensionierung
Einnahmen			
Nettoeinkommen (inkl. Anteil 13. Monatslohn)	Fr. 5500.–		
Rente aus 1. und 2. Säule		Fr. 4200.–	Fr. 4600.–
Total Einnahmen	**Fr. 5500.–**	**Fr. 4200.–**	**Fr. 4600.–**
Ausgaben			
Wohnkosten Mietwohnung	Fr. 1300.–	Fr. 1300.–	Fr. 1300.–
Steuern (wohnsitzabhängig)	Fr. 550.–	Fr. 350.–	Fr. 420.–
Krankenkasse, Unfall (Grundversicherung)	Fr. 640.–	Fr. 640.–	Fr. 640.–
Hausrat-, Privathaftpflichtversicherung	Fr. 40.–	Fr. 40.–	Fr. 40.–
Telefon, TV, Radio, Internet	Fr. 150.–	Fr. 150.–	Fr. 150.–
Energie (Strom, Gas)	Fr. 60.–	Fr. 60.–	Fr. 60.–
Auto, öffentlicher Verkehr	Fr. 400.–	Fr. 200.–	Fr. 300.–
Zeitungen, Zeitschriften	Fr. 40.–	Fr. 30.–	Fr. 40.–
Haushalt	Fr. 900.–	Fr. 800.–	Fr. 850.–
Persönliche Auslagen	Fr. 600.–	Fr. 400.–	Fr. 400.–
Rückstellungen inkl. Reisen	Fr. 500.–	Fr. 300.–	Fr. 400.–
Total Ausgaben	**Fr. 5180.–**	**Fr. 4270.–**	**Fr. 4600.–**
Überschuss / Manko	**Fr. 320.–**	**– Fr. 70.–**	**–.–**

CHRISTIAN UND ELISABETH S. sind beide 52 Jahre alt, Herr S. arbeitet Vollzeit, seine Frau hat ein Teilzeitpensum von 40 Prozent. Ihre Situation vor und nach der Pensionierung illustriert das Budgetbeispiel 2 (siehe nächste Seite). Für die Jahre nach der Pensionierung weist das Budget von Christian und Elisabeth S. ein Manko aus. Die beiden sind also gut beraten, den aktuellen monatlichen Überschuss für die Zukunft auf die Seite zu legen. Zum Glück ist der Mietzins nicht besonders hoch, sonst müssten sich Herr und Frau S. einen Umzug in eine günstigere Wohnung überlegen oder den Rotstift bei anderen Positionen ansetzen – vor allem in den Jahren nach der Pensionierung.

⬇ BUDGETBEISPIEL 2

	Ist-Situation (vor Pensionierung)	Minimum nach Pensionierung	Maximum nach Pensionierung
Einnahmen			
Nettoeinkommen (inkl. Anteil 13. Monatslohn)	Fr. 8500.–		
Rente aus 1. und 2. Säule		Fr. 5100.–	Fr. 6000.–
Total Einnahmen	**Fr. 8500.–**	**Fr. 5100.–**	**Fr. 6000.–**
Ausgaben			
Wohnkosten Mietwohnung	Fr. 1500.–	Fr. 1500.–	Fr. 1500.–
Steuern (wohnsitzabhängig)	Fr. 1100.–	Fr. 500.–	Fr. 600.–
Krankenkasse, Unfall (Grundversicherung)	Fr. 640.–	Fr. 640.–	Fr. 640.–
Hausrat-, Privathaftpflichtversicherung	Fr. 50.–	Fr. 50.–	Fr. 50.–
Telefon, TV, Radio, Internet	Fr. 180.–	Fr. 180.–	Fr. 180.–
Energie (Strom, Gas)	Fr. 70.–	Fr. 70.–	Fr. 70.–
Auto, öffentlicher Verkehr	Fr. 400.–	Fr. 300.–	Fr. 400.–
Zeitungen, Zeitschriften	Fr. 50.–	Fr. 50.–	Fr. 50.–
Haushalt	Fr. 1050.–	Fr. 900.–	Fr. 1100.–
Persönliche Auslagen	Fr. 1000.–	Fr. 700.–	Fr. 1000.–
Rückstellungen inkl. Reisen	Fr. 1000.–	Fr. 600.–	Fr. 1000.–
Total Ausgaben	**Fr. 7040.–**	**Fr. 5490.–**	**Fr. 6590.–**
Überschuss / Manko	**Fr. 1460.–**	**– Fr. 390.–**	**– Fr. 590.–**

Überschuss gezielt anlegen

Ergibt Ihr Budget einen Einnahmenüberschuss, buchen Sie diesen am besten per Dauerauftrag monatlich von Ihrem Privatkonto ab. Auf diese Weise geraten Sie gar nicht erst in Versuchung, das Geld ausserplanmässig auszugeben.

Wenn Sie kurz vor der Pensionierung stehen oder auf keinen Fall Risiken eingehen wollen, sollten Sie die Beträge auf ein Sparkonto überweisen. Wer noch länger sparen kann und eine höhere Rendite erzielen will, als das Sparkonto hergibt, wählt beispielsweise einen Fondssparplan (mehr zum Thema Anlagemöglichkeiten ab Seite 86).

INFO *Welche Fonds für Ihre Risikoneigung und Ihren Anlagehorizont geeignet sind, besprechen Sie am besten mit Ihrer Bankberaterin oder mit einem unabhängigen Finanzberater. Aber aufgepasst: Je höher die erwartete Rendite, desto höher ist auch das Kursverlustrisiko!*

Einnahmen im Ruhestand

Mit dem Übertritt vom Erwerbsleben in den Ruhestand kann sich die finanzielle Situation drastisch verändern. An die Stelle des Erwerbseinkommens treten nun die Renten aus den verschiedenen Sozialversicherungen.

Gehen Sie über das Pensionsalter hinaus einem (Teilzeit-)Erwerb nach, erhöht sich Ihr Einkommen um den erzielten Lohn. Während Angestellte obligatorisch in der 1. und 2. Säule versichert sind, haben Selbständigerwerbende vielfach keine Pensionskasse (mehr dazu auf Seite 190). Doch welche Renten und Vermögenserträge bilden das künftige Einkommen?

Budgetieren Sie die Renteneinnahmen vorsichtig – mit einem vollständigen Ausgleich der Teuerung über die Jahre hinweg sollten Sie nicht rechnen (siehe Seite 144). Zurückhaltung empfiehlt sich bei der Annahme voraussichtlicher Vermögenserträge. Wer sich von den Traumtänzerrenditen der Aktienmärkte verwirren lässt, landet hart auf dem Boden der Realität, wenn die Börsen einbrechen – was erfahrungsgemäss alle paar Jahre teils heftig geschieht. In der Finanz- und Wirtschaftskrise von 2008 und 2009 und der nachfolgenden Euro-Krise haben nicht nur Aktionäre viel Geld verloren, zu den Geschädigten gehörten auch Käufer von Obligationen (zum Beispiel von isländischen Banken) oder von kapitalgeschützten strukturierten Produkten (Stichwort Lehman Brothers).

Die totale Sicherheit gibt es also nicht. Deshalb ist es wichtig, nicht alle Eier in einen Korb zu legen, sondern sein Geld auf möglichst viele verschiedene Anlagen zu verteilen. Eine gute Diversifikationsmöglichkeit bieten Anlagefonds (mehr zu den Anlagemöglichkeiten ab Seite 86).

Die Rente der AHV

Es lohnt sich, für die Planung der Altersvorsorge etwas Zeit aufzuwenden. Um die künftige AHV-Altersrente ungefähr ausrechnen zu können, benötigen Sie einen Auszug aus Ihrem individuellen Konto bei der AHV-Ausgleichskasse (wie Ihre Rente berechnet wird, lesen Sie auf Seite 33). Oder verlangen Sie gleich eine provisorische Rentenberechnung von der Ausgleichskasse.

Die AHV-Renten für Ehepaare werden allerdings bei 150 Prozent der maximalen AHV-Einzelrente plafoniert; für sie gibt es also nicht mehr als 3525 Franken monatlich (Stand 2018). Setzen Sie Ihre mutmassliche AHV-Rente in den Budgetbogen ein.

> **INFO** *Auf der Website der AHV finden Sie die sogenannte Rentenskala 44. Diese Tabelle zeigt, wie hoch die Renten bei voller Beitragsdauer von 44 Jahren ausfallen. Wenn Sie Ihr Durchschnittseinkommen kennen und 44 Beitragsjahre erreichen, können Sie die Höhe Ihrer Altersrente anhand der Tabelle ablesen (Rentenskala sowie weitere Informationen unter www.ahv-iv.ch*

Die Pensionskassenrente

Ihr Rentenanspruch aus der 2. Säule dürfte sich in den letzten Jahren vor dem Rückzug aus dem Erwerbsleben relativ genau beziffern lassen; er ist dem Versicherungsausweis zu entnehmen, den Sie jedes Jahr erhalten (siehe Beispiel im Anhang).

Je entfernter der Zeitpunkt Ihrer Pensionierung, desto unsicherer sind die Angaben auf dem Versicherungsausweis. Diese Zahlen beziehen sich auf ein stabiles Einkommen, auf die aktuelle Verzinsung und den gegenwärtig bekannten Umwandlungssatz. Tiefere Zinssätze und ein schlechterer Umwandlungssatz infolge gestiegener Lebenserwartung erschweren langfristige Prognosen. Auch wenn keine anderen Informationen verfügbar sind: Setzen Sie trotzdem die Zahlen aus Ihrem Versicherungsausweis ins Budget ein – im Zweifelsfall eher etwas weniger.

Wenn Ihre Pensionierung naht, wird Ihnen die Vorsorgeeinrichtung auf die Meldung Ihres bevorstehenden Austritts hin eine Mitteilung über die zu erwartenden monatlichen Leistungen schicken. Die darin genannte Rente sollte Ihren Annahmen auf Basis der Angaben in den letzten Versicherungsausweisen entsprechen. Ist der Betrag plausibel, können Sie davon ausgehen, dass die Berechnung fehlerfrei erfolgt ist. Ist Ihnen etwas nicht klar oder vermuten Sie einen Fehler, wenden Sie sich am besten zuerst an die Kassenverantwortlichen.

> **INFO** *Wenn Sie sich für einen Kapitalbezug statt für eine Rente entschieden haben, gelten für Ihr Budget die gleichen Überlegungen wie für Guthaben der Säule 3a.*

Die Gelder aus der Säule 3a

Die gebundenen Gelder der Säule 3a kommen erst in den Jahren um die Pensionierung zur Auszahlung (siehe Seite 76). Frühester Bezugstermin: fünf Jahre vor der ordentlichen Pensionierung. Im Hinblick auf Ihr Budget von Belang ist die Frage, wie Sie dieses Vermögen einzusetzen gedenken.

Falls Sie über mehrere Vorsorgekonten und/oder -policen verfügen, sollten Sie die Bezüge rechtzeitig planen. Beziehen Sie die Guthaben gestaffelt, auf mehrere Jahre verteilt. In den meisten Kantonen müssen Sie dabei auch die Kapitalbezüge aus Ihrer Pensionskasse und die Vorsorgeauszahlungen Ihres Ehepartners berücksichtigen – Vorsorgegelder werden pro Kalenderjahr addiert und besteuert (mehr dazu auf Seite 76).

Haben Sie die Planung verpasst, müssen Sie alle Auszahlungen im selben Jahr versteuern, was wegen der höheren Steuerprogression teurer wird. Ihre

WAS TUN MIT DEN GELDERN AUS DER SÄULE 3A?
1. Geld auf ein Konto bei der Hausbank überweisen lassen – wenn nötig ein separates neues Konto eröffnen.
2. Den Betrag für die damit verbundenen Steuern abzweigen, ebenso einen Notgroschen für Unvorhergesehenes gemäss Ihrem Budget (zum Beispiel drei Monatslöhne oder 20 000 Franken).
3. Eine Vermögensplanung für die Zeit nach der Pensionierung erstellen (siehe Seite 204).
4. Das Geld gemäss dieser Vermögensplanung auf Konten und Anlageinstrumente verteilen.

3a-Bankkonten können Sie fünf Jahre über das gesetzliche AHV-Alter hinaus bestehen lassen – aber nur, wenn Sie auch weiterhin erwerbstätig bleiben.

Wie fliessen nun diese Gelder in Ihr Budget ein? Dafür gibt es verschiedene Varianten:

- **Variante 1:** Sie verbrauchen das Guthaben (Vermögensverzehr). Dann setzen Sie beim Einkommen den Betrag ein, den Sie monatlich beziehen werden (wie Sie den Vermögensverzehr in Etappen optimal planen, lesen Sie auf Seite 205).
- **Variante 2:** Sie legen das Geld an und verbrauchen nur die Erträge. Diese kommt natürlich nur bei einem gewissen Vermögensumfang infrage. Setzen Sie dafür einen realistischen Wert in Ihr Budget ein.
- **Variante 3:** Sie rühren das Geld nicht an, sondern investieren es in Anlagen und reinvestieren die Erträge. In diesem Fall setzen Sie in Ihrem Budget nichts ein.

ACHTUNG *Setzen Sie sich keinesfalls unter Zeitdruck und lassen Sie sich nicht zu neuen, langfristigen Engagements, etwa zum Kauf einer Leibrente, verleiten. Lassen Sie das Geld besser für eine Weile auf einem einfachen Bankkonto ruhen – das ist besser als eine unüberlegte Geldanlage mit langjährigen Konsequenzen.*

Die Gelder aus der Säule 3b

Möglicherweise sind Sie zum Zeitpunkt der Pensionierung nicht zum ersten Mal mit Geldzuflüssen aus anderen Quellen als der Erwerbsarbeit konfrontiert. Umso besser für Sie. Auf den Erfahrungen, die Sie sich dadurch in Anlagefragen angeeignet haben, können Sie nun aufbauen. Wie fliessen solche Guthaben in Ihr Budget ein?

- Der einfachste Fall ergibt sich aus einem fixen **Zinsertrag** für eine bereits getätigte Geldanlage. Setzen Sie diesen Betrag, wenn Sie ihn nicht reinvestieren, umgerechnet in einen monatlichen Betrag, in Ihr Budget ein.
- Erträge aus **Aktienanlagen** lassen sich in der Regel schwer abschätzen. Neben den Dividenden, die jährlich zur Auszahlung gelangen, spielen vor allem die Kurssteigerungen eine vermögenswirksame Rolle. Sie sind allerdings unberechenbar: Selbst wenn sich ein Aktienengage-

ment über einen langen Zeitraum ertragreich und zuverlässig entwickelt hat, kann sich dies schon am nächsten Tag ändern. Auf die Erträge Ihrer Aktienanlagen sollten Sie daher nicht angewiesen sein, folglich sollten Sie sie auch nicht ins Budget aufnehmen.

- Relativ sichere und im Voraus berechenbare Einkünfte bringen solche Erträge aus **Liegenschaften,** die Sie nicht selber bewohnen. Setzen Sie diese, nach Abzug aller regelmässig anfallenden Kosten und umgerechnet in einen Monatsbetrag, als Einkommen in Ihr Budget ein.

Vermögensverzehr

Das im Lauf der Erwerbsjahre angesparte (oder geerbte) Vermögen wohldosiert aufbrauchen – das nennt man Vermögensverzehr. In der Regel werden bestimmte Vermögensteile für bestimmte Lebensabschnitte reserviert (siehe Seite 205). So kann beispielsweise die Kapitalauszahlung der Säule 3a dazu dienen, eine vorzeitige Pensionierung zu finanzieren.

Beachten Sie, dass die Bedürfnisse im höheren Alter in der Regel abnehmen. Wer im siebten Lebensjahrzehnt noch ausgedehnte Reisen plant, wird in den folgenden Jahren zurückhaltender werden. Anderseits ist es sinnvoll, für den Fall der Pflegebedürftigkeit Reserven vorzusehen.

Die zentralen Fragen im Zusammenhang mit dem Vermögensverzehr sind: Wie lange lebe ich noch? Und wie viel Ertrag bringt mein Vermögen in der verbleibenden Zeit? Leider – oder zum Glück – lässt sich keine dieser Fragen definitiv beantworten. Immerhin bekannt ist die durchschnittliche Lebenserwartung zum Zeitpunkt der Pensionierung: Sie beträgt für einen 65-jährigen Mann 19,1 Jahre und für eine gleichaltrige Frau 22,6 Jahre (Quelle: BFS, Stand 2016).

Einen Anhaltspunkt geben die Pensionskassen: Sie sind lange davon ausgegangen, dass sie unter Einbezug der Verzinsung des Kapitals jährlich gut sieben Prozent des Vermögens als Rente auszahlen könnten. Dieser Satz wurde allerdings schrittweise nach unten korrigiert (siehe Seite 45). Trotzdem: Wenn Sie von Ihrem Vermögen jährlich rund 6,8 Prozent verbrauchen, können Sie damit rechnen, dass das Geld etwa bis zum 82. Altersjahr reicht. Vielleicht entscheiden Sie sich aber, aus Sicherheitsgründen einen geringeren Prozentsatz zu verwenden. Oder Sie geben nur Teile des Vermögens zum Verzehr frei und zahlen Ihren Kindern den Rest als Erbvorbezug aus. Oder Sie reservieren eine Summe für ein Leben über das Durchschnittsalter hinaus und für allfällige Pflegekosten.

PLANUNG VERMÖGENSVERZEHR:
So viel können Sie jährlich verbrauchen, wenn das Kapital 25 Jahre reichen soll.

	50 000			200 000			500 000		
Jährliche Verzinsung	1%	2%	4%	1%	2%	4%	1%	2%	4%
Jährlicher Betrag	2 250	2 522	3 131	9 001	10 087	12 522	22 503	25 217	31 306

> **TIPP** *Stellen Sie mehrere Rechnungen an und gehen Sie von derjenigen aus, die Ihnen in Ihrer persönlichen Situation am plausibelsten erscheint (drei Beispiele finden Sie im Kasten).*

Vorsicht, Inflation!

Die schleichende Entwertung des Geldes ist eine historische Erfahrungstatsache. Für Ihre Renten bedeutet das, dass Sie heute mehr Kaufmöglichkeiten haben als mit dem gleichen Betrag in 10 oder 20 Jahren. Rechnet man nur schon mit einer durchschnittlichen Jahresteuerung von zwei Prozent, halbiert sich die Kaufkraft der Rente innerhalb von 35 Jahren. Die 1. Säule sieht zwar einen Teuerungsausgleich vor (siehe Seite 34), aber die 2. Säule kennt diese automatische Anpassung nicht, und die Vermögenswerte der 3. Säule sind der Geldentwertung je nach Anlage und Rendite ohnehin ausgeliefert.

Langfristig ist es kaum möglich, ohne Risiko eine Rendite nach Kosten und Steuern zu erzielen, die über der Teuerungsrate liegt. Wer sein Kapital auf dem Konto, in Kassenobligationen, Pfandbriefen und Staatsanleihen in Schweizer Franken anlegt, wird eher verlieren. Wer hingegen bereit ist, teilweise auch in fremde Währungen, Immobilien und Aktien zu investieren, hat langfristig gute Chancen, der Inflation ein Schnippchen zu schlagen.

> **ACHTUNG** *Diese Geldanlagen bedeuten immer auch, dass man mit Kursschwankungen und Verlusten rechnen muss. Deshalb eignen sie sich nur für Investoren mit entsprechendem*

Risikoprofil und einem Anlagehorizont von mindestens zehn Jahren (siehe Seite 87). Und: Eine Garantie für den Erhalt oder die Steigerung des Geldwerts gibt es nicht.

Bei den meisten Menschen nehmen die Bedürfnisse mit zunehmendem Alter ab. Lassen Sie dies in Ihrem langfristigen Budget ausser Acht, ergibt sich ein ungefährer Ausgleich zur schleichenden Geldentwertung. Gehen Sie also davon aus, dass Sie auch in späten Jahren noch den gleichen Betrag für Ihre Bedürfnisse aufwenden müssen. Die meisten Rentner können zudem kaum abschätzen, ob sie später zum Pflegefall werden. Deshalb ist es wenig sinnvoll, entsprechende Kosten bereits ins Budget aufzunehmen.

Ausgaben im Ruhestand

Nicht nur die Einnahmen verändern sich mit der Pensionierung, auch bei den Ausgaben können sich Verschiebungen ergeben. Das betrifft insbesondere die drei grössten Posten im Budget: Wohnen, Steuern sowie Versicherungen und Vorsorge.

Mit einem Umzug werden sich Ihre Wohnkosten ändern. Wenn Sie beispielsweise auf das Alter hin vom Land in die Stadt ziehen möchten, werden Sie selbst dann, wenn Sie sich in Sachen Wohnraum verkleinern, mit einem höheren Aufwand rechnen müssen. Wenn Sie dagegen am selben Ort von einem Haus in eine kleinere Wohnung ziehen, ist das meist kostengünstiger.

Mit dem Wohnortswechsel und dem reduzierten Einkommen wird sich zwar auch die steuerliche Belastung verändern, aber auch die Abzugsmöglichkeiten werden geringer ausfallen. Bei den Versicherungsausgaben fällt zum Beispiel die Prämie für eine auslaufende Lebensversicherung weg (dafür stehen eventuell zusätzliche Einnahmen zur Verfügung). Auch die Einlagen in die Säule 3a entfallen mit der Pensionierung, ebenso die Berufsauslagen.

> **TIPP** *Gehen Sie Ihr gesamtes Budget durch und versuchen Sie Klarheit darüber zu erlangen, welche Posten sich ändern werden. Berücksichtigen Sie diese Überlegungen beim Budgetentwurf für die Zeit nach der Pensionierung.*

Ausgeglichenes Budget oder Fehlbetrag?

Sie haben alle Eventualitäten durchgerechnet, Ihr provisorisches Budget für die Zeit nach der Pensionierung erstellt und mit Freuden festgestellt, dass Ihre Einnahmen die Ausgaben künftig übersteigen werden? Dann ist Ihr Fall hier schnell abgehandelt: Sie brauchen keine weiteren Massnahmen zu ergreifen.

Resultiert jedoch ein Defizit, gilt es, nochmals über die Bücher zu gehen. Überprüfen Sie zuerst alle Budgetposten, vielleicht hat sich ja nur ein Schreib- oder Rechenfehler eingeschlichen. Wenn nicht, stellt sich die nächste Frage: Verfügen Sie über ein grösseres Kapital, beispielsweise Erspartes, eine Kapitalauszahlung aus Vorsorge oder Versicherungen, vielleicht sogar eine Erbschaft? Deren Erträge und bei Bedarf einen Betrag zum jährlichen Verzehr können Sie auf die Einnahmenseite Ihres Budgets setzen (mehr zum Thema Vermögensverzehr auf Seite 143 und 204).

Resultiert unter dem Strich immer noch ein Fehlbetrag? Im Folgenden ein Überblick über die verschiedenen zur Verfügung stehenden Möglichkeiten:

Je nachdem, wie lange Sie noch im Erwerbsleben stehen, können letzte Sparanstrengungen durchaus eine Verbesserung bringen. Und so rechnen Sie aus, wie viel Geld Sie sparen müssten, um die Lücke in Ihrem Budget zu schliessen:

- Schritt 1: Rechnen Sie die budgetierte monatliche Lücke auf ein Jahr hoch.
- Schritt 2: Treffen Sie, ausgehend von der durchschnittlichen Lebenserwartung (siehe Seite 143) und von Ihrer gesundheitlichen Situation, eine Annahme, wie viele Jahre Sie nach der Pensionierung noch leben werden.
- Schritt 3: Schätzen Sie, wie viel Zins Ihr Geld tragen wird.
- Schritt 4: Lesen Sie nun in der nebenstehenden Kalkulationstabelle den Faktor ab, mit dem Sie den in Schritt 1 errechneten Jahresbetrag multiplizieren müssen.

KALKULATION SPARBETRAG

Restliche Lebensdauer	Verzinsung des Kapitals 1%	2%	4%
5 Jahre	4,9	4,8	4,62
10 Jahre	9,56	9,15	8,38
15 Jahre	13,99	13,07	11,45
20 Jahre	18,21	16,62	13,94
25 Jahre	22,22	19,83	15,97
30 Jahre	26,03	22,73	17,62

Lesebeispiel (ausgehend von einem Fehlbetrag von monatlich 500 Franken bzw. jährlich 6000 Franken): Sie rechnen damit, nach der Pensionierung noch 20 Jahre zu leben und auf Ihrem Geld einen Ertrag von zwei Prozent zu erwirtschaften. Also multiplizieren Sie die 6000 Franken mit dem Faktor 16,62, was einen Betrag von 99 720 Franken ergibt. So viel müssen Sie bis zu Ihrer Pensionierung auf die Seite legen.

Wo lässt sich sparen?

Wenn Sie – aus zeitlichen oder finanziellen Gründen – Ihre dereinstigen Einnahmen nicht mit zusätzlichen Sparanstrengungen aufbessern können, heisst die Alternative: die Ausgaben zurückfahren. Die aussichtsreichsten Posten dafür sind Wohnen, Steuern, Versicherungskosten, Auto und Ernährung:

- **Wohnen:** Wenn Sie zur Miete wohnen, haben Sie die Möglichkeit, mit einem Umzug in eine kleinere Wohnung Kosten zu sparen. Die Steuerfolgen eines Umzugs können sich ebenfalls entlastend auf das Budget auswirken. Das Gleiche gilt für Eigenheimbesitzer (Überlegungen zum Thema Umzug in eine altersgerechte(re) Bleibe finden Sie auf Seite 111 und 120).
- **Steuern:** Mit steuergünstigen Anlageformen lässt sich einiges erreichen. Planung ist hier besonders wichtig: Kapitalien aus der 2. Säule und der Säule 3a sollten Sie sich gestaffelt auszahlen lassen, damit die Progression gebrochen wird. Auch ein aufgeschobener AHV-Bezug kann die Steuern senken (mehr zum Thema Steuern ab Seite 161).

- **Versicherungen:** Schweizerinnen und Schweizer sind Versicherungsweltmeister. Nehmen Sie Ihr Dossier unter die Lupe und prüfen Sie, ob es überhaupt Ihren Bedürfnissen entspricht. Gehen Sie dabei folgenden Fragen nach:
  - Entspricht Ihr Versicherungsschutz Ihrer Lebenslage, oder haben Sie Risiken versichert, die in Ihrer Situation gar nicht relevant sind? Alleinstehende etwa benötigen ohne Unterstützungspflicht kaum eine Todesfallversicherung.
  - Können Sie durch eine Verhaltensänderung oder durch andere Massnahmen gewisse Risiken einschränken oder gar vermeiden?
  - Haben Sie Kleinstrisiken versichert, die Sie im Falle eines Falles auch aus dem eigenen Sack berappen könnten?
  - Prüfen Sie Selbstbehalte und Wartefristen. Gibt es hier Prämiensparpotenzial?
  - Sind allenfalls bei der Krankenkassenprämie Einsparungen möglich? Prüfen Sie den Wechsel der Grundversicherung zu einem günstigeren Anbieter, wählen Sie ein alternatives Versicherungsmodell oder überlegen Sie, ob Sie auf bestehende Zusatzversicherung verzichten können.

> **TIPP** *Versicherungen sind eine komplexe Angelegenheit; Policen verschiedener Anbieter zu vergleichen, ist oft schwierig. Wenn Sie sich nicht selber durch das Dossier kämpfen und Offerten einholen möchten, empfiehlt es sich, einen unabhängigen Versicherungsberater zu konsultieren.*

- **Ernährung:** Planen Sie Ihre Einkäufe – dadurch lassen sich unnötige Spontanausgaben vermeiden. Restaurantbesuche gehen arg ins Geld. Legen Sie fest, wie oft pro Monat ein Essen auswärts drinliegt, und halten Sie sich an die Vorgaben. Kochen Sie stattdessen gemeinsam mit Ihrem Partner, Ihrer Partnerin ab und zu ein mehrgängiges Menü. Auf diese Weise unternehmen Sie etwas zusammen, und gleichzeitig können Sie einander verwöhnen. Und das zu einem deutlich günstigeren Preis als im Restaurant.
- **Auto:** Autos sind Kostentreiber ohnegleichen: Ein Mittelklassewagen schlägt monatlich mit 700 bis 1000 Franken zu Buche, wenn man Amortisation, Versicherungen und technischen Unterhalt seriös einrechnet. Allerdings darf die Mobilität auch etwas wert sein – gerade im

Ruhestand. Prüfen Sie: Ist ein kleinerer Wagen ein Thema? Käme Carsharing infrage? Oder gar ein Umstieg auf den öffentlichen Verkehr – eventuell mit einem Generalabonnement?

 TIPP *Vielleicht gibt es in Ihrem Budget auch wenig schmerzhafte Sparmöglichkeiten, die Sie auf den ersten Blick gar nicht entdecken. Gönnen Sie sich eine Budgetberatung (Adressen in Ihrer Nähe unter www.budgetberatung.ch und www.schulden.ch).*

Wenn es trotzdem nicht reicht

Armut in der reichen Schweiz? Das gibt es. Zwar geht es vielen Senioren materiell gut, doch nicht alle kommen über die Runden. Bezügerinnen und Bezüger von AHV- und IV-Renten haben in diesem Fall Anspruch auf staatliche Ergänzungsleistungen. Fast ein Drittel der Berechtigten machen von den ihnen zustehenden Leistungen allerdings keinen Gebrauch, viele aus einem ungerechtfertigten Schamgefühl heraus. Ergänzungsleistungen sind aber weder Almosen noch Fürsorgegelder – wenn Sie die Voraussetzungen erfüllen, haben Sie ein Recht darauf. Lesen Sie mehr dazu auf Seite 37.

Frühpensionierung

Die Anforderungen an Erwerbstätige sind in den letzten Jahrzehnten stetig gestiegen. Nicht wenige fühlen sich schon vor dem AHV-Alter ausgelaugt und denken über einen vorzeitigen Ruhestand nach.

Der Wunsch, frühzeitig in Pension zu gehen, steht in krassem Gegensatz zur erhöhten Lebenserwartung. Bürgerliche Politiker fordern deshalb, das AHV-Alter generell auf 67 Jahre zu erhöhen. Das stösst bei vielen Schweizerinnen und Schweizern wie auch bei linken Politikern und Gewerkschaften auf Widerstand. Der Ruf nach einem flexiblen Rentenalter wird immer lauter, dabei sollen die Rentenkürzungen gerade bei tiefen Einkommen möglichst gering gehalten werden.

Heute muss man sich den vorzeitigen Ruhestand teuer erkaufen – und wahrscheinlich wird das in Zukunft nicht anders sein. Für Arbeitnehmerinnen und Arbeitnehmer mit tiefen bis mittleren Einkommen ist Frühpensionierung deshalb kaum möglich, es sei denn, sie können auf ein grösseres Vermögen, beispielsweise auf eine Erbschaft, zurückgreifen.

Erwerbstätige mit höherem Einkommen hingegen können oft genügend Kapital ansparen, um früher in den Ruhestand zu treten. Einige Firmen sehen für alle Angestellten ein tieferes Pensionsalter vor und zahlen entweder eine Überbrückungsrente oder speisen die Pensionskasse mit höheren Beiträgen, um die Frühpensionierung finanziell zu ermöglichen.

Die Regeln bei AHV und Pensionskasse

Die **AHV** bietet gewisse Möglichkeiten, das Rentenalter flexibel zu gestalten. Sie können Ihre Rente bereits ein oder zwei ganze Jahre vor dem ordentlichen Rentenalter beziehen, allerdings nicht ohne Einbusse. Denn die Konsequenz des Vorbezugs ist eine lebenslange Rentenkürzung:

- Vorbezug 1 Jahr vor ordentlichem Rentenalter:
  6,8 Prozent Kürzung
- Vorbezug 2 Jahre vor ordentlichem Rentenalter:
  13,6 Prozent Kürzung

MARIA F., JAHRGANG 1955, wird 2018 pensioniert und möchte den Bezug der AHV-Rente um ein Jahr vorbeziehen. Würde sie ordentlich pensioniert, könnte sie gemäss ihren Beitragsjahren und dem durchschnittlichen Jahreseinkommen mit einer Altersrente von 1880 Franken rechnen. Diese Rente wird um 6,8 Prozent gekürzt und beträgt lebenslang 1752 Franken.

Wer bei einer Frühpensionierung auf den Vorbezug der AHV-Rente angewiesen ist, hat keine Wahl. Wer aber den Lebensunterhalt mit eigenen Mitteln oder einer Übergangsrente finanzieren kann, sollte sich den vorzeitigen Rentenbezug gut überlegen. Finanziell «lohnen» wird sich ein Vorbezug nur bei einer nicht allzu hohen Lebenserwartung. Wer bei einer gekürzten Rente noch länger als 15 Jahre lebt, erhält am Ende weniger aus dem AHV-Topf.

AUCH RALPH W., EBENFALLS JAHRGANG 1955, geht 2018 in den Ruhestand. Er hat sich entschlossen, die AHV-Rente schon zwei Jahre vor dem ordentlichen Termin zu beziehen. Mit 65 könnte er mit einer Rente von 2200 Franken rechnen. Diese wird um 13,6 Prozent gekürzt und beträgt nun bloss 1900 Franken.

Wenn Sie die AHV-Rente vorbeziehen, bleiben Sie trotzdem bis zum ordentlichen AHV-Alter beitragspflichtig; es gibt keinen Einkommensfreibetrag wie bei Erwerbstätigen, die bereits im Rentenalter stehen. Die noch geleisteten Beiträge haben jedoch keinen Einfluss mehr auf die Rentenhöhe.

Bei der **2. Säule** schreibt das Gesetz keine bestimmten Regelungen für die vorzeitige Pensionierung vor. Die Reglemente der Pensionskassen können jedoch die Möglichkeit vorsehen, schon vor dem ordentlichen Pensionsalter Leistungen zu beziehen. Weil der Rentenbezug früher beginnt und die Leistungen deshalb insgesamt länger gezahlt werden, wird der Umwandlungssatz für die Rentenberechnung entsprechend gekürzt. Ausserdem fehlen die Beiträge infolge der nicht mehr geleisteten Arbeitsjahre. Da sich zum Zeitpunkt des Vorbezugs bereits ein ansehnlicher Betrag angesammelt hat, ist auch der in der Vorbezugszeit entfallende Zinseszins nicht zu unterschätzen. Die monatliche Zahlung fällt also deutlich tiefer aus als bei der normalen Pensionierung (Grössenordnung: sieben Prozent pro Vorbezugsjahr).

INFO *Viele Kassen weisen auf dem Vorsorgeausweis der Versicherten bereits die mutmasslichen Leistungen bei einer vorzeitigen Pensionierung aus. Falls diese Angaben fehlen, können Sie sich das Alterskapital und die zu erwartende Rente von Ihrer Pensionskasse auf den gewünschten Zeitpunkt hin berechnen lassen.*

Die Finanzierung der Frühpension

Je früher der Rückzug aus dem Erwerbsleben, desto teurer wirds. Die finanziellen Einbussen infolge Frühpensionierung setzen sich aus mehreren Faktoren zusammen:
- Einkommensausfall: Der monatliche Lohn fällt weg.

- Bei Vorbezug der Renten: AHV- und Pensionskassenrente werden reduziert.
- Weniger Beitragsjahre: Auch dadurch fällt die Rente tiefer aus. Dasselbe gilt für das Pensionskassenguthaben, wenn Sie es sich als Kapital auszahlen lassen.

ROLF UND MAYA L., BEIDE 50 JAHRE ALT, planen ihre Frühpensionierung. Rolf L. verdient jährlich netto 90 000 Franken (BVG-versichert: 80 000 Franken), seine Frau 60 000 Franken (BVG-versichert: 50 000 Franken). Die beiden beabsichtigen, die Früh-

FRÜHPENSIONIERUNG: BERECHNUNGSBEISPIEL 1

	Betrag in Franken				
	heute	mit 62	mit 63	mit 64	mit 65 und später
Einkünfte					
Salär Ehemann	90 000	0	0	0	0
Salär Ehefrau	60 000	0	0	0	0
AHV-Rente Ehemann	0	0	0	0	23 400
AHV-Rente Ehefrau*	0	0	0	21 012	18 900
PK-Rente Ehemann	0	33 710	33 710	33 710	33 710
PK-Rente Ehefrau	0	14 300	14 300	14 300	14 300
Total Einkünfte	150 000	48 010	48 010	69 022	90 310
Ausgaben gemäss Budget	120 000	100 000	100 000	100 000	100 000
Überschuss / Manko	30 000	− 51 990	− 51 990	− 30 978	− 9 690
Kosten Frühpensionierung					
Manko bis Alter 65	− 134 958				
Manko ab Alter 65**	− 193 800				
Total Kosten	− 328 758				
Sparpotenzial in 12 Jahren	360 000				
Saldo Frühpensionierung	31 242				

*Ab Rentenbezug Mann: Splitting und Plafonierung
**Lebenserwartung 20 Jahre

pensionierung mit der BVG-Rente und ihrem Erspartem zu überbrücken und die AHV-Altersrente erst im ordentlichen Rentenalter zu beziehen. Das Berechnungsbeispiel 1 zeigt: Gehen Rolf und Maya L. mit 62 in Rente, kostet sie das voraussichtlich rund 329 000 Franken. Das kann das Ehepaar gut finanzieren – vorausgesetzt, beide verdienen weiterhin gleich viel und legen den Überschuss konsequent auf die Seite.

AUCH NICHOLAS UND SUSANNE H. sind 50-jährig. Sie möchten beide mit 64 in Pension gehen. Herr H. wird seine AHV-Rente ein Jahr vor der regulären Pensionierung beziehen. Da seine Frau von der Pensionskasse nur wenig zu erwarten hat, wird sie sich das Kapital auszahlen lassen. Die Rechnung (siehe Berechnungsbeispiel 2) zeigt: Das Ehe-

FRÜHPENSIONIERUNG: BERECHNUNGSBEISPIEL 2

	Betrag in Franken		
	heute	mit 64	mit 65 und später
Einkünfte			
Salär Ehemann	62 400	0	0
Salär Ehefrau	24 000	0	0
AHV-Rente Ehemann	0	21 417	21 417
AHV-Rente Ehefrau	0	16 524	16 524
PK-Rente Ehemann	0	17 440	17 440
Total Einkünfte	86 400	55 381	55 381
Ausgaben gemäss Budget	72 000	66 000	66 000
Überschuss / Manko	14 400	– 10 619	– 10 619
Kosten Frühpensionierung			
Manko bis Alter 65	– 10 619		
Manko ab Alter 65*	– 212 380		
Total Kosten	– 222 999		
Sparpotenzial in 14 Jahren	201 600		
PK-Kapital Ehefrau	20 000		
Saldo Frühpensionierung	– 1 399		

* Lebenserwartung 20 Jahre

paar H. muss mit einem Manko von rund 10 600 Franken pro Jahr rechnen. Um dieses kompensieren zu können, sparen Nicolas und Susanne H. während der nächsten 14 Jahre konsequent einen Budgetüberschuss an; zusätzlich steht ihnen Sandras Pensionskassenkapital zur Verfügung.

TIPP *Machen Sie die Rechnung und stellen Sie Ihre Einnahmen (AHV- und BVG-Renten) den mutmasslichen Ausgaben gemäss Budget gegenüber (eine Vorlage für Ihre Berechnungen finden Sie unter www.beobachter.ch/download). Zählen Sie die Ausgabenüberschüsse zusammen: Nun kennen Sie die Kosten eines vorzeitigen Altersrücktritts. Und die sollten sich mit dem Ersparten decken.*

Lücken stopfen

Je früher Sie eine Berechnung anstellen, desto mehr Zeit haben Sie, die Lücken zu stopfen. Wenn Sie keine Aussicht auf eine hohe Erbschaft haben oder keinen Lottosechser erzielen, müssen Sie das Kapital wohl oder übel sparen (welche Möglichkeiten Sie haben und wie Sie am besten vorgehen, lesen Sie in Kapitel 4 ab Seite 71).

Überbrückung ohne Rentenvorbezug

Ein Vorbezug bringt sowohl bei der AHV- als auch bei der Pensionskassenrente eine Kürzung mit sich. Verfügen Sie über genügend Kapital, wäre es eine Überlegung wert, die AHV-Rente trotz Frühpensionierung erst ab dem ordentlichen AHV-Alter zu beziehen. Dann erhalten Sie lebenslang eine ungekürzte Rente.

Das nötige Kapital können Sie gezielt ansparen. Planen Sie die Auszahlungen aus der Säule 3a so, dass sie gestaffelt während der Frühpensionierungsphase anfallen. Mit diesem Geld können Sie den Einkommensausfall ganz oder teilweise kompensieren. Auch die übrigen Vermögenswerte sollten Sie in die Rechnung einbeziehen.

ACHTUNG *Sie müssen in jedem Fall weiterhin Beiträge an die AHV leisten, bis Sie das gesetzliche AHV-Rentenalter erreicht haben.*

Bei der 2. Säule hängen die Möglichkeiten vom Reglement Ihrer Pensionskasse ab. Bei den wenigsten Kassen haben Sie die Möglichkeit, die Rente erst zu einem späteren Zeitpunkt nach Aufgabe der Erwerbstätigkeit zu beziehen. Meist müssen Sie sich entscheiden, ob Sie zum Zeitpunkt der Frühpensionierung eine gekürzte Rente oder das Kapital beziehen wollen.

INFO *Wenn Sie bereits mehrere Jahre im Voraus wissen, dass Sie sich frühpensionieren lassen werden, können Sie je nach Reglement höhere Beiträge in die Pensionskasse einzahlen, um den vorzeitigen Rentenbezug zu finanzieren. Damit sparen Sie gleichzeitig Steuern, da die Beträge abzugsfähig sind.*

Überbrückungsrenten und Abfindungen
Wenn Ihr Arbeitgeber respektive Ihre Pensionskasse bei der Finanzierung der Frühpension mit einer Überbrückungsrente hilft – umso besser. Das könnte ein gewichtiges Argument auf der Pro-Seite sein. Häufig ist es aber so, dass die Überbrückungszahlung aus Ihrem Alterskapital stammt und die spätere Altersrente deshalb tiefer ausfällt.

Was aber, wenn Sie unfreiwillig in Pension geschickt werden und Ihren Arbeitsplatz gezwungenermassen räumen? Dann gibt es in der Regel im Rahmen eines Sozialplans Abgangsentschädigungen oder Überbrückungsrenten, die der Arbeitgeber finanziert.

ACHTUNG *Geraten Sie nicht in Versuchung, eine Überbrückungsrente aus Ihrem Pensionskassenguthaben selber zu finanzieren. Denn damit schmälern Sie Ihren rechtmässigen Anspruch auf Arbeitslosengelder (siehe Seite 196)!*

Achtung: Steuern
Kassieren Sie eine Abfindung, bevor Sie 55 Jahre alt sind, anerkennen der Bund und viele Kantone deren Vorsorgecharakter nicht an. Das hat böse steuerliche Folgen: Die Summe wird zum regulären Einkommen addiert – teilweise unter Berücksichtigung der Anzahl Jahre, für die die Ersatzleistung gewährt wird. Das kann Sie im ungünstigsten Fall wegen der Progression ein Drittel bis fast die Hälfte der Abfindung kosten.

WENN FRÜHPENSIONIERTE WIEDER ARBEITEN

Sie haben den Sprung in die Frührente geschafft – und auf einmal viel zu viel Zeit? Wenn Sie in der glücklichen Lage sind, sich einen neuen Job angeln zu können, gelten für Sie ein paar Sonderbedingungen:
- Wenn Ihre AHV-Beiträge (inklusive Arbeitgeberanteil) auf dem neuen Einkommen den Betrag von 480 Franken (960 Franken für Ehepaare) übersteigen, brauchen Sie keine Beiträge als Nichterwerbstätiger mehr zu zahlen.
- Wenn Sie mehr verdienen als 21 150 Franken (Stand 2018), unterstehen Sie erneut dem BVG-Obligatorium, aber nur bis zum ordentlichen Rentenalter. Das heisst, dass Sie Beiträge an die Pensionskasse Ihres neuen Arbeitgebers entrichten müssen – auch wenn Sie von Ihrer alten Kasse bereits eine Rente beziehen. Sie brauchen sich aber nicht in die neue Kasse einzukaufen. Später erhalten Sie von dieser Kasse eine bescheidene Rente, oder Sie können sich, je nach Reglement, das ganze Kapital auszahlen lassen.

TIPP *Erkundigen Sie sich rechtzeitig bei der Steuerbehörde, wie Ihre Abfindung besteuert wird. Fragen Sie bei der Pensionskasse Ihres (ehemaligen) Arbeitgebers nach, ob Sie die Summe noch vor dem Austritt aus der Firma als Einkauf einbringen können. Damit erwischen Sie zwei Fliegen auf einen Schlag: Der Einkauf lässt sich steuerlich voll absetzen, und Ihr Alterskapital wächst sprunghaft an.*

Pensionierung – mit einem Finanzplan nach Mass

Die Vorbereitung auf die Frühpensionierung ist eine aufwendige Angelegenheit. Wer sie in Betracht zieht – oder wer über die Möglichkeit eines Bezugs des Pensionskassenkapitals nachdenkt –, dem ist eine professionelle Pensionierungsplanung durch eine Fachperson zu empfehlen.

Eine detaillierte Finanzplanung lässt sich ab 50 ausarbeiten. Das ist auch der richtige Zeitpunkt, um wichtige Weichen für die finanzielle Zukunft zu stellen. Ein bis fünf Jahre vor der Pensionierung ist der späteste Zeitpunkt für eine solch umfassende Planung.

ACHTUNG *Bedenken Sie, dass Sie den Entscheid für eine Auszahlung des Kapitals bei vielen Pensionskassen spätestens drei Jahre im Voraus anmelden müssen.*

Bei der Pensionierungsplanung durch eine Fachperson erfahren Sie, ob ein frühzeitiger Ruhestand finanziell überhaupt möglich ist, wie viel Sie bis dahin noch ansparen müssen und wie Sie das am besten tun. Weiter wird abgeklärt, wie Sie Ihr Vermögen – allenfalls inklusive Pensionskassenkapital – aufgeteilt und für den Lebensunterhalt verbrauchen sollten.

Ein solcher Finanzplan ist eine Momentaufnahme mit einer Projektion in die Zukunft. Da sich die Grundlagen schnell ändern können, ist eine regelmässige Überprüfung und Ergänzung nötig. Haben Sie sich schon für die Rente entschieden, ist diese teure Pensionierungsplanung nicht nötig. Dann reicht eine Aufstellung von Einnahmen und Ausgaben. Daraus leiten Sie den allfälligen Finanzbedarf und die Sparbeiträge ab (siehe Beispiele auf Seite 152 und 153).

Welche Ziele haben Sie sich gesetzt?
Nicht nur die Überbrückung bei einer Frühpensionierung oder die Deckung eines Ausgabenüberhangs sollte geplant werden – denken Sie auch an grössere Vorhaben im Ruhestand. Träumen Sie von einer Weltreise, brauchen Sie ein neues Auto, wollen Sie sich eine Ferienwohnung kaufen oder Ihren Kindern einen Erbvorbezug gewähren? Diese Ziele und Vorhaben müssen Sie in den Finanzplan mit einbeziehen.

Gute Berater finden
Die aufwendige Finanzplanung ist teuer, deshalb sollten Sie die Preise und die Leistungen, die Sie dafür erhalten, gründlich vergleichen. Die Konditionen sind von Berater zu Berater recht unterschiedlich und oft auch verhandelbar.

TIPP *Holen Sie vor der Pensionierungsplanung mehrere Offerten ein; zahlreiche Anbieter buhlen um Kunden. Fragen Sie zuerst Ihre Hausbank oder Ihren Versicherungsberater. Zur Auswahl stehen zudem unabhängige Finanzplaner (Adressen auf der Website des FinanzPlaner Verbands Schweiz, www.myfinancepro.ch) oder weitere spezialisierte Firmen.*

Wichtig ist, dass Sie die Berater – egal, ob angestellt oder selbständig – nach ihrer Ausbildung und Erfahrung mit Pensionierungsplanung fragen. Zudem sollten Sie in Erfahrung bringen, ob ein unabhängiger Berater

Zusammenarbeitsverträge mit grossen Instituten abgeschlossen hat oder ob er wirklich neutral ist. Auch dies sind, nebst dem Preis, wichtige Kriterien für Ihre Wahl.

Haben Sie zu einem Berater Vertrauen gefasst, ist die Voraussetzung für eine Zusammenarbeit schon mal gut. Denn Sie müssen alle finanziellen Aspekte offenlegen – ohne Vertrauen geht das nicht. Dabei sollten Sie auch auf Ihr Bauchgefühl achten: Wenn Sie Zweifel haben, suchen Sie besser weiter. Vielleicht berichten Ihnen Verwandte oder Bekannte von guten Erfahrungen mit einer Beratungsperson.

Wie wird das Kapital angelegt?
Da Sie für den Finanzplan zahlen, sollte er möglichst neutral abgefasst sein und keine Produktempfehlungen für Anlagen enthalten. Bei der Umsetzung des Plans sind Sie nicht an den Ersteller gebunden. Sie können von Banken oder Vermögensverwaltern Offerten einholen und dann den Finanzplan beim Finanzinstitut Ihrer Wahl umsetzen. Wollen Sie sich nicht selbst um die Anlagen kümmern, sollten Sie eine Vermögensverwaltung in Betracht ziehen. Haben Sie hingegen Zeit und Musse, sich selbst mit der Investition Ihres Kapitals zu befassen, reicht eine Anlageberatung. Dann treffen Sie die Anlageentscheide gemeinsam mit Ihrem Berater und sind auch bei späteren Änderungen immer direkt involviert.

ACHTUNG Verlangen oder erstellen Sie bei Anlagegesprächen immer ein Gesprächsprotokoll. Viele Anleger, die während der Finanzkrise massive Verluste erlitten haben, sind der Ansicht, sie seien bezüglich der Anlagen falsch beraten worden. Bloss: Wie soll man dies beweisen, wenn es nicht schriftlich dokumentiert wurde? So mancher wäre heute froh, hätte er vom damaligen Beratungsgespräch ein Protokoll verlangt. Allfällige rudimentäre interne Notizen des Bankberaters dürften dem Anleger bei einer Auseinandersetzung kaum nützen. Umso wichtiger ist es, auf ein detailliertes Protokoll vom Beratungsgespräch zurückgreifen zu können.

Steueroptimiert vorsorgen

Es ist ganz einfach: Was Sie an Steuern sparen, können Sie bei Ihrem Vermögen dazulegen. Der Staat fördert die Vorsorge durch die drei Säulen in Form von Steuervergünstigungen. Auch der Vermögensaufbau und der Bezug der Vorsorgegelder lassen sich steuerschonend angehen. In diesem Kapitel erfahren Sie, wie.

Wenig Spielraum bei der 1. Säule

Auch wenn die Möglichkeiten zur Steueroptimierung im Rahmen der 1. Säule begrenzt sind – ein gewisses Sparpotenzial birgt zumindest die Abzugsfähigkeit des AHV-Beitrags.

Die 1. Säule versichert mit wenigen Ausnahmen alle, die in der Schweiz wohnen oder berufstätig sind. Nicht nur Arbeitnehmende und Selbständigerwerbende, sondern auch Nichterwerbstätige sind beitragspflichtig (mehr dazu in Kapitel 2, Seite 25).

Die Möglichkeiten zur Steueroptimierung sind hier nur gering, da die Beiträge im Umlageverfahren zur Finanzierung der laufenden Renten verwendet werden und nicht wie bei der Pensionskasse ein Vorsorgekapital pro Beitragszahler bilden. Dennoch gibt es Sparpotenzial.

AHV und Steuerprogression

Im Schweizer Steuersystem kommen progressiv wirkende Steuersätze zur Anwendung: Personen mit höherem Einkommen und Vermögen werden entsprechend der wirtschaftlichen Leistungsfähigkeit stärker belastet. Oft beachten Steuerzahler nur den absoluten Steuersatz, nicht aber die Konsequenzen, die sich aus dessen Veränderung ergeben. Dabei können relativ kleine Veränderungen im Einkommen grosse Auswirkungen haben, wenn sie zu einer höheren – oder eben tieferen – Progressionsstufe führen.

FRITZ UND SONJA M. SIND VERHEIRATET und leben in Rheinfelden AG. Sie verfügen über ein steuerbares Einkommen von 80 000 Franken. Die Steuerbelastung beträgt für Kanton und Gemeinde 7055.80 Franken, die Bundessteuer 1071 Franken. Das Steuertotal von 8126.80 Franken entspricht somit rund 10,16 Prozent des steuerbaren Einkommens. Reduziert sich nun das steuerbare Einkommen um 1000 Franken, sinkt die Steuerbelastung auf total 7919.60 Franken oder um 207,20 Franken. Das sind nicht 10,16 Prozent, sondern

> **STICHWORT GRENZSTEUERSATZ**
>
> Grenzsteuersatz, Steuerprogression oder Marginalsatz sind drei unterschiedliche Begriffe für denselben Sachverhalt: Sie bezeichnen die Veränderung der Steuerbelastung im Verhältnis zur Einkommensveränderung.
>
> Den für Sie geltenden Grenzsteuersatz finden Sie mit dem Onlinesteuerrechner Ihrer Hausbank heraus: Geben Sie die Zahlen der letzten Steuererklärung ein und lassen Sie die Steuerbelastung berechnen. Der Betrag sollte in etwa mit dem auf Ihrer Steuerrechnung übereinstimmen. Einige Rechner weisen dann den Grenzsteuersatz automatisch aus. Wenn nicht, lassen Sie ein zweites Mal rechnen, diesmal mit einem um 100 Franken höheren steuerbaren Einkommen. Die Differenz in Franken ist gleichzeitig auch Ihr Grenzsteuersatz in Prozent: Sind die Steuern um 25 Franken höher, beträgt Ihr Grenzsteuersatz 25 Prozent. ∎

20,72 Prozent der Einkommensdifferenz – so viel beträgt der für das Ehepaar geltende Grenzsteuersatz (auch Steuerprogression genannt). Dieser Effekt entsteht dadurch, dass bei einer Einkommensveränderung immer das gesamte Einkommen von der Steuersatzveränderung betroffen ist – ob es sich nun um eine Erhöhung oder um eine Reduktion handelt.

Wenn es ums Steuersparen geht, ist also Ihr Grenzsteuersatz von zentraler Bedeutung. Kennen Sie diesen Wert nicht, sollten Sie ihn berechnen. Die Frage lautet: Wie viel mehr betragen die Steuern, wenn Sie 1000 Franken mehr Einkommen haben? Die relevanten Tarife finden sich in der Wegleitung zur Steuererklärung oder beim Steueramt respektive auf dessen Internetseite. Ihren Grenzsteuersatz sollten Sie bei künftigen Vorsorge- und Anlageentscheiden berücksichtigen. Auch gilt es zu bedenken, dass die Grenzsteuerbelastung sich bei Einkommensveränderungen sprunghaft verändern und bis zu 45 Prozent betragen kann!

AHV-Beiträge nach der Frühpensionierung

Sind Sie nicht erwerbstätig, sollten Sie Ihrer Beitragspflicht jährlich nachkommen – damit vermeiden Sie Lücken (siehe Seite 30). Ein zusätzliches Plus: Die Beiträge lassen sich vom steuerbaren Einkommen abziehen, was Ihre Steuerprogression positiv beeinflusst. Sie sollten also keinesfalls vergessen, diese Beiträge in der nächsten Steuererklärung zum Abzug zu bringen!

> **TIPP** *Vermeiden Sie bei einer vorzeitigen Pensionierung nach Möglichkeit den frühen Bezug von Freizügigkeits- oder Säule-3a-Guthaben. Sie erhöhen sowohl das steuerbare Vermögen und dessen Ertrag wie auch die Beiträge an die AHV.*

Steuern sparen mit der 2. Säule

Obwohl das Pensionskassenguthaben für viele den grössten Vermögensbestandteil darstellt, beziehen sie die 2. Säule selten in ihre persönliche Vermögensübersicht mit ein. Damit vergeben sie sich Chancen – Stichwort Einkauf in die Pensionskasse.

Der jährlich zugestellte Vorsorgeausweis gibt Auskunft über die Rentenarten und das per Stichtag vorhandene Altersguthaben. Häufig ist darauf auch vermerkt, ob das maximale Alterskapital bereits angespart ist oder ob Einkaufsmöglichkeiten bestehen. Ist dies nicht der Fall, schafft eine Nachfrage bei der Pensionskasse Klarheit.

Bei der Pensionierung hängen die steuerlichen Auswirkungen dann massgeblich davon ab, ob man sich für die Rente, das Kapital oder eine Mischform entscheidet.

Einkauf in die Pensionskasse

Die laufenden Beiträge an die Pensionskasse werden bereits auf dem Lohnausweis als Abzug vom Bruttoeinkommen ausgewiesen, wodurch sich das steuerbare Einkommen reduziert. Zusätzliche Einkäufe zur Deckung vorhandener Vorsorgelücken können Sie unter Beachtung der steuerrechtlichen Vorschriften ebenfalls vom steuerbaren Einkommen abziehen (mehr zum Thema Einkauf in die Pensionskasse auf Seite 54).

Da die steuerliche Begünstigung der 2. Säule wiederholt zu Missbrauch führte, ist die Gesetzgebung mit der ersten BVG-Revision verschärft worden. Heute gilt:

- Hat man Pensionskassenguthaben für Wohneigentum vorbezogen, sind steuerlich relevante Einkäufe erst wieder möglich, wenn man die Vorbezüge vollständig zurückgezahlt hat.
- Einkäufe innerhalb der letzten drei Jahre vor der Pensionierung lassen sich nicht von den Steuern absetzen, wenn man anschliessend das Pensionskassenguthaben als Kapital bezieht. Wird die Altersleistung als Rente bezogen, sind auch die Einkäufe in den letzten drei Jahren steuerlich abzugsfähig. Der Grund: Pensionskassenrenten sind voll einkommenssteuerpflichtig, während die Kapitalauszahlung einmalig zu einem reduzierten Satz besteuert wird.

ADRIAN UND MARIANNE Z., beide 50-jährig, wohnen in der Stadt Basel. Sie haben 50 000 Franken angespart. Diesen Betrag können sie bis zur geplanten Pensionierung in zehn Jahren entbehren. Ihr Wunsch: Das Guthaben soll bei einem möglichst geringen Risiko eine höhere Rendite abwerfen. Zudem möchten sie die Steuerprogression brechen, die in Basel-Stadt bei ihrem Einkommen in Höhe von 100 000 Franken rund 27,3 Prozent beträgt. Das Ehepaar informiert sich bei der Pensionskasse. Mit einem einmaligen Einkauf würde sich das Einkommen im Einkaufsjahr um 50 000 Franken reduzieren, die Steuerrechnung würde um 12 560 Franken sinken. Als noch cleverer erweist sich ein Einkauf verteilt auf fünf jährliche Tranchen zu jeweils 10 000 Franken: Dann beträgt die Steuereinsparung sogar 13 215 Franken.

Wenn Sie Ihr Pensionskassenguthaben bei der Pensionierung nicht als Kapital beziehen, erhöht ein Einkauf Ihre zukünftige Rente. Das bedeutet aber auch höhere Steuern – und Auswirkungen auf den Grenzsteuersatz. Die beim Einkauf erzielte Steuerreduktion stellt also in diesem Fall lediglich einen Steueraufschub dar.

TIPP *Ein Einkauf in die Pensionskasse bringt gewichtige Vorteile, aber auch einige nicht zu vernachlässigende Nachteile mit sich (siehe Checkliste auf Seite 55). Es empfiehlt sich, die persönliche Situation, die individuellen Wünsche und Ziele vorgängig zu klären und mit einer unabhängigen Fachperson zu besprechen. Vielleicht können Sie Ihr Anliegen auch anders umsetzen. Prüfen Sie insbesondere auch die Nettorenditen von Anlagealternativen.*

Rente oder Kapital?

Kein Vermögensentscheid sollte aus rein steuerlichen Motiven getroffen werden, aber ebenso wenig sollten Sie die steuerlichen Folgen ganz ausser Acht lassen. Das trifft auch auf den wichtigen Entscheid Rente oder Kapital bei der Pensionskasse zu, den Sie rechtzeitig vor der Pensionierung treffen müssen.

Wer sich für den Rentenbezug entscheidet, erhält lebenslang eine garantierte Rente, die vollumfänglich als Einkommen steuerbar ist. Ein regelmässiger Ausgleich der Teuerung ist für Pensionskassenrenten gesetzlich nicht vorgeschrieben, ausserdem kann man mit einer fixen Rente nicht auf wechselnde Einkommensbedürfnisse reagieren. In der Praxis lässt sich oft feststellen, dass die Ansprüche mit zunehmendem Alter abnehmen. Wenn dann aus dem voll besteuerten Renteneinkommen erneut Ersparnisse gebildet werden, ist das steuerlich sehr nachteilig.

TIPP *Mit einer Kombination aus Kapitalbezug und Rente haben Sie «den Fünfer und das Weggli» – Sie können im Rentenalter einen schwankenden Einkommensbedarf durch den Verzehr des bezogenen Kapitals ausgleichen.*

Steuern beim Kapitalbezug

Wenn Sie sich für eine Teilauszahlung oder – falls nach Reglement möglich – für eine vollumfängliche Auszahlung des Pensionskassenkapitals entscheiden, sollten Sie die einmalig fällig werdenden Steuern in Ihren Plänen einberechnen: Der Bund besteuert Kapitalleistungen aus Vorsorge getrennt vom übrigen Einkommen zu einem Fünftel des Einkommenssteuertarifs; die Kantone kennen unterschiedliche Besteuerungsansätze, jedoch wird die Kapitalauszahlung immer getrennt vom übrigen Einkommen besteuert. Die Höhe der Steuerbelastung hängt von der ausgezahlten Summe und teilweise vom Alter (Rentensatzbesteuerung) ab. Es empfiehlt sich, die mutmassliche Belastung vor dem definitiven Entscheid berechnen zu lassen. Die kantonalen Unterschiede sind beträchtlich; die Steuer kann im teuersten Kanton doppelt so hoch sein wie im billigsten!

Übrigens: Das nach der Besteuerung verbleibende Kapital wird zusammen mit Ihrem übrigen Vermögen – wiederum nach kantonal unterschiedlichen Ansätzen – besteuert. Der Bund kennt keine Vermögenssteuer.

ACHTUNG *Vermeiden Sie Auszahlungen von Guthaben der 2. Säule und der Säule 3a im selben Jahr. Diese Bezüge werden steuerlich zusammengerechnet, was die Progression natürlich erheblich erhöht. Weil sich im Vorsorgebereich immer mehr Kapital ansammelt, wächst die Begierde des Fiskus auf eine höhere Besteuerung der Kapitalauszahlungen. Behalten Sie diese Entwicklung im Auge.*

Vorbezug für Wohneigentum und Steuern

Von den Möglichkeiten, Pensionskassenguthaben für den Erwerb von Wohneigentum einzusetzen, war bereits in Kapitel 5 die Rede (siehe Seite 114). Wie aber sieht es mit den steuerlichen Konsequenzen aus?

Wenn Sie Pensionskassengeld vorbeziehen, wird die Summe besteuert – wie bereits beschrieben, separat vom übrigen Einkommen und zu einem reduzierten Steuersatz. Die Steuer dürfen Sie nicht mit dem bezogenen Kapital verrechnen, sondern Sie müssen sie aus Ihrem sonstigen Vermögen begleichen.

Zahlen Sie die Vorbezüge später in die Pensionskasse zurück, können Sie die entrichtete Steuer von der Steuerverwaltung zurückfordern, jedoch ohne Zins. Zudem brauchen Sie einen Beleg – Steuerrechnung also unbedingt aufbewahren.

INFO *Sie zahlen keine Steuern, wenn Sie das Pensionskassenkapital bloss verpfänden. Aber aufgepasst: Wenn Sie die Hypothekarzinsen und Amortisationen nicht mehr leisten können und die Bank zur Deckung des Kredits die Auszahlung Ihres Pensionskassenguthabens verlangt, werden Steuern fällig. Und die zahlt nicht etwa die Bank – diese Steuern gehen zu Ihren Lasten.*

Eine weitere Variante zum Steuersparen: Beziehen Sie einen Teil des Pensionskassenkapitals, um damit Hypotheken zurückzuzahlen. Tun Sie dies gestaffelt, profitieren Sie von einer reduzierten Steuerprogression bei der Besteuerung der bezogenen Gelder. Die damit verbundene Renteneinbusse reduziert zusätzlich das steuerbare Einkommen nach der Pensionierung.

Steuervorteile mit der 3. Säule

Dass man mit der Säule 3a Steuern sparen kann, ist bekannt: Die Beträge lassen sich vom Einkommen absetzen. Bis zur Auszahlung der Vorsorgegelder muss man weder Vermögenssteuer noch Einkommenssteuer für die Erträge zahlen.

Die mit der Einlage von Vorsorgegeldern der 3. Säule verbundene Steuerersparnis steigt mit zunehmender Steuerprogression und macht das Säule-3a-Sparen sehr attraktiv. Auszahlungen aus der Säule 3a werden gleich besteuert wie Kapitalauszahlungen aus der 2. Säule.

Steuern sparen mit der Säule 3a

Obwohl die Säule 3a stark mit dem Argument der Steuervorteile beworben wird, stellt sie vor allem ein sehr sicheres und einfaches Mittel zur Schliessung einer zukünftigen Finanzlücke dar – und die nimmt bekanntlich mit steigendem Einkommen zu (siehe Grafik auf Seite 73).

DER GRENZSTEUERSATZ FÜR MIA K. beträgt 30 Prozent. Bisher hat sie nicht in die Säule 3a eingezahlt. Als sie feststellt, dass sich ihre Steuerrechnung mit einer Einlage von 3000 Franken um 900 Franken reduzieren würde, zahlt sie diese Summe jährlich ein.

Insbesondere dann, wenn Ihr Grenzsteuersatz tief ist, sollten Sie auf die Zinsdifferenz zwischen der Hypothekarschuld und dem Säule-3a-Guthaben achten, also durchrechnen, wie viel die Hypothekarzinsen unter Berücksichtigung der Progression netto betragen und wie viel Zinsen Ihr 3a-Guthaben bringt. Gut möglich, dass es sich lohnt, einen Teil der Hypothek mit Geldern aus der Säule 3a abzulösen.

ROMANO S. HAT EINE HYPOTHEKARSCHULD von 100 000 Franken; eine gleich grosse Summe liegt auf seinem 3a-Konto. Der für ihn geltende Grenzsteuersatz liegt bei 30 Prozent, der

Hypothekarzins beträgt zwei Prozent, und auf dem 3a-Konto erhält
Herr S. ein Prozent Zins. Das ergibt folgende Rechnung:
- Nettohypothekarzins 1,4%   Fr. 1400.–
- Zinseinnahmen auf dem 3a-Konto Fr. 1000.–

Romano S. zahlt also viel mehr Zinsen, als er einnimmt. Entnimmt er nun dem Säule-3a-Konto 50 000 Franken, um die Hypothekarschuld zu verkleinern, betragen die Hypothekarzinsen noch rund 700 Franken netto und die Zinseinnahmen 500 Franken. Die Differenz verkleinert sich also auf rund 200 Franken.

Steuern optimieren bei der Säule 3b

Auch im Rahmen der freien Vermögensbildung mit der Säule 3b gibt es zahlreiche Möglichkeiten, die Steuern zu optimieren, hauptsächlich im Versicherungsbereich.

 TIPP *Fragen Sie sich vor jedem Versicherungsabschluss, welchen Schutz Sie wirklich brauchen. Klären Sie die versicherungstechnischen und möglicherweise steuerlichen Folgen einer vorzeitigen Vertragsauflösung ab und vergleichen Sie immer Produkte verschiedener Anbieter.*

Lebensversicherungen

Kapitalbildende oder gemischte Lebensversicherungen, die sowohl im Erlebens- als auch im Todesfall eine Kapitalzahlung vorsehen, müssen mit dem Rückkaufswert im Vermögensverzeichnis deklariert werden. Die Jahresprämien wären zwar im Rahmen des allgemeinen Versicherungsabzugs absetzbar, dieser ist jedoch durch die Krankenkassenprämien bereits ausgeschöpft. Die Auszahlung der Versicherungssumme inklusive aller darin enthaltener Erträge und möglicher Überschüsse an den Versicherungsnehmer ist im Erlebensfall vollumfänglich steuerfrei, da es sich lediglich um eine Vermögensumschichtung handelt.

Im Wettlauf um Rendite haben die Lebensversicherer die Fondspolice entwickelt; deren Sparteil wird in Anlagefonds investiert (siehe Seite 80). Bei fondsgebundenen Kapitalversicherungen ist eine vertragliche Laufzeit von zehn Jahren einzuhalten – nur dann gilt Steuerfreiheit bei der Auszahlung im Erlebensfall.

> **TIPP** *Da Kapitalgewinne für Privatanleger in der Schweiz steuerfrei sind, ist es wenig sinnvoll, Aktienfonds unter einem Lebensversicherungsmantel zu halten. Trennen Sie Vorsorge und Anlage. Wenn Sie sich dennoch für eine Fondspolice entscheiden, sollten Sie hauptsächlich Obligationenfonds wählen, die sonst steuerbare Erträge abwerfen würden. Prüfen Sie die Kosten, die beim Fondskauf, -tausch und -verkauf sowie für die Verwaltung anfallen – und zwar vor Vertragsabschluss. Diese Gebühren sind zum Teil sehr hoch und schmälern die potenzielle Rendite stark.*

Einmaleinlageversicherungen
Nebst den mit periodischen Prämien finanzierten Kapitalversicherungen werden auch Einmaleinlagepolicen angeboten (siehe Seite 83). Auszahlungen an den Versicherungsnehmer sind steuerfrei, wenn er bei der Auszahlung älter als 60 Jahre ist und wenn die Laufzeit der Versicherung länger als fünf Jahre (Fondspolicen: zehn Jahre) dauert.

Abschlüsse sind bis zur Vollendung des 66. Altersjahrs möglich. Einmaleinlageversicherungen unterliegen der eidgenössischen Stempelsteuer in Höhe von 2,5 Prozent, was bei kurzen Laufzeiten die Rendite stark schmälert.

Leibrenten
Anstelle einer Lebensversicherung mit Kapitalauszahlung kann man auch eine Police mit Rentenzahlung abschliessen (siehe Seite 84). Diese Leibrentenversicherungen werden von den Anbietern stark mit dem Argument des Steuervorteils beworben; der Rückkaufswert einer laufenden Rente musste bisher in vielen Kantonen nicht mehr als Vermögen versteuert werden, und die Renten fallen «nur» zu 40 Prozent unter die Einkommenssteuer.

Dass Letzteres ein Steuergeschenk sein soll, ist jedoch Augenwischerei: Schliesslich sind die Renten grösstenteils nichts anderes als eine in Raten erfolgende Rückzahlung des von Ihnen eingezahlten und bereits versteuerten Vermögens – mit geringen Erträgen. Zudem besteuern immer mehr Kantone auch die Rückkaufswerte laufender Leibrenten.

INFO *Falls Sie eine Leibrente mit Rückgewähr abgeschlossen haben, unterliegt die Rückgewährssumme im Todesfall zu 60 Prozent der Erbschaftssteuer und zu 40 Prozent der Einkommenssteuer.*

Reine Risikoversicherungen

Je nach Lebenssituation benötigen Sie eine Versicherung vielleicht bloss, um das Erwerbsunfähigkeits- und/oder Todesfallrisiko abzudecken. Reine Risikoversicherungen sind relativ günstig, weil kein Kapital gebildet wird. Sollten Sie weder erwerbsunfähig werden noch vorzeitig versterben, erfolgt keine Leistung – und damit auch keine Besteuerung. Werden Todesfallleistungen fällig, besteuert der Bund diese zu einem Fünftel des Tarifs und getrennt vom übrigen Einkommen. Die Regelungen in den Kantonen sind unterschiedlich.

 TIPP *3b-Versicherungsprämien sind steuerlich nicht absetzbar. Prüfen Sie deshalb einen Abschluss im Rahmen der Säule 3a. Dann können Sie den Prämienbetrag in der Steuererklärung in Abzug bringen.*

Wohneigentum und Steuern

Die vier eigenen Wände sind der Traum vieler. Anhaltende Tiefzinsphasen und ein wachsendes Angebot an preiswertem Stockwerkeigentum lassen die Umsetzung dieses Traums in greifbare Nähe rücken. Bewahren Sie einen kühlen Kopf, denn die langfristigen Konsequenzen fürs Budget und die Tragbarkeit bei veränderten Verhältnissen wollen sorgfältig geprüft werden.

Vermögensrendite und Hypothekarzinsbelastung

In der Schweiz legen die Steuerbehörden für jede Wohnliegenschaft, die der Besitzer selbst nutzt, einen Eigenmietwert fest. Dieser muss laut bundesgerichtlicher Rechtsprechung mindestens 60 Prozent der mit diesem Objekt erzielbaren Marktmiete betragen. Der Eigenmietwert wird zum steuerbaren Einkommen addiert; im Gegenzug darf man Hypothekarzinsen und Liegenschaftsunterhalt abziehen.

Viele Immobilienbesitzer versuchen, die Steuerbelastung zu minimieren, indem sie die Verschuldung auf einem möglichst hohen Niveau belassen.

WOHNEIGENTUM: FINANZIERUNGSVARIANTEN

Ausgangslage
Kaufpreis Liegenschaft: Fr. 600 000.–, davon Fr. 120 000.– aus vorhandenem Bargeld;
verbleibende Investition: Fr. 480 000.–
Verkehrswert Depot: Fr. 500 000.–
Steuerbare Erträge: 1%
Bisher erzielte Kapitalgewinne pro Jahr: 2%
Zinssatz erste Hypothek: 1,25%
Grenzsteuersatz: 30%

	Finanzierungsvariante			
	1	2	3	4
Aufteilung Eigenkapital / Hypothek				
Höhe 1. Hypothek	Fr. 390 000.00	Fr. 250 000.00	Fr. 150 000.00	0.00
Bezug aus Depot	Fr. 90 000.00	Fr. 230 000.00	Fr. 330 000.00	Fr. 480 000.00
Kosten				
Hypothekarzinsbelastung	Fr. 4 875.00	Fr. 3 125.00	Fr. 1 875.00	0.00
Ertragsverlust Depot	Fr. 900.00	Fr. 2 300.00	Fr. 3 300.00	Fr. 4 800.00
Steuerreduktion	– Fr. 1 732.50	– Fr. 1 627.50	– Fr. 1 552.50	– Fr. 1 440.00
Nettokosten nach Steuern (ohne Berücksichtigung der entgangenen Kapitalgewinne)	Fr. 4 042.50	Fr. 3 797.50	Fr. 3 622.50	Fr. 3 360.00
Entgangene Kapitalgewinne 2%	Fr. 1 800.00	Fr. 4 600.00	Fr. 6 600.00	Fr. 9 600.00
Nettokosten nach Steuern (mit Berücksichtigung der entgangenen Kapitalgewinne)	Fr. 5 842.50	Fr. 8 397.50	Fr. 10 222.50	Fr. 12 960.00

Das ist nur dann sinnvoll, wenn die Erträge des Vermögens im Depot höher sind als die Schuldzinsen. Ist der Schuldzins nach Steuern höher als die Rendite des vorhandenen Vermögens nach Steuern, sollte man das Geld aus steuerlicher Sicht besser zur Schuldentilgung verwenden (siehe auch Seite 121).

GIANNI UND MARTINA E. verfügen über ein Vermögen von 500 000 Franken, das bei ihrer Hausbank in einer 50:50-Strategie in Aktien und Obligationen angelegt ist. Zusätzlich sind nicht angelegte Barmittel in Höhe von 120 000 Franken vorhanden. Nun steht der Erwerb eines Eigenheims bevor, Kostenpunkt: 600 000 Franken. Die beiden stellen sich die Frage, wie sie es steuerlich optimal finanzieren sollen. Nachdem sie verschiedene Möglichkeiten durchgerechnet haben (siehe die Finanzierungsvarianten im Kasten), entschliessen sie sich für Variante eins. Denn sie wollen auch weiterhin die Möglichkeit haben, steuerfreie Kapitalgewinne zu erzielen.

Nicht berücksichtigen muss das Ehepaar E. in seiner Berechnung den Eigenmietwert und den Liegenschaftsunterhalt. Beide Grössen beeinflussen die verschiedenen Varianten in gleichem Mass. Auch wenn der Eigenmietwert abgeschafft werden sollte, lässt sich der optimale Fremdfinanzierungsgrad deshalb nach diesem Schema bestimmen.

Steuern nach der Erwerbsaufgabe

Schön, wenn mit dem Ende des Arbeitslebens auch gleich die Steuerpflicht wegfiele. Das ist natürlich nicht der Fall. Immerhin reduziert sich mit dem Wegfall des Gehalts das steuerbare Einkommen – und damit die Steuerbelastung.

Ob und wie viel Steuern Sie jetzt sparen, können Sie durch die Gestaltung der Einnahmenseite stark beeinflussen. Wer etwa anstelle der Pensionskassenrente den Kapitalbezug wählt, der bei Auszahlung einmalig und zu einem reduzierten Satz besteuert wird, verfügt anschliessend über Vermögen, das er seinen Bedürfnissen entsprechend anlegen und für seine Lebenskosten verwenden kann. Im Gegensatz dazu muss die Pensionskassenrente zu 100 Prozent als Einkommen versteuert werden.

> **TIPP** *Befassen Sie sich sorgfältig mit den Vor- und Nachteilen des – notabene unwiderruflichen – Entscheids für oder wider den Kapitalbezug (siehe Zusammenstellung auf Seite 63). Beziehen Sie das Kapital nie aus blossen steuertechnischen Überlegungen. Lassen Sie sich bei Unsicherheiten von einer Fachperson beraten.*

Steuerschonende Vermögensstruktur

Nicht nur mit der Gestaltung der Renteneinkünfte können Sie Ihre Steuerbelastung beeinflussen. Auch bei der Vermögensanlage bestehen Möglichkeiten, die oft nicht oder zu wenig genutzt werden.

Wenn Sie nicht den ganzen Vermögensertrag zur Deckung Ihrer Lebenskosten benötigen, sollten Sie bei der Anlage auf die Ausrichtung steuerfreier Kapitalgewinne achten. Dabei gilt: Ein steuerbarer Ertrag ist besser als ein steuerfreier Verlust.

Zudem sollten Sie im Rentenalter bereit sein, Ihr während des Erwerbslebens angespartes Kapital etappenweise zu verzehren (siehe Seite 205).

Erträge aus nicht selbst bewohnten Liegenschaften

Erzielen Sie Erträge aus Liegenschaften, die in steuerlich unattraktiven Kantonen liegen? Dann sollten Sie deren Verkauf und allenfalls eine indirekte Immobilienanlage über Immobiliengesellschaften oder -fonds in Betracht ziehen (siehe Seite 128).

Liegenschaftsbesitz führt im Übrigen oft auch zu unerwarteten Folgen bei der Erbschaftssteuer. Diese erhebt der Kanton, in dem die Immobilie liegt. Es kann daher sein, dass die Nachkommen zur Kasse gebeten werden – auch wenn der Erblasser in einem Kanton gewohnt hat, der keine Erbschaftssteuern für Nachkommen mehr kennt.

Vermögenssteuern beeinflussen

Der Bund kennt keine Vermögenssteuer. Sie wird von den Kantonen erhoben und fällt deshalb sehr unterschiedlich aus. Laut Steuerharmonisierungsgesetz gilt, dass die Besteuerung des Vermögens zu Verkehrswerten zu erfolgen hat. Allerdings werden die Verkehrswerte nicht nur bei Liegenschaften unterschiedlich bemessen. Die Kantone Basel-Stadt und Basel-Landschaft zum Beispiel berücksichtigen bei der Bewertung der Wertschriften auch deren Ertrag. Rein kapitalgewinnorientierte Anlagen ohne Ertrag führen zu einer beachtlichen Steuerreduktion.

Erbvorbezüge helfen Steuern optimieren

Mit dem Pensionsalter sind unweigerlich Gedanken an den Tod und das Vererben des Vermögens verbunden. Weil die Lebenserwartung stetig steigt, sind heute die Erben oft selber im Rentenalter und so weit etabliert, dass sie das frei werdende Haus und das Vermögen nicht mehr brauchen.

In jüngeren Jahren hingegen wäre man vielleicht froh um eine Erbschaft. Überlegen Sie deshalb, ob die Weitergabe eines Teils Ihres Vermögens an Ihre Nachkommen schon jetzt sinnvoll wäre. Solche Zuwendungen zu Lebzeiten reduzieren Ihre Vermögenssteuern und verhelfen der nächsten Generation zu einer Verbesserung der Lebenssituation, sei es durch ein Eigenheim, eine zusätzliche Ausbildung oder die Möglichkeit, eine eigene Firma zu gründen (mehr zum Thema Nachlassplanung auf Seite 211).

> **ACHTUNG** *Verschenken Sie nie Vermögen aus rein steuerlichen Gründen oder aus Angst vor den hohen Kosten eines Pflegeheims. Sie verlieren dadurch die finanzielle Unabhängigkeit, die Sie sich während Ihrer aktiven Lebensphase geschaffen haben. Und sollten Sie auf Ergänzungsleistungen angewiesen sein, handeln Sie sich mit einem freiwilligen Vermögensverzicht grosse Nachteile ein (mehr dazu auf Seite 39).*

Besondere Lebenssituationen

Wenn Sie im Konkubinat oder in einer Patchworkfamilie leben, müssen Sie sich weitere Fragen im Hinblick auf die Vorsorge stellen. Auch eine Scheidung oder ein Stellenverlust kann einen grossen Einfluss auf die Vorsorgesituation haben. Und was gilt für Selbständigerwerbende? In diesem Kapitel finden Sie alle Informationen und viele praktische Tipps.

Vielfältige Familienformen

Für Ehepaare oder Singles sieht das Gesetz in den meisten Fällen genug Vorsorgelösungen vor. Anders sieht es aus, wenn Kinder aus früheren Beziehungen mit in der Familie leben.

Auch wenn Ihre Vorsorge weitgehend abgedeckt ist, kann es von Vorteil sein, die persönliche Situation zusammen mit einer Fachperson zu analysieren; eine Vorsorgeanalyse zeigt, welche Sozialversicherungen in welchem Fall wie viel zahlen. Diese Einkünfte werden mit Ihrem persönlichen Budget abgeglichen. Bestehen Lücken, lassen sich diese mittels Risikoversicherung schliessen. Diese Art der Versicherung, die keinen Sparteil enthält, ist günstiger und flexibler (siehe Seite 171).

Worauf Patchworkfamilien achten sollten

«Patchworkfamilie» ist die neudeutsche Bezeichnung für Stief- oder Mischfamilie: Die Eltern sind verheiratet; die eine Seite oder auch beide Elternteile haben Kinder aus früheren Beziehungen, hinzu kommen eventuell auch gemeinsame Kinder.

SAMIR UND ROMY K. SIND VERHEIRATET; für beide ist es die zweite Ehe. Herr K. hat aus erster Ehe zwei Söhne, 14- und 12-jährig, die bei seiner Ex-Frau leben. Seine zweite Frau hat einen Sohn, 13, und eine Tochter, 8, aus erster Ehe; sie leben bei der Mutter und beim Stiefvater. Samir und Romy K. haben zudem eine gemeinsame zweijährige Tochter. Samir K. zahlt Unterhaltsleistungen an seine Ex-Frau und seine leiblichen Söhne; Romy K. erhält von ihrem Ex-Mann Unterhaltszahlungen für ihre beiden Kinder aus erster Ehe. Stirbt Samir K., zahlen die Sozialversicherungen eine Witwenrente sowohl an Romy K. wie auch an seine Ex-Frau, sofern diese nicht wieder geheiratet hat. Für seine Söhne aus erster Ehe und für die kleine Tochter aus zweiter Ehe werden Waisenrenten fällig. Für die Stiefkinder jedoch werden keine Leistungen gezahlt.

Die Sozialversicherungen zahlen Kinder- und Waisenrenten nur für die leiblichen Kinder des Versicherten. Hätte Herr K. die Kinder seiner zweiten Frau adoptiert, würden auch diese als «eigene» Kinder gelten und Renten erhalten. Leibliche Kinder ausserhalb des Haushalts erhalten ebenfalls Leistungen der Sozialversicherungen, solange die versicherte Person noch unterhaltspflichtig ist. Für Stiefkinder werden keinerlei Leistungen fällig.

> **TIPP** Wenn Sie in einer Patchworkfamilie leben, sollten Sie Ihre persönliche Versicherungssituation prüfen und sich von einer Fachperson eine Vorsorgeanalyse erstellen lassen. Allfällige Lücken decken Sie mit Vorteil mit reinen Risikoversicherungen.

> **BUCHTIPP**
> Ausführliche Informationen finden Patchworkfamilien in diesem Beobachter-Ratgeber: **Wie Patchworkfamilien funktionieren. Das sollten Eltern und ihre neuen Partner über ihre Rechte und Pflichten wissen»**
> www.beobachter.ch/buchshop

Vorsorge für Konkubinatspaare

Das Konkubinat ist heute gesellschaftlich etabliert, aber in der Gesetzgebung hat dies bei Weitem nicht zu einer vollständigen Gleichstellung mit der Ehe geführt. Immerhin sind Ansätze vorhanden – etwa bei der 2. Säule.

Paare, die ohne Trauschein zusammenleben, profitieren einerseits von Kostenvorteilen, können sich anderseits aber nur bedingt gegenseitig begünstigen. Rentnerpaare, die im Konkubinat leben, fahren bezüglich AHV besser als Eheleute, da sie zwei unplafonierte Renten erhalten – wie wenn sie alleinstehend wären. Zudem profitieren sie meist auch steuerlich, ausser bei der Erbschafts- und Schenkungssteuer. Damit sind die Privilegien aber auch schon abschliessend genannt.

Eine solide Absicherung Ihrer Partnerin, Ihres Partners erfordert deshalb eine Reihe von Massnahmen – meist vertragliche –, die Sie aktiv umsetzen müssen. Das gilt besonders dann, wenn eine Seite ihre Er-

werbstätigkeit aufgegeben hat, denn sie könnte beim Zerbrechen der Partnerschaft mit leeren Händen dastehen. So beugen Sie vor:
- Hat zum Beispiel die Partnerin in gemeinsamer Absprache die Erwerbstätigkeit reduziert oder aufgegeben, beispielsweise um die Kinder zu betreuen, können Sie in einem Konkubinatsvertrag festhalten, wie sie am Vermögenszuwachs beteiligt werden soll – insbesondere im Fall einer Trennung.
- Soll eine Seite bei einer Trennung eine persönliche Entschädigung in Rentenform oder als einmaliges Kapital erhalten, können Sie dies ebenfalls schriftlich regeln.
- Sie können Ihren Partner, Ihre Partnerin über den Tod hinaus begünstigen (mehr dazu auf Seite 224).

TIPP *Insbesondere dann, wenn Kinder mit zur Konkubinatsfamilie gehören, lohnt es sich, alle Massnahmen hinsichtlich Vorsorge mit einer Anwältin, einem Anwalt zu besprechen.*

Was gilt in Sachen AHV?

Wenn die eine Seite eines Konkubinatspaars erwerbstätig ist und die andere den Haushalt führt und die Kinder betreut, so ist Letztere benachteiligt: Erstens gelten die AHV-Beiträge der erwerbstätigen Seite nicht ebenso für die andere, zweitens kommt es bei der Rentenberechnung nicht zu einem Splitting der Einkommen wie bei verheirateten Paaren. Wer kein oder nur ein sehr niedriges Einkommen hat, wird eine entsprechend tiefere Rente erhalten. Doch Sie können mittels zweier Massnahmen gegensteuern:
- Auch der haushaltführende Partner muss unbedingt lückenlos die AHV-Beiträge als Nichterwerbstätiger zahlen.
- Wenn Sie Kinder haben, können Sie die Erziehungsgutschriften vollständig auf das Konto des nicht erwerbstätigen Elternteils buchen lassen. Haben Sie beide die elterliche Sorge, ist dazu eine schriftliche Vereinbarung erforderlich. Können Sie sich nicht einigen, entscheidet die Kesb (Kindes- und Erwachsenenschutzbehörde) aufgrund der effektiven Betreuungsverhältnisse. Fehlen die Angaben, werden die ganzen Erziehungsgutschriften der Mutter angerechnet (siehe auch Seite 29).

Im Todesfall gehen Konkubinatspartner leer aus – eine Hinterbliebenenrente ist bei der AHV nicht vorgesehen. Kinder haben beim Tod des Vaters oder der Mutter jedoch Anspruch auf eine AHV-Waisenrente.

Was gilt bei der Pensionskasse?

Konkubinatspartner führen ihre berufliche Vorsorge getrennt, ob nun beide einer Pensionskasse angeschlossen sind oder nur einer. Wenn das Paar sich trennt, kommt es nicht zu einer Teilung des angesparten Guthabens, wie dies bei einer Ehescheidung der Fall ist.

Und im Todesfall?
Pensionskassen können im Reglement vorsehen, dass im obligatorischen wie auch im überobligatorischen Bereich Leistungen an Konkubinatspartnerinnen und -partner ausgerichtet werden. Allerdings: Dazu verpflichtet sind die Kassen nicht – es handelt sich um eine reine Kannbestimmung. Klären Sie anhand des Reglements ab, wie Ihre eigene Vorsorgeeinrichtung und die Ihres Partners, Ihrer Partnerin dies handhaben.

ACHTUNG Wenn Sie im Konkubinat leben und von der Pensionskasse Ihres früheren Ehe- oder Lebenspartners Leistungen beziehen, haben Sie keinen Anspruch auf Leistungen der Kasse Ihres aktuellen Partners.

BUCHTIPP
Alle Themen, die nebst der Vorsorge für Konkubinatspaare wichtig sind, finden Sie in diesem Beobachter-Ratgeber «**Paare ohne Trauschein. Was sie beim Zusammenleben regeln müssen**».
www.beobachter.ch/buchshop

Sieht Ihre Pensionskasse Leistungen an die Konkubinatspartnerin respektive an den Lebenspartner vor, erkundigen Sie sich, ob Sie bestimmte Unterlagen, beispielsweise eine Kopie Ihres Konkubinatsvertrags, einreichen müssen, damit die Leistungen schnell ausgezahlt werden können.

    Manche Kassen, die grundsätzlich Leistungen an Konkubinatspartner ausrichten, stellen Bedingungen, etwa die, dass die Partnerschaft vor der Pensionierung oder vor einem bestimmten Altersjahr (zum Beispiel 60) eingegangen wurde. Oder dass der Partner, die Partnerin bereits zu Lebzeiten bei der Kasse gemeldet wurde. Sind die Bedingungen nicht erfüllt, gibt es keine Leistungen. Paare, die in vorgerücktem Alter heiraten, kommen meist besser weg. Doch sogar sie müssen bei gewissen Kassen mit Einschränkungen rechnen.

Möglichkeiten bei der Säule 3a

Konkubinatspartner haben keinen Anspruch auf Gelder, die der erwerbstätige Partner – nur Erwerbstätige dürfen einzahlen – auf ein Konto oder eine Police der gebundenen Säule 3a überwiesen hat. Im Fall einer Trennung bleibt dieses Guthaben vollumfänglich beim Inhaber, bei der Inhaberin des Kontos respektive der Police.

Im Todesfall unterliegt das auf einem 3a-Konto angesparte Kapital den Regeln des ehelichen Güterrechts und des Erbrechts; es wird gemäss der gesetzlichen Begünstigtenordnung ausgezahlt. Dabei steht die Konkubinatspartnerin gemeinsam mit den Kindern des Verstorbenen an zweiter Stelle, nach der hinterbliebenen Ehefrau oder dem eingetragenen Partner (siehe auch Seite 78).

Gibt es weder einen Ehepartner noch Kinder, eignet sich die Säule 3a sehr gut als Vorsorgeinstrument für Konkubinatspaare. Am besten informieren Sie die Bank oder die Versicherung schriftlich, wer der begünstigte Lebenspartner ist. Zudem empfiehlt es sich, diese Begünstigung zur Sicherheit auch noch in einem Testament festzuhalten.

INFO *Verstirbt ein noch nicht geschiedener Vorsorgenehmer während der Trennungsphase, fällt das Kapital aus der Säule 3a vollumfänglich dem hinterbliebenen Noch-Ehegatten zu. Diese Regelung gilt bis zur rechtskräftigen Scheidung.*

Möglichkeiten bei der Säule 3b

Bei der freien Vorsorge in der Säule 3b richten sich die Ansprüche von Nichtverheirateten einzig und allein nach dem Erbrecht (Ausnahme: gewisse Versicherungslösungen, siehe nächste Seite). Unverheiratete Partner und Partnerinnen gehen grundsätzlich leer aus. Wer im Konkubinat lebt, tut deshalb gut daran, ein Testament zu verfassen. Sind Kinder aus früheren

Beziehungen da, mit denen man sich gut versteht, ist ein Erbvertrag eine sinnvolle Sache – vorausgesetzt, die Kinder sind volljährig (mehr dazu auf Seite 225).

Versicherungsformen der Säule 3b bieten Paaren ohne Trauschein gewisse Vorteile: Bei Todesfallrisikoversicherungen, gemischten Lebensversicherungen und Leibrenten mit Rückgewähr darf man die begünstigte Person frei wählen – im Todesfall wird einzig der Rückkaufswert zum Nachlass hinzugerechnet. Die Versicherungssumme wird vollumfänglich der begünstigten Person ausgezahlt. Wird dadurch der Pflichtteil von Erben verletzt, müssten diese ihren Anteil per Klage einfordern. Übrigens: Die Begünstigung lässt sich jederzeit wieder abändern.

CHECKLISTE: VORSORGEN IM KONKUBINAT

- Erstellen Sie einen Konkubinatsvertrag und ergänzen Sie ihn durch ein Vermögensinventar. Überprüfen und aktualisieren Sie den Vertrag jährlich.
- Treffen Sie im Konkubinatsvertrag eine Vereinbarung dahingehend, ob und wie die nicht erwerbstätige Seite entschädigt werden soll, wenn die Lebensgemeinschaft endet. Denn grundsätzlich gilt: ohne Vertrag kein Anspruch.
- Klären Sie vor einem gemeinsamen Hauskauf ab, ob beide Partner auch jeweils allein in der Lage wären, die Liegenschaft zu halten. Finanzieren Sie die Liegenschaft gemeinsam, sollten Sie unbedingt eine schriftliche Vereinbarung treffen und diese von einem Anwalt überprüfen lassen. Kauft ein Partner die Liegenschaft allein, empfiehlt sich ein Mietvertrag.
- Machen Sie sich, bevor Sie einen gemeinsamen Wohnsitz wählen, ein Bild von der steuerlichen Situation (Erbschaftssteuer und Steuern auf Vorsorgeleistungen).
- Informieren Sie sowohl Ihre Pensionskasse als auch Ihre Vertragspartner im Bereich der Säule 3a schriftlich über Ihr Konkubinatsverhältnis und die gegenseitige Begünstigung. Dasselbe gilt, wenn die Lebensgemeinschaft zerbricht.
- Wenn auch gemeinsame Kinder vorhanden sind: Wer erhält das Sorgerecht, wenn ein Elternteil stirbt? Bei der Regelung kann Ihnen die Kindesschutzbehörde weiterhelfen.
- Behalten Sie Verbesserungsmöglichkeiten im Bereich der Nachlassregelung im Auge, beispielsweise beim Ableben der eigenen Eltern (siehe dazu Seite 225).
- Treffen Sie Regelungen für den Krankheitsfall (Vorsorgeauftrag, Auskunftsvollmacht, Patientenverfügung). Damit stellen Sie sicher, dass Ihr Partner, Ihre Partnerin Sie besuchen darf und Auskünfte erhält.

> **TIPPS** *Wichtig: Erteilen Sie Ihrer Partnerin, Ihrem Partner eine Auskunftsvollmacht. Im Todesfall könnten Behörden und Banken sonst die Kooperation verweigern.*
>
> *Verfassen Sie auch einen Vorsorgeauftrag. Darin kann eine handlungsfähige Person selber bestimmen, wer im Fall ihrer Urteilsunfähigkeit die Personensorge, die Vermögenssorge und die Vertretung in rechtlichen Angelegenheiten übernehmen soll. Mehr Informationen finden Sie im Beobachter-Ratgeber «Erwachsenenschutz. Patientenverfügung, Vorsorgeauftrag, Beistandschaften, fürsorgerische Unterbringung, Schutz im Heim, Kesb». Praktische Hinweise für Ihre persönliche Vorsorge sowie Muster und Formulare für Vorsorgeauftrag, Vollmachten, Patientenverfügungen, Testamente bietet «Ich bestimme. Mein komplettes Vorsorgedossier» (www.beobachter.ch/buchshop).*

Nach der Scheidung

Zerbricht eine Ehe, ist dies nicht nur eine sehr emotionale Angelegenheit, sondern ganz besonders auch mit finanziellen Folgen verbunden. Was gilt im Hinblick auf die Vorsorge?

Geld hat einen hohen Symbolwert und gehört zu den Themen, die in Ehen am häufigsten zu Meinungsverschiedenheiten führen. Bei einer drohenden Scheidung verschärfen sich diese Auseinandersetzungen.

Zwar ist es kurz vor oder nach der Pensionierung selten der Fall, dass Mann oder Frau zu Alleinerziehenden werden und damit ein besonders grosses Armutsrisiko zu tragen haben. Doch die Aufteilung eines Haushalts auf zwei Einheiten ist mit Mehrkosten verbunden – die umso eher ins Gewicht fallen, wenn mit der Aufgabe der Erwerbstätigkeit gleichzeitig das verfügbare Einkommen sinkt. Dass in einer solchen Situation der Budgetierung ein hoher Stellenwert zukommt, leuchtet ein. Die Überlegungen betreffend Budget unterscheiden sich nicht von denen, die Sie im Hinblick auf eine Pensionierung ohnehin anstellen werden (siehe Seite

135). Weil aber die Ungewissheit bei wichtigen Faktoren vielfach höher ist, sollten Sie entsprechend grössere Reserven einplanen. Die Checkliste hilft, im Scheidungsfall die mit der Pensionierung verbundenen Fragen zu klären.

Für alle drei Säulen gilt: Die während der Ehe erwirtschafteten Ansprüche und Vermögen werden bei der Scheidung aufgeteilt. Die Einzelheiten unterscheiden sich von Säule zu Säule.

Das Splitting bei der AHV

Ist das Scheidungsurteil rechtsgültig, können Sie – am besten gemeinsam – bei der AHV-Ausgleichskasse einen Antrag auf Splitting stellen. Merkblätter sowie das erforderliche Formular erhalten Sie bei der Ausgleichskasse oder im Internet (www.ahv-iv.ch → Merkblätter & Formulare → Formulare → Allgemeine Verwaltungsformulare).

Gesplittet werden alle Beiträge, die während der Ehe eingezahlt wurden. Ausgenommen sind das Jahr der Eheschliessung und dasjenige der Scheidung. Ihre Ehe muss also mindestens ein volles Kalenderjahr gedauert haben, damit es überhaupt etwas zu splitten gibt. Nach Abschluss des Verfahrens erhalten Sie eine Übersicht über Ihr individuelles Konto, der Sie entnehmen können, welche Einkommen für die spätere Rentenberechnung berücksichtigt werden.

CHECKLISTE: SCHEIDUNG UND DIE FOLGEN

Wenn Sie in einer Scheidung stecken oder eine solche erwägen, sollten Sie sich zusätzlich zu allen anderen Budgetabklärungen folgende Fragen stellen:

- Welche Auswirkung hat die Scheidung auf die Ansprüche bei AHV und Pensionskasse?
- Inwieweit können vorhandene Absicherungen mit Versicherungslösungen nach der Scheidung erhalten bleiben?
- Welche ergänzenden Sparmöglichkeiten ergeben sich für beide Seiten, um Vorsorgelücken nach der Scheidung zu stopfen?
- Unter welchen Umständen ist es möglich, ein Eigenheim zu halten, sodass die eine Seite weiter darin wohnen kann?

> **INFO** Sind Sie bereits pensioniert und beziehen Sie als Ehepaar eine (eventuell plafonierte) AHV-Rente, wird diese in zwei Einzelrenten aufgeteilt. Oft wird dann insgesamt eine höhere Summe ausgezahlt.

Vorsorgeausgleich bei der Pensionskasse

BUCHTIPP
Antworten auf dringliche Fragen – nicht nur in Sachen Vorsorge – und hilfreiche Tipps für eine einvernehmliche Lösung bietet dieser Beobachter-Ratgeber: **«Scheidung. Faire Regelungen für Kinder – gute Lösungen für Wohnen und Finanzen.**
www.beobachter.ch/buchshop

Während Sie sich bei der AHV nicht um die Berechnung des Splittings kümmern müssen, ist die Ausgangslage bei der 2. Säule eine andere: Es gibt keine Amtsstelle, die über sämtliche Guthaben der Versicherten Buch führt, und keine Behörde, die die Teilung berechnet. Sie selbst müssen den Vorsorgeausgleich in Ihrer Scheidungskonvention regeln (bei einer Scheidung auf Klage findet dies im Urteil statt). Und das ist relativ schwierig, gilt es doch verschiedenste Bestandteile zu berücksichtigen: Austrittsleistungen mehrerer Pensionskassen, in- und ausländische Guthaben, Freizügigkeitsguthaben, Vorbezüge für den Erwerb von Wohneigentum, Barauszahlungen bei Aufnahme einer selbständigen Tätigkeit, Renten, Kapitalleistungen. Grundsätzlich wird bei der Scheidung das während der Ehe in der 2. Säule Ersparte hälftig aufgeteilt – wenn beide Seiten einer Vorsorgeeinrichtung angehören, wird der Differenzbetrag geteilt. So schreibt es das Gesetz vor. Was einfach klingt, führt oft zu komplizierten Berechnungen. So gehen Sie am besten vor:

- Bestellen Sie bei den beteiligten Pensionskassen und/oder Freizügigkeitseinrichtungen eine Bestätigung über die Höhe der Guthaben und die Durchführbarkeit der Teilung. Sind Sie unsicher, ob noch Vorsorgeguthaben bei anderen Stellen vorhanden sind, fragen Sie bei der Zentralstelle 2. Säule nach. Neu müssen dort alle Vorsorgeeinrichtungen jährlich melden, für welche Personen sie Guthaben führen.
- Geteilt werden alle während der Ehe angesparten Vorsorgekapitalien bis zum Zeitpunkt der Einleitung der Scheidung, also bis zum Einreichen des Scheidungsbegehrens oder der Scheidungsklage beim Gericht.
- Erstellen Sie eine Liste darüber, was an Vorbezügen für Wohneigentum oder anderen Barauszahlungen getätigt wurde.

> **INFO** Sie haben keinen Anspruch darauf, von der Vorsorgeeinrichtung Ihres Ehemanns, Ihrer Ehefrau direkte Auskünfte zu erhalten. Verlangen Sie vom Scheidungsgericht, dass es die nötigen Informationen beschafft.

Vom Guthaben zum Zeitpunkt der Einleitung der Scheidung werden die Austrittsleistungen zum Zeitpunkt der Heirat in Abzug gebracht. Seit 1995 müssen die Pensionskassen diese Zahlen bei einer Eheschliessung feststellen und beim Übertritt in eine andere Kasse weitermelden. Haben Sie zu einem früheren Zeitpunkt geheiratet und möglicherweise mehrere Male die Stelle gewechselt, könnte es schwirig werden, das Guthaben bei der Heirat zu ermitteln. Ein Versicherungsexperte oder eine spezialisierte Anwältin kann Ihnen in diesem Fall helfen, zu erwirken, dass das voreheliche Guthaben korrekt aufgezinst wird.

Vorbezüge und Barauszahlungen

In die Berechnung fliessen auch Vorbezüge für Wohneigentum ein – sie werden zur Austrittsleistung hinzugezählt. Nicht berücksichtigt werden jedoch Barauszahlungen, etwa wenn sich ein Ehegatte selbständig gemacht hat. Dieses Guthaben wird zu freiem Vermögen des Versicherten und steht für die Teilung im Rahmen des Vorsorgeausgleichs nicht mehr zur Verfügung (im Rahmen des Ehegüterrechts allenfalls schon). Die andere Seite kann dafür jedoch eine Entschädigung verlangen.

Was geschieht mit dem Geld?

Steht schliesslich fest, wie viel Geld von wem zu wem fliessen muss, wird die Übertragung auf Anweisung des Scheidungsgerichts vorgenommen. Da die Gelder für die Vorsorge gebunden sind, gibt es keine Barauszahlung, sondern eine Überweisung – entweder an die eigene Pensionskasse oder auf ein Freizügigkeitskonto respektive eine Freizügigkeitspolice.

> **LUISA UND RENÉ D.** lassen sich nach 15 Jahren Ehe scheiden. Während der Ehe hat Frau D. in der 2. Säule nur 12 500 Franken gespart, da sie nach der Geburt der Kinder nicht mehr erwerbstätig war. René D. hat sein Guthaben während der Ehe um 42 000 Franken erhöht, zusätzlich haben die beiden 50 000 Franken für ihre Eigentumswohnung vorbezogen. Herr D. erhält vom Zuwachs seiner Frau die

Hälfte, also 6250 Franken. Gleichzeitig muss er ihr die Hälfte seines Ersparten und die Hälfte des Vorbezugs überlassen, total 46 000 Franken. Der Richter verrechnet die Ansprüche, und René D.s Pensionskasse überweist 39 750 Franken auf Luisa D.s Freizügigkeitskonto.

Lücken schliessen
Der Vorsorgeausgleich hinterlässt eine Lücke, vor allem beim besser verdienenden der beiden Partner. Diese Lücke können Sie mit Einkäufen schliessen – ein ratsames Vorgehen, wenn Sie finanziell dazu in der Lage sind. Der Einkauf darf auch ratenweise erfolgen, was sich steuerlich angenehm auf die Progression auswirkt.

Beim Wiedereinkauf nach einer Scheidung gilt die Frist von drei Jahren für Kapitalbezüge nicht. Der Steuerabzug für die Einkäufe kann trotzdem verweigert werden, wenn diese nur zur Steuerumgehung getätigt wurden.

Ausnahmen von der hälftigen Teilung
Wenn ein Ehepartner die Altersvorsorge auf andere Weise gesichert hat, kann er in der Scheidungsvereinbarung auf seinen Anspruch verzichten. Auch das Gericht kann die Teilung verweigern, wenn sie aufgrund der güterrechtlichen Auseinandersetzung oder der wirtschaftlichen Verhältnisse nach der Scheidung offensichtlich unbillig wäre. Das kommt allerdings nur in Ausnahmefällen vor.

ELSA UND FRANZ T. lassen sich nach 20 Jahren Ehe scheiden. Die Rollenteilung während der Ehe war klassisch: Der Ehemann war erwerbstätig, die Mutter zog die Kinder gross. Weil Herr T. einen tiefen Lohn hatte, beträgt sein Freizügigkeitsguthaben nur 250 000 Franken. Kurz vor der Scheidung erhält Frau T. unerwartet eine Millionenerbschaft von einem reichen Onkel. Unter diesen Umständen wird das Freizügigkeitsguthaben nicht geteilt, denn die Erbschaft deckt Elsa T.s Altersvorsorge zur Genüge ab.

Nicht alle Gerichte prüfen gleich sorgfältig, ob der Verzicht auf die Teilung der Pensionskassenguthaben im konkreten Fall tatsächlich gerechtfertigt ist. Deshalb sollten Sie, wenn Sie vor einer Scheidung stehen, sich gründlich über Ihre Ansprüche informieren und wenn nötig einen spezialisierten Anwalt beiziehen.

Wenn der Vorsorgefall eintritt

Bezieht eine Seite bereits Leistungen der Pensionskasse, gilt seit dem 1. Januar 2017 Folgendes:
- Bezieht der Ehegatte eine Invalidenrente der Pensionskasse, wird seine sogenannte hypothetische Austrittsleistung geteilt. Die betreffende Pensionskasse kann Ihnen diese Zahl liefern.
- Beim Bezug einer Altersrente – sowie einer Invalidenrente ab dem Altersrentenalter (64 bzw. 65 oder früher laut PK-Reglement) –, wird die Rente geteilt. Das Scheidungsgericht bestimmt den Verteilschlüssel und spricht der ausgleichungsberechtigten Seite eine lebenslange eigene Rente zu respektive überträgt den Rentenanteil in deren Vorsorge.

Auch geschiedene Frauen, die bei der Scheidung einen Ausgleich erhalten haben, können unter Umständen eine Witwenrente von der Pensionskasse ihres Ex-Manns beziehen – und umgekehrt. Die Voraussetzungen sind: eine mindestens zehnjährige Ehe sowie Alimentenzahlungen, die zum Zeitpunkt des Todes noch laufen, oder eine Kapitalabfindung für eine lebenslängliche Rente im Scheidungsurteil. Mehr als die Alimentenzahlung erhalten Geschiedene aber nicht. Übersteigen die Leistungen der AHV (Witwenrente) und der Pensionskassen zusammen diesen Betrag, darf die Pensionskasse eine Kürzung vornehmen.

Guthaben der 3. Säule

Guthaben der Säule 3a, die während der Ehe aus dem Arbeitsverdienst angespart wurden, werden – sofern das Ehepaar nicht Gütertrennung gewählt hat – hälftig geteilt beziehungsweise angerechnet. Dabei spielt es keine Rolle, ob das Geld auf einem Konto oder in Form einer Police bei der Versicherung liegt. Die Übertragung muss in der Scheidungsvereinbarung festgehalten werden. Das Guthaben muss in der gebundenen Vorsorge bleiben; die begünstigen Ex-Partner können nicht frei darüber verfügen.

Ebenfalls geteilt wird der Rest der gemeinsamen Errungenschaft, wozu auch die gesamten Ersparnisse in der freien Vorsorge (Säule 3b) gehören.

Vorsorge für Selbständigerwerbende

Selbständigerwerbende müssen zwar AHV zahlen wie alle anderen auch. Aber ob und wie sie darüber hinaus fürs Alter vorsorgen, ist ihnen überlassen. Vernachlässigen sollten aber auch sie den Gedanken an den Ruhestand auf keinen Fall.

Die AHV spielt insofern eine wichtige Rolle, als es von ihr abhängt, ob jemand als selbständigerwerbend anerkannt wird oder nicht. Es ist eine Reihe von Voraussetzungen zu erfüllen: Primär müssen Sie ein eigenes wirtschaftliches Risiko tragen, also auf eigenen Namen und eigene Rechnung handeln, Kapital einsetzen, Kosten und Verluste selbst tragen und dürfen nicht an Weisungen Dritter gebunden sein. Ihre Selbständigkeit müssen Sie mit Unterlagen belegen können, zum Beispiel mit einem Mietvertrag für Geschäftsräume, Offerten an künftige Kunden, Rechnungen für bereits erledigte Aufträge. Massgeblich ist Ihre tatsächliche Erwerbssituation – ob Sie sich selbst als selbständig bezeichnen oder nicht, ist für die AHV irrelevant. Sogar wenn Sie für die Steuerbehörde als Selbständige(r) gelten, kann die AHV zum gegenteiligen Schluss kommen.

INFO *Mit der Wahl der Rechtsform Ihrer Firma können Sie Ihren Status gegenüber den Sozialversicherungen beeinflussen. Als Inhaber einer AG oder GmbH sind Sie Ihr eigener Angestellter. Damit haben Sie zum Beispiel die Möglichkeit, sich in der Pensionskasse Ihrer Angestellten zu versichern.*

AHV-Beiträge selber abrechnen

Als Neuunternehmer müssen Sie sich beziehungsweise Ihre Firma bei der kantonalen Ausgleichskasse oder bei der Ausgleichskasse Ihres Branchenverbands anmelden. Gehören Sie einem Berufsverband an, der eine eigene Ausgleichskasse betreibt, werden Sie dieser angeschlossen. Es empfiehlt sich, frühzeitig mit einer Ausgleichskasse Kontakt aufzunehmen, um alle Modalitäten zu klären.

Die Beiträge für Selbständige machen 5,196 bis 9,65 Prozent des Einkommens aus (Stand 2018), inklusive der Beiträge an IV und EO (siehe Seite 28). Während die Abzüge der Angestellten auf dem Bruttoeinkommen basieren, werden sie bei Selbständigerwerbenden auf dem steuerbaren Erwerbseinkommen erhoben.

Oberstes Gebot für Selbständigerwerbende wie für alle AHV-Beitragszahler ist, dass sie die Beiträge lückenlos einzahlen. Das ist umso wichtiger, als alle anderen Formen der Altersvorsorge freiwillig sind und je nach Geschäftsgang vielleicht nur unzureichend genutzt werden.

> **ACHTUNG** *Die AHV berechnet die Beiträge erst auf Basis der definitiven Steuerveranlagung. Das kann unter Umständen mehrere Jahre dauern. Damit die nachträgliche AHV-Rechnung Sie nicht in Verlegenheit bringt, sollten Sie von Anfang an den mutmasslichen Betrag dafür reservieren.*

Die Tendenz vieler Selbständigerwerbender, ihr Einkommen aus steuerlichen Gründen zu minimieren, hat dann Auswirkungen auf die Höhe der AHV-Rente, wenn es unter die Obergrenze von 84 600 Franken sinkt (Stand 2018). Denn nur wer es bei der Rentenberechnung auf ein Durchschnittseinkommen in dieser Höhe bringt und entsprechend Beiträge gezahlt hat, erhält im Alter die Maximalrente.

> **TIPP** *Halten Sie sich stets darüber auf dem Laufenden, wie hoch das massgebliche Durchschnittseinkommen ist. So vermeiden Sie, dass sich Ihre Steuerersparnis im Rentenalter als Bumerang erweist.*

Kein Muss: die 2. Säule

Wenn Sie im Sinn der AHV als selbständigerwerbend gelten und mehr als 21 150 Franken im Jahr verdienen (Stand 2018), können Sie sich einer Pensionskasse anschliessen – wenn Sie das möchten, denn dazu verpflichtet sind Sie nicht. Sie haben folgende Möglichkeiten:

- Sie schliessen sich der Vorsorgeeinrichtung für das Personal Ihres Betriebs an, wenn deren Reglement dies erlaubt.
- Sie lassen sich bei der Vorsorgeeinrichtung eines Berufsverbands als dessen Mitglied versichern.
- Sie treten der Stiftung Auffangeinrichtung BVG bei – hier lässt sich allerdings nur das Obligatorium versichern.

Wenn Sie einer Pensionskasse beitreten, zahlen Sie sowohl die Arbeitnehmer- wie auch die Arbeitgeberbeiträge. Ein Beitritt hat den Vorteil des Risikoschutzes (Tod, Invalidität). Unverheiratete ohne Kinder zahlen aber mit ihren Beiträgen immer auch für Leistungen, die sie nie benötigen werden (Renten für Hinterlassene im Todesfall). Für sie kann die Vorsorge über die 3. Säule sinnvoller sein.

Das Pensionskassengeld beziehen
Das Pensionskassenguthaben von einer früheren Anstellung können Sie sich zu Beginn Ihrer Selbständigkeit auszahlen lassen, um es als Startkapital zu verwenden (siehe auch Seite 57). Dazu brauchen Sie die Einwilligung Ihrer Ehefrau respektive Ihres eingetragenen Partners.

Beachten Sie Folgendes, wenn Sie sich das Pensionskassenguthaben auszahlen lassen wollen:
- Für ältere Jungunternehmer ist ein Bezug kritisch, weil vielleicht nicht mehr genug Zeit bleibt, um erneut eine gute Vorsorge aufzubauen. Reüssieren Sie nicht mit Ihrem Geschäft, ist Ihr Altersguthaben unwiderruflich verloren.
- Wer nicht mehr bei einer Pensionskasse versichert ist, verliert auch deren Schutz bei Tod und Invalidität. Schliessen Sie eine entsprechende Risikoversicherung ab – diese ist ein Muss, wenn Sie verheiratet sind und/oder Kinder haben.
- Teilbezüge sind nicht möglich. Die bisherige Pensionskasse kann aber Ihr Freizügigkeitskapital aufteilen und auf höchstens zwei Freizügigkeitseinrichtungen übertragen. So haben Sie die Möglichkeit eines Teilbezugs, indem Sie sich nur ein Konto auszahlen lassen.
- Für den Bezug des Freizügigkeitskapitals braucht es eine Anerkennung als Selbständige(r) durch die AHV-Ausgleichskasse. Ausserdem müssen Sie im Haupterwerb selbständig sein und dürfen somit der obligatorischen beruflichen Vorsorge nicht mehr unterstellt sein.

TIPPS *Erkundigen Sie sich rechtzeitig bei Ihrer Pensionskasse, wie hoch das Freizügigkeitsguthaben ist, und verlangen Sie eine schriftliche Auskunft. Sie müssen die Barauszahlung bis spätestens ein Jahr nach der Aufnahme Ihrer Selbständigkeit verlangen.*

—

Fragen Sie auch bei der Steuerbehörde nach, wie viel Steuern Sie bei Auszahlung abliefern müssen.

Im Zug der Reform der Ergänzungsleistungen diskutiert das Parlament darüber, dass der Barbezug aus der 2. Säule beschränkt werden soll (Stand Anfang 2018).

Volle Flexibilität mit der Säule 3a

Die Säule 3a erweist sich als Königsweg für viele Selbständige – sie bietet maximale Flexibilität bei beachtlichen steuerlichen Vorteilen (siehe auch Seite 74). Wer keine Pensionskassenbeiträge zahlt, darf jährlich bis zu 20 Prozent des Einkommens einzahlen, höchstens aber 33 840 Franken (Stand 2018).

TIPP *Es gilt: Je kräftiger Sie Ihr steuerbares Einkommen durch Abzüge reduzieren, desto weniger dürfen Sie eventuell in die Säule 3a einzahlen. Wägen Sie ab.*

Bank- oder Versicherungslösung?
Auch für Selbständige stellt sich die Frage, ob die gebundene Vorsorge als flexibles Bankkonto oder als Lösung mit Versicherungsschutz gebildet werden soll. Dabei gilt es zu bedenken, dass man bei einer Versicherungspolice Jahr für Jahr Prämien einzahlen muss, um den Vertrag zu erfüllen. Gerade zu Beginn der Selbständigkeit könnte das aber schwierig werden: Wenn Sie keinen Gewinn erzielen, dürfen Sie nichts einzahlen; falls die Erträge über Jahre eher knapp ausfallen, können Sie es sich womöglich nicht leisten. Deshalb ist die Versicherungslösung nur empfehlenswert, wenn Sie sich so weit etabliert haben, dass Sie die Prämien mit grosser Wahrscheinlichkeit regelmässig zahlen können und aus steuerlicher Sicht auch dürfen.

TIPP *Prüfen Sie vor dem Abschluss einer Versicherungslösung, welchen Versicherungsschutz Sie wirklich benötigen, und vergleichen Sie mehrere Offerten.*

Falls Sie keinen Versicherungsschutz benötigen oder diesen bereits mit flexiblen Risikopolicen abgedeckt haben, ist die Banklösung zu bevorzugen. Gerade wenn Ihr Einkommen grossen Schwankungen unterworfen ist, kann das Bankkonto sinnvoller sein, da Sie die jährlichen Einlagen auf das Einkommen abstimmen können.

Eine gute Möglichkeit ist es schliesslich, beide Varianten zu kombinieren – damit haben Sie die massgeschneiderte persönliche Vorsorge.

MARGRIT K., 44-JÄHRIG, ist selbständige Innenarchitektin und alleinerziehende Mutter einer 14-jährigen Tochter. Frau K. ist keiner Pensionskasse angeschlossen. Ihr Jahreseinkommen schwankt zwischen 70 000 und 130 000 Franken; sie darf also zwischen 14 000 und 26 000 Franken in die Säule 3a einzahlen. Wenn ihr Einkommen jeweuls an der unteren Grenze liegt, kann sie es sich jedoch nicht leisten, den Betrag voll auszuschöpfen. Auf Anraten ihres Vorsorgeberaters schliesst Margrit K. eine gemischte Lebensversicherungspolice ab. Das Todesfallkapital beträgt 150 000 Franken, die jährliche Erwerbsunfähigkeitsrente 30 000 Franken (Wartefrist zwölf Monate). Diese Versicherung kostet sie jährlich 8000 Franken Prämie (inklusive Sparteil). Für die weitere Vorsorge eröffnet Frau K. ein 3a-Konto bei einer Bank und zahlt dort die Differenz ein, falls es ihre Finanzen erlauben.

Bezug beim Start in die Selbständigkeit

Zu Beginn Ihrer Selbständigkeit dürfen Sie sich die Guthaben bisheriger 3a-Konten bar auszahlen lassen. Sie können anschliessend wieder ein neues Konto eröffnen. Ihr Guthaben können Sie bis längstens ein Jahr nach dem Start der Selbständigkeit beziehen. Eine spätere Auszahlung wäre nur möglich, wenn Sie die bisherige selbständige Erwerbstätigkeit aufgeben und eine neue, andersartige aufnehmen.

TIPP *Wenn Sie die bisherigen Guthaben auf dem Konto belassen und dennoch weiter in die Säule 3a einzahlen wollen, eröffnen Sie mit Vorteil ein zweites Konto. Damit schaffen Sie eine saubere*

Trennung zwischen Ihren Beiträgen als Arbeitnehmer und als Selbständige(r) und gehen Diskussionen mit Banken und Steuerbehörden aus dem Weg.

Alles zu seiner Zeit

Dass es ab einem gewissen Alter möglicherweise zu riskant ist, das Freizügigkeitskapital der 2. Säule in ein Neuunternehmen einzubringen, wurde bereits angetönt. Es gibt noch ein paar weitere Punkte zu beachten:

- **In der Startphase:** Teure Startkredite aufzunehmen und gleichzeitig grössere Beträge für das Alter auf die hohe Kante zu legen, ist nicht sinnvoll. Sichern Sie sich in der Startphase gegen die wichtigen Risiken (Tod, Invalidität) ab, und zwar mit einer auf Ihre Situation zugeschnittenen Risikoversicherung ohne Sparteil. Zahlen Sie Ihre AHV-Beiträge. Das grosse Sparen verschieben Sie auf später – ohne das Ziel einer soliden Altersvorsorge aus den Augen zu verlieren.
- **Wenn das Unternehmen läuft:** Auch der Fiskus wird an einer erfreulichen Entwicklung Ihrer Firma seine Freude haben und entsprechend zugreifen. Jetzt ist der Zeitpunkt gekommen, steuergünstige Vorsorgemöglichkeiten auszuschöpfen. Wenn die Einlage ins 3a-Konto keine ausreichende Steuerentlastung mehr bringt, sollten Sie sich einer Vorsorgeeinrichtung der 2. Säule anschliessen und sich einkaufen (mehr zum Thema Einkauf auf Seite 54). Die Beträge können Sic vom Einkommen abziehen, was sich angenehm auf Ihre Steuerrechnung auswirken wird.

INFO *Als Unternehmer haben Sie die Möglichkeit, sich im Rahmen einer Kaderversicherung Ihres Kaders zu versichern – ohne gleichzeitig der Basisversicherung nach BVG angehören zu müssen. Prüfen Sie die Vorteile dieser Lösung.*

Bauen Sie als Selbständigerwerbende(r) bei der Vorsorge Reservepuffer ein, am besten im Rahmen des üblichen Banksparens. Zudem sollten Sie sich nicht zu einer Überversicherung verführen lassen – das wäre hinausgeworfenes Geld. Für eine sorgfältige Planung empfiehlt sich der frühzeitige Beizug einer Fachperson. Mit ihr können Sie klären, wie Sie Ihre Vorsorge sinnvoll aufbauen und gleichzeitig Steuern optimieren.

Arbeitslos: Was passiert mit der Vorsorge?

Job weg? Die meisten haben für eine gewisse Zeit Anspruch auf Arbeitslosengeld. Danach kommt die Aussteuerung – jetzt bestimmen anderweitige Unterstützungsformen oder das Anzapfen eigener Reserven den Geldzufluss.

Heutzutage kann es jede und jeden treffen: Umstrukturierungen, ein schlechter Geschäftsgang, eine Firmenübernahme – und Sie verlieren Ihre Stelle. Dass es in Zeiten der Arbeitslosigkeit schwierig sein dürfte, Vorsorge zu betreiben, leuchtet ein. Einige minimale Vorkehrungen sollten Sie aber treffen, um wenigstens das bisher Erreichte zu sichern.

Sie erhalten Arbeitslosengeld

Die Versicherung bei der AHV bleibt bestehen, wenn Sie Arbeitslosentaggelder beziehen. Nicht auszuschliessen ist aber – vor allem bei tiefem Einkommen und lang dauernder Arbeitslosigkeit –, dass Ihr späterer AHV-Anspruch reduziert wird. Denn die Taggelder betragen nur noch 70 oder 80 Prozent des zuvor erzielten Einkommens: Das ist möglicherweise zu wenig für eine Maximalrente.

In der 2. Säule besteht während eines Monats nach Beendigung des Arbeitsverhältnisses für die Risiken Tod und Invalidität eine sogenannte Nachdeckung bei der früheren Pensionskasse. Während dieser Periode muss der oder die Versicherte keine Beiträge mehr entrichten. Anschliessend sind Arbeitslose bei der Auffangrichtung obligatorisch gegen die Risiken Invalidität und Tod versichert. Dies allerdings erst ab einem Mindesttaggeld (Fr. 81.20, entspricht 21 150 Franken pro Jahr; Stand 2018) – die «Arbeitnehmer»-Beiträge für diese Versicherung werden vom Taggeld abgezogen.

Das Alterssparen wird während der Arbeitslosigkeit nicht weitergeführt. Deshalb geht die Freizügigkeitsleistung auf ein von Ihnen bezeichnetes

Konto bei einer Bank oder in eine Freizügigkeitspolice bei einer Versicherung. Die Zinssätze solcher Freizügigkeitskonten variieren, es empfiehlt sich also, Offerten von verschiedenen Banken einzuholen.

Die Zinsen liegen oft über den gängigen Sparzinsen und sind erst noch steuerbefreit – dafür gilt weiterhin, dass ein Zugriff auf dieses Geld und auf die Erträge vor dem Pensionierungsalter nicht möglich ist.

TIPP *Fragen Sie die Pensionskasse Ihres bisherigen Arbeitgebers an, ob ein Verbleib trotz Arbeitslosigkeit möglich ist. Vor allem für ältere Arbeitnehmerinnen und Arbeitnehmer bieten die Vorsorgeeinrichtungen gelegentlich eine solche Möglichkeit, obwohl sie von Gesetzes wegen nicht dazu verpflichtet sind. Aber Achtung: Mit dieser Lösung wählen Sie einen teuren Weg, denn Sie zahlen sowohl die Arbeitnehmer- wie auch die Arbeitgeberbeiträge.*

In die Säule 3a, die an und für sich Erwerbstätigen vorbehalten ist, dürfen Sie weiterhin einzahlen, solange Sie Taggelder beziehen. Diese gelten als Ersatzeinkommen.

Ausgesteuert – Vorsorge ade?

In der Regel erlischt der Anspruch auf Arbeitslosenunterstützung nach dem Bezug von 400 bis 640 Taggeldern (je nach Alter und Beitragszeit). Die erwerbslose Person wird ausgesteuert und muss mit noch weniger Geld auskommen. Da bleibt in den wenigsten Fällen noch eine Sparmöglichkeit. Es gibt trotzdem ein paar Punkte, die Sie beachten sollten.

INFO *Wer weniger als 18 Beitragsmonate vorweisen kann oder jünger als 25 Jahre alt ist und keine Unterhaltspflichten hat, erhält weniger Taggelder.*

AHV: ein Muss!

Selbst wenn Sie Sozialhilfeleistungen in Anspruch nehmen müssen, Sie bleiben AHV-pflichtig und müssen Beiträge als Nichterwerbstätiger zahlen. Sonst kommt es zu Beitragslücken, die sich nachteilig auf die spätere Rentenberechnung auswirken und lebenslange Konsequenzen mit sich bringen.

INFO *Sind trotz aller Vorsichtsmassnahmen Beitragslücken entstanden, können Sie diese innerhalb von fünf Jahren nach der Entstehung nachträglich schliessen (mehr dazu auf Seite 30).*

Pensionskassengelder
Auch während der Phase des Ausgesteuertseins wäre es wünschbar, die Absicherung im Rahmen einer Pensionskasse zu erhalten, möglich ist dies aus finanziellen Gründen jedoch wohl nur in den seltensten Fällen. Die obligatorische Versicherung lässt sich aber gemäss BVG bei der Sitftung Auffangeinrichtung fortsetzen. Allerdings muss man dann die gesamten Beiträge – also den Arbeitnehmer- und den Arbeitgeberanteil – selbst entrichten.

 ACHTUNG *Wer sich selbständig macht, kann gebundene Guthaben der 2. Säule und der Säule 3a beziehen. Wenn immer möglich sollten Sie aber Ihre Vorsorgegelder nicht antasten. Vor dem Abbau der Vorsorge – beispielsweise im Rahmen einer fingierten Selbständigkeit – sei eindringlich gewarnt. Die Einbusse ist kaum mehr wettzumachen.*

Gelder der Säule 3a
Ausgesteuerte Personen bekommen die Nachteile der unflexiblen Absicherung mit einer Versicherungslösung besonders deutlich zu spüren. Denn Nichterwerbstätige dürfen in die Säule 3a nicht mehr einzahlen – sie sind also gezwungen, die Police entweder «zurückzukaufen» und das Geld auf ein 3a-Konto zu überweisen oder sie in eine prämienfreie Police mit reduzierten Leistungen umzuwandeln. Beide Varianten sind mit Verlusten verbunden. Zwar kann man auch bei einer Bankenlösung nicht unmittelbar auf die im Rahmen der Säule 3a angesparten Mittel zugreifen, aber der Sparprozess lässt sich immerhin ohne Verluste unterbrechen – einer der grossen Vorteile dieser Vorsorgeform.

BUCHTIPP
Viele Ausgesteuerte sind auf Sozialhilfe angewiesen. Die Rechte und Pflichten gegenüber dem Sozialamt erklärt dieser Beobachter-Ratgeber: **Wenn das Geld nicht reicht. So funktionieren die Sozialversicherungen und die Sozialhilfe.**
www.beobachter.ch/buchshop

9

Finanzen nach der Pensionierung

Geschafft: Sie können sich zurücklehnen, den Ruhestand geniessen. Doch mit den finanziellen Ressourcen klug zu wirtschaften, ist eine lebenslange Aufgabe. Die Perspektiven ändern sich mit dem Austritt aus der Arbeitswelt und schliessen auch die Nachlassplanung ein. Hintergrundwissen, Tipps und Anregungen dazu im folgenden Kapitel.

Geld anlegen im Rentenalter

Die Lebensumstände verändern sich für die meisten Menschen nach der Pensionierung. In der Beratungspraxis zeigt sich, dass es vielen erst dann gelingt, in grösserem Umfang frei verfügbare Ersparnisse zu bilden. Zeit für eine gezielte Vermögensplanung.

Laut einer Untersuchung des Bundesamts für Sozialversicherungen (BSV) sinken die Ausgaben für Konsum sowie Versicherungen und Steuern bei Personen ab 65 Jahren massiv. Zum einen nimmt meist die Haushaltsgrösse ab, und die Beiträge an die AHV/IV und die Arbeitslosenversicherung entfallen; zum anderen gehen zum Beispiel die Kosten für den Verkehr zurück, weil der tägliche Arbeitsweg wegfällt. Auch ist man vom gesetzlich geregelten Sparen im Rahmen der 1. und 2. Säule entbunden.

Der späte Sparprozess wird dadurch begünstigt, dass viele Menschen noch während rund 10 bis 15 Jahren nach der Pensionierung fit und gesund sind und Altersgebresten, die ins Geld gehen, erst später zunehmen. Auch nach der Erwerbsaufgabe ist also eine gezielte Vermögensplanung ratsam, wenn Sie Ihre finanziellen Bedürfnisse bis zum Lebensende decken und vielleicht sogar Ihre Erben beglücken wollen.

Noch einmal: Standortbestimmung mittels Budget

In Kapitel 6 (ab Seite 133), wird detailliert erklärt, wie Sie beim Erstellen eines Budgets am besten vorgehen. Ein solches Budget braucht es auch nach der Pensionierung, wenn Sie sich mit Ihrer Finanzlage fundiert auseinandersetzen wollen. Denn es zeigt, ob und wo Handlungsbedarf besteht, und wird auch Ihre Anlagestrategie beeinflussen: Bei einem Überschuss werden Sie kaum zusätzliche steuerbare Erträge erwirtschaften, bei einem Defizit dafür das Risiko von Kursverlusten begrenzen wollen.

Wenn das Geld knapp ist

Der Staat darf sich verschulden – für Private hingegen ist das kein gangbarer Weg. Es gibt aber andere Massnahmen bei einem Budgetdefizit (auf

Seite 147 finden Sie Tipps, wie Sie Ihre Ausgaben unter die Lupe nehmen und reduzieren können). Auf der Einkommensseite stellt sich etwa die Frage, ob im Rentenalter eine Nebenerwerbstätigkeit denkbar wäre. Eine andere Möglichkeit: eine Steigerung der Vermögenserträge durch eine kluge Anlagestrategie.

Was ist anders als zu Berufszeiten?

Das nötige Hintergrundwissen im Zusammenhang mit Vermögensanlagen wurde bereits in Kapitel 4 (ab Seite 86) vermittelt. Was für die Aufbauphase galt, behält auch in der Verzehrphase seine Gültigkeit: Für jedes Vermögen braucht es eine situationsgerechte Anlagestrategie, die konsequent umgesetzt wird. Dabei ist das Vermögen möglichst diversifiziert, das heisst breit gestreut, auf die verschiedenen Anlageklassen zu verteilen.

Die Gewichtung der Anlagen ist ein laufender Prozess, der den wechselnden Bedürfnissen und dem Marktumfeld Rechnung tragen soll. Besonders mit der Erwerbsaufgabe verändern sich einige Parameter, was eine Überprüfung und Neuausrichtung der Anlagestrategie nahelegt. Zu bedenken ist Folgendes:

- Die Erwerbsaufgabe ist oft mit einer Einkommenseinbusse verbunden, weil die Renten aus der 1. und 2. Säule den wegfallenden Lohn nur teilweise ersetzen. Damit sinkt auch die Steuerprogression. Das erlaubt, die bisher aus steuerlichen Gründen bescheiden gehaltenen Erträge zu erhöhen und so die Einkommenslücke wenigstens teilweise zu füllen.
- Leicht liquidierbare Anlagen gewinnen an Bedeutung, weil man damit auf wechselnde Bedürfnisse reagieren kann. Zugleich soll das Vermögen möglichst bis zum Lebensende reichen.
- Die Bereitschaft, Anlagerisiken einzugehen, wird tendenziell sinken, da Vermögensverluste nicht mehr durch ein höheres Einkommen und grössere Sparanstrengungen wettgemacht werden können.
- Der Anlagehorizont, das heisst der für Anlagen vorhandene Zeitraum, wird kleiner.

Das Vermögen gezielt verbrauchen

Obwohl viele Pensionierte durch den Wegfall familien- oder berufsbedingter Auslagen über mehr Einkommen und Vermögen verfügen als zu Zeiten der Erwerbstätigkeit, sind existenzielle Ängste weitverbreitet. Sogar ältere Menschen, die weitaus mehr Geld haben, als sie bis ans Ende ihrer Tage zum Leben benötigen, sind überraschend risikoscheu. Defensive Anlagestrategien sind die Folge. Und weil Risiko und Rendite untrennbar zusammengehören, reduziert sich damit auch der erzielbare Gewinn.

Eine Vermögensberatung, in der die vorhandenen Mittel und Möglichkeiten aufgezeigt werden, hilft Existenzängste abbauen. Anhand einer Vermögensübersicht und eines Budgets kann die individuelle Risikofähigkeit – das heisst die Fähigkeit, Vermögensschwankungen bzw. -verluste zu tragen –, geprüft werden. Um nicht zu sehr dem Sicherheitsdenken zu verfallen und damit auf Anlagechancen zu verzichten, sollten Sie sich in einem ersten Schritt Gewissheit darüber verschaffen, wie lange Ihr Vermögen bei verschiedenen Renditeannahmen ausreicht, wenn Sie regelmässig den Fehlbetrag aus Ihrem Budget verbrauchen.

GEORG N., 65, ALLEINSTEHEND, hat sein Pensionskassenkapital bar bezogen und verfügt, wenn man sein sonstiges Vermögen dazurechnet, über 500 000 Franken. Nach seinen Berechnungen braucht er nebst der AHV-Rente von rund 25 000 Franken zusätzlich 24 000 Franken pro Jahr. Er rechnet aus, wie lange die 500 000 Franken bei konstantem Bezug und unterschiedlichen Renditeannahmen reichen würden (siehe Kasten). Das Resultat: Auch bei einer Rendite von nur einem Prozent dürfte Georg N. 89 Jahre alt werden, bis er mittellos wäre.

WIE LANGE REICHEN 500 000 FRANKEN?

Betrag pro Jahr	Rendite	Verbrauchsdauer
Fr. 24 000.–	1%	24 Jahre
Fr. 24 000.–	2%	27 Jahre
Fr. 24 000.–	3%	32 Jahre
Fr. 24 000.–	4%	42 Jahre

Die Annahme, dass ein Kapital von 500 000 Franken bei einer Anlagedauer von 24 Jahren mit nur einem Prozent rentiert, ist in Anbetracht der historisch erzielten Renditen über längere Zeiträume unrealistisch pessimistisch. Beträgt der Anlagehorizont zehn Jahre und mehr, darf man je nach Zusammensetzung der Anlagen von einer Rendite von zwei bis sechs Prozent ausgehen.

> **TIPP** *Auf Internetseiten wie www.moneyland.ch oder auf Websites von Banken wie der ZKB finden Sie Sparrechner, mit denen Sie Ihren eigenen Kapitalverzehr wie auch die Kapitalbildung ermitteln können.*

In Etappen planen

Mit diesem Wissen können Sie Ihr Vermögen nun in verschiedene Tranchen aufteilen und diese, entsprechend Ihren Liquiditäts- und Kapitalverzehrbedürfnissen, unterschiedlich lange anlegen. Am häufigsten wird eine Zweiteilung in eine Verzehr- und eine Wachstumsrate vorgeschlagen.

Wichtig bei der Planung ist, dass Sie von vorsichtigen Renditeerwartungen und realistischen Bezügen ausgehen, damit Sie Ihre Etappen sicher und unbesorgt durchlaufen können. Beziehen Sie auch mögliche Änderungen Ihrer Auslagen mit in die Überlegungen ein: zum Beispiel höhere Ausgaben, Teuerung. Und halten Sie Ihren Plan strikt ein.

> **GEORG N. HAT EINE ETAPPENPLANUNG** aufgestellt. Er wünscht statt der Zweiteilung des Vermögens eine Dreiteilung, um den Renditedruck möglichst gering zu halten. Ebenso ist ihm eine eiserne Reserve wichtig: Er setzt dafür 50 000 Franken ein. Bleiben also dreimal 150 000 Franken zum Anlegen.

- **Tranche 1, sofortiger Verzehr:** Die erste Tranche von 150 000 Franken – und nicht etwa nur die Erträge – wird durch den Bezug von 2000 Franken monatlich für die Deckung der Lebenskosten verbraucht. Bei einer Verzinsung von einem Prozent wird diese Tranche nach 78 Monaten aufgebraucht sein, bei einem tieferen Zins entsprechend früher. Das im ersten Jahr benötigte Kapital wird am besten auf einem Sparkonto platziert, für die in den Folgejahren benötigten Mittel bieten sich Kassenobligationen mit entsprechenden Laufzeiten an.

- **Tranche 2, mittelfristig verfügbar:** Die zweite Tranche à 150 000 Franken kann voraussichtlich 78 Monate lang angelegt werden. Rechnet man bei einer defensiven Anlage mit einer jährlichen Rendite von zwei Prozent, erhöht sich das Kapital auf gut 170 000 Franken, bis es benötigt wird. Diese Tranche stellt also den Lebensunterhalt für 89 Monate sicher. Die angenommene Rendite von zwei Prozent lässt sich zum Beispiel mit einem Mix aus Obligationen, indirekten Immobilienanlagen und einem geringen Aktienanteil erreichen. Wichtig ist, dass alle Anlagen auf den geplanten Zeitpunkt hin liquide gemacht werden können.
- **Tranche 3, langfristiger Horizont:** Der letzte Drittel des Vermögens wird gemäss Planung 167 Monate oder knapp 14 Jahre lang nicht benötigt und darf somit «riskanter» investiert werden, beispielsweise in weltweit gestreute Aktienanlagen. Bei einer angenommenen Rendite von fünf Prozent stehen damit im Alter von 79 Jahren rund 297 000 Franken für die Anschlussplanung zur Verfügung.

Jetzt noch Versicherungen abschliessen?

Der Spielraum bei der Vermögensanlage mit Versicherungsprodukten wird mit zunehmendem Alter gesetzlich eingeschränkt: Mit der Erwerbsaufgabe entfällt die Möglichkeit, Einzahlungen in die Säule 3a vorzunehmen, und mit dem Erreichen des AHV-Alters wird dieses Vorsorgekapital zwingend besteuert.

Wenn Sie allerdings über das offizielle Rentenalter hinaus erwerbstätig bleiben, dürfen Sie weiterhin Beiträge an die Säule 3a leisten und können den Bezug des Vorsorgekapitals bis zum Alter 70 aufschieben.

 ACHTUNG Beiträge an die Säule 3a reduzieren beim Bund und in verschiedenen Kantonen den pauschalen Versicherungsabzug. Prüfen Sie anhand Ihrer Steuererklärung und Ihrer Steuerbelastung, ob eine Einzahlung in die Säule 3a in Ihrem Fall wirklich sinnvoll ist.

Lohnt sich die Säule 3b?

Einmaleinlageversicherungen geniessen keine Steuerfreiheit mehr, wenn sie nach dem 66. Geburtstag abgeschlossen werden (siehe Seite 83). Falls

Sie also eine solche Police in Ihre Anlagestrategie einbauen wollen, sollten Sie sie rechtzeitig abschliessen und die Fälligkeiten staffeln.

Neben den gesetzlichen Hürden mindern auch die höheren Risikoprämien für das steigende Sterblichkeitsrisiko die Attraktivität kapitalbildender Versicherungsprodukte. Mit zunehmendem Lebensalter gewinnen dagegen Leibrentenversicherungen an Attraktivität: Weil die Restlebenserwartung abnimmt, werden höhere Renten offeriert (mehr zum Thema Leibrentenversicherung auf Seite 84).

 INFO Rentenversicherungen werden meist erst im Alter von 75 bis 80 Jahren interessant. Sie können dann anstelle des Kapitalverzehrs in der letzten Lebensphase eingesetzt werden. Prüfen Sie die Vor- und Nachteile für Ihre eigene Situation und holen Sie vor dem Abschluss Vergleichsofferten ein. Lassen Sie sich nicht mit Steuervorteilen locken – die angeblich milde 40-prozentige Besteuerung der Rente ist so milde nicht, verzehren Sie doch, nebst einem bescheidenen Ertrag, Ihr eigenes Kapital.

Vorsorgen für den Pflegefall

Viele ältere Menschen werden von der Angst geplagt, einmal pflegebedürftig zu werden und das angesparte Vermögen samt dem Eigenheim für die Bezahlung der Pflegekosten verwenden zu müssen. Diese Befürchtungen sind nicht unbegründet. Zwar sind gemäss Krankenversicherungsgesetz (KVG) die medizinischen Leistungen eigentlich in der Grundversicherung der Krankenkasse mitversichert, doch erbringen die Kassen immer weniger Leistungen. Zudem gehen Grundbetreuung, Verpflegung und Unterkunft in einem Pflegeheim zulasten der Patienten – da können je nach Standard ohne Weiteres Kosten von bis zu 10 000 Franken monatlich zusammenkommen. Solche Beträge lassen auch ansehnliche Vermögen rasch dahinschwinden.

Im Ringen mit den stetig steigenden Krankenkassenprämien wird zuweilen über eine separate Pflegeversicherung für über 50-Jährige diskutiert, die jüngere Versicherte entlasten würde. Der Deckungsumfang einer solchen Versicherung wäre allerdings keineswegs leicht zu definieren, benötigen doch Langzeitpflegebedürftige nebst medizinischer Behandlung

207

> **BUCHTIPP**
> Antworten auf Fragen rund um Pflegebedürftigkeit und Todesfall finden Sie in diesem Beobachter-Ratgeber:
> **Letzte Dinge regeln. Fürs Lebensende vorsorgen – mit Todesfällen umgehen.**
> www.beobachter.ch/buchshop

auch eine Grundbetreuung. Bis sich eine Lösung findet, dürften noch einige Jahre ins Land gehen.

Vorläufig bleiben also Kosten, die nicht von der Grundversicherung oder einer allfälligen Zusatzversicherung übernommen werden, an den Pflegebedürftigen hängen. Die Versicherer haben zwar Pflegeversicherungen im Angebot, doch die sind teuer – und häufig ungenügend respektive mit Vorbehalten verbunden.

Etwas Entlastung bringen die Regelungen zur Pflegefinanzierung, die per 1. Januar 2011 in Kraft getreten sind. Diese Bestimmungen limitieren den Eigenanteil der Patienten an den Pflegekosten, sodass viele Kantone ihre Tarife anpassen mussten. Es bestehen erhebliche kantonale Unterschiede.

> **TIPP** *Egal, ob pflegebedürftig oder nicht, seien Sie bereit, im Alter Ihr Geld zu verbrauchen. Ziel Ihrer Vermögensbildung war ja kaum die Schaffung eines möglichst beachtlichen Erbes, sondern grösstmögliche finanzielle Unabhängigkeit bis ans Lebensende.*

Vermögen verschenken?

Es ist verständlich, dass viele Menschen angesichts dieser Sachlage ihr Vermögen ins Trockene retten möchten. Sie überlegen sich, das Vermögen frühzeitig den Nachkommen zu schenken und später, wenn nötig, Ergänzungsleistungen zu beziehen (siehe Seite 37).

Dieses Vorgehen empfiehlt sich nicht. Schenkungen werden bei der Berechnung der Ergänzungsleistungen aufgerechnet; das Vermögen wird also für eine gewisse Dauer als noch vorhanden betrachtet. Die Konsequenz: Es gibt keine oder stark reduzierte Ergänzungsleistungen.

Im Prinzip bestünde dann die Möglichkeit, sich ans Sozialamt zu wenden. Die Gemeinden werden aber bei der Berechnung von Sozialhilfeleistungen auf Nachkommen in guten wirtschaftlichen Verhältnissen zurückgreifen und von ihnen verlangen, dass sie die Eltern unterstützen (Verwandtenunterstützungspflicht).

> **TIPP** *Verschenken Sie nie Vermögen aus Angst, es bei Pflegebedürftigkeit aufbrauchen zu müssen. Zum einen werden Sie vielleicht nie pflegebedürftig, zum anderen schränken Sie dadurch*

Ihre finanzielle Selbständigkeit, die Sie sich über Jahre aufgebaut haben, massiv ein.

Welche Vorstellungen haben Sie von Ihrer Zukunft? In welchem Heim möchten Sie, wenn nötig, betreut werden? Wollen Sie sich eine persönliche Betreuung in der gewohnten Umgebung leisten? Für eine gute Antwort auf solche Fragen benötigen Sie einen gewissen Entscheidungsspielraum, den Sie sich nicht vergeben sollten. Vermeiden Sie auch Abhängigkeiten innerhalb der Familie; Sie haben Ihr Vermögen gebildet, um im Alter unabhängig zu bleiben, nicht, um möglichst viel davon an Ihre Nachkommen zu übergeben. Liegt Ihnen sehr daran, die Liegenschaft der Familie zu erhalten, bietet es sich beispielsweise an, einen Verkauf verbunden mit einem Wohnrecht zu prüfen.

STICHWORT ERWACHSENENSCHUTZGESETZ

Am 1. Januar 2013 hat das neue Erwachsenenschutzrecht das bisherige Vormundschaftsrecht abgelöst. Sinn und Zweck des neuen Rechtes ist es, die Selbstbestimmung zu fördern: Mit einem Vorsorgeauftrag kann eine handlungsfähige Person selber bestimmen, wer im Fall ihrer Urteilsunfähigkeit ihr Rechtsvertreter sein soll. Ebenso ist es möglich, per Patientenverfügung festzuhalten, welche medizinischen Massnahmen bei Urteilsunfähigkeit ergriffen oder nicht ergriffen werden sollen und wer darüber bestimmen darf.

Externe Vermögensverwaltung

Ob Sie Ihr Vermögen selber verwalten oder diese Aufgabe einem professionellen Vermögensverwalter anvertrauen, ist ein höchst persönlicher Entscheid. Wer bereit ist, sich mit Anlage-, Steuer- und Vorsorgefragen auseinanderzusetzen und die Entwicklung des Vermögens regelmässig zu überwachen, kümmert sich selbst darum und holt bei Bedarf fachkundigen Rat ein. Banken sind ihren Kunden jederzeit mit Anlagestudien, Produktinformationen, telefonischen Auskünften oder mit einem persönlichen Beratungsgespräch behilflich. Aktuellste Informationen finden sich zudem in Wirtschaftszeitungen, Wochenmagazinen und im Internet.

Haben Sie keinen Spass an dieser Aufgabe oder ist Ihnen die Zeit dafür zu schade, liegt ein Verwaltungsmandat nahe. Das ist allerdings in der

CHECKLISTE: AUSWAHL DES VERMÖGENSVERWALTERS

- Bestehen professionelle Strukturen (Räumlichkeiten, Informationstechnologie, Stellvertretung)?
- Welchen Ausbildungsstand hat der Vermögensverwalter? Besitzt er einen anerkannten Berufsabschluss wie eidg. dipl. Vermögensverwalter oder Finanzplaner mit eidg. Fachausweis?
- Wirkt Ihr Gegenüber vertrauenerweckend, stimmt Ihr «Bauchgefühl»?
- Geht der Vermögensverwalter auf Ihre Anliegen ein?
- Sind seine Argumente logisch und formuliert er sie in Ihrer Sprache?
- Definiert der Berater die Anlagestrategie gemeinsam mit Ihnen oder legt er sie schematisch fest? Ist diese Strategie für Sie plausibel? Besteht ein langfristiger, systematischer Ansatz?
- Klärt der Verwalter Ihre Risikofähigkeit und Ihre Risikobereitschaft sorgfältig ab?
- Besteht Transparenz bei den Gebühren? Informiert Sie Ihr Berater über umsatz- oder produktabhängige Leistungen, die er von Ihrer Bank erhält (Retrozessionen)?
- Wird steuerlichen und eventuell erbrechtlichen Aspekten Rechnung getragen?
- Wird in die besten oder vorwiegend in hauseigene Produkte investiert?
- Wie oft werden Depots umgeschichtet? Stimmt dabei der Erfolg für Sie als Anleger – oder geht es nur darum, Gebühren zu kassieren?
- Falls es sich um einen unabhängigen Vermögensverwalter handelt: Ist er Mitglied im Verband Schweizerischer Vermögensverwalter (VSV)?

Regel erst ab einem Vermögen von mindestens 100 000 Franken möglich. Der Vermögensverwalter wird gemeinsam mit Ihnen die Anlagestrategie festlegen und übernimmt dann die Umsetzung sowie die kontinuierliche Überwachung der Anlagen. Für Sie als Anleger sind damit aber auch Chancen und Risiken verbunden.

Bei der Auswahl Ihres Vermögensverwalters – sei es eine Bank, eine Treuhand- oder eine Vermögensverwaltungsgesellschaft – hilft Ihnen die oben stehende Checkliste.

TIPP *Prüfen Sie unbedingt auch die Möglichkeit einer bankunabhängigen Vermögensverwaltung: Sie werden in der Regel weniger produkt- und eher lösungsorientiert beraten.*

Die Basis der Vermögensverwaltung ist – nebst einem klaren Vertrag – Vertrauen. Dieses baut sich im Lauf der Zusammenarbeit auf. Wechseln Sie Ihren Verwalter nicht kurzfristig, wenn die Anlageresultate enttäuschend sind: Das lohnt sich kaum, da beim Anlageergebnis immer auch eine Portion Glück mitspielt. Fühlen Sie sich jedoch nicht verstanden oder ungenügend betreut und führen klärende Gespräche zu keiner Besserung, empfiehlt sich ein Wechsel.

ACHTUNG *Hohe Renditeversprechen bei garantierter Sicherheit der Anlage sowie Empfehlungen für Geldtransfers auf Konten Dritter sind deutliche Warnzeichen für unseriöses Geschäftsgebaren. Auch wenn die Argumente noch so überzeugend klingen, gibt es nur eins: Hände weg!*

Verwaltetes Fondsportefeuille

Immer mehr Banken und Finanzberater bieten Vermögensverwaltung als Dienstleistung auch für Kleinanleger an. Je nach Institut sind Kundinnen und Kunden mit einem Vermögen von 50 000 bis 250 000 Franken angesprochen. Da bei diesen Beträgen eine breit abgestützte Anlage in einzelnen Titeln kaum möglich ist, wird das Vermögen in Anlagefonds investiert, die der Vermögensverwalter auswählt, überwacht und bewirtschaftet. Ob dabei eher auf langfristiges Kapitalwachstum oder laufende Erträge gesetzt werden soll, hängt von Ihren Bedürfnissen und Ihrer Anlagestrategie ab.

Blick auf die letzten Dinge: Nachlassplanung

Vielleicht sind im Umfeld der Pensionierung auch Gedanken an die eigene Sterblichkeit wachgeworden. Kaum jemand denkt gern über den Tod nach – und doch lohnt es sich, Klarheit zu schaffen in Bezug auf die materiellen Dinge.

Mit einer klugen Nachlassplanung als Vorsorge für die Hinterbliebenen erleichtert man diesen die vielen schwierigen Entscheide, die nach einem Todesfall zu treffen sind.

Überlegungen zu Testament und Erbe gewinnen zusätzlich an Bedeutung, wenn Sie anstelle der Pensionskassenrente das Kapital bezogen haben, das nach der Auszahlung Vermögen darstellt und den güter- und erbrechtlichen Vorschriften unterliegt. Anders als bei der Rente, die dem hinterbliebenen Ehegatten und in Form von Waisenrenten den Kindern zusteht, erhalten in diesem Fall unter Umständen auch die übrigen gesetzlichen Erben einen Anteil am Vermögen. In diesem Kapitel geht es um zwei Fragen:

- Was passiert mit meinem Vermögen, wenn ich keine Vorkehrungen treffe (gesetzliches Güter- und Erbrecht)?
- Welchen Spielraum habe ich, wenn ich den Nachlass anders regeln will, als es das Gesetz vorsieht?

Speziell für Verheiratete: güterrechtliche Aspekte

Sind Sie verheiratet? Dann kommt im Todesfall als Erstes das Güterrecht zum Zug, das die vermögensrechtlichen Ansprüche der Eheleute untereinander regelt. Wenn Sie – wie die meisten Ehepaare in der Schweiz – keinen Ehevertrag abgeschlossen haben, gilt der ordentliche Güterstand der Errungenschaftsbeteiligung. Bei diesem Güterstand setzt sich das eheliche Vermögen aus dem Eigengut und der Errungenschaft jedes Ehegatten zusammen (siehe Kasten). Mann und Frau verwalten ihr Eigengut und ihre Errungenschaft je selbständig.

WAS IST EIGENGUT, WAS ERRUNGENSCHAFT?

Eigengut	Errungenschaft
Persönliche Gegenstände wie Kleider, Schmuck, Hobbyausrüstung	Ersparnisse aus Einkommen wie Arbeitserwerb, Renten, Vermögensertrag
Alles, was einem schon vor der Ehe gehörte	Entschädigung wegen Arbeitsunfähigkeit
Während der Ehe erhaltene Schenkungen, Erbschaften und Erbvorbezüge	Erträge des Eigenguts (Bankzinsen, Mieteinnahmen Liegenschaft etc.)
Ersatzanschaffungen oder Investitionen mit Eigengut	Ersatzanschaffungen oder Investitionen mit Errungenschaft

Bei der Auflösung der Ehe durch Tod kommt es zunächst zur güterrechtlichen Auseinandersetzung, zu einer Aufteilung des ehelichen Vermögens unter den Eheleuten. Die hinterbliebene Seite erhält ihr Eigengut und die Hälfte der Errungenschaft, in den Nachlass des Verstorbenen fallen sein Eigengut und die andere Hälfte der Errungenschaft.

Erst nach Abwicklung der güterrechtlichen Auseinandersetzung steht der Nachlass fest, an dem der hinterbliebene Ehemann, die hinterbliebene Ehefrau auch erbrechtlich teilhat. Ehegatten kommen so bei der Verteilung des ehelichen Vermögens zweimal zum Zug.

 BEAT UND ANNA W. haben im Lauf ihrer Ehe 200 000 Franken gespart. Frau W. hat zudem von einer Tante 50 000 Franken geerbt. Das eheliche Vermögen beträgt somit 250 000 Franken. Unerwartet stirbt Beat W. Da keine ehevertraglichen Vereinbarungen bestehen, läuft die güterrechtliche Auseinandersetzung wie folgt ab: Die 50 000 Franken, die Anna W. geerbt hat, sind Eigengut – sie gehören ihr. Dazu kommt die Hälfte der Errungenschaft, das sind 100 000 Franken. In Herrn W.s Nachlass fällt seine Errungenschaftshälfte in Höhe von 100 000 Franken; davon erhält seine Witwe – sofern er im Testament keine andere Begünstigung festgelegt hat – ihren gesetzlichen Erbteil (siehe

BUCHTIPP
Mit einem Ehevertrag können Sie die Aufteilung der Errungenschaft ändern oder den Güterstand Ihren Bedürfnissen anpassen. Mehr Informationen erhalten Sie in diesem Beobachter-Ratgeber: **Eherecht. Was wir beim Heiraten wissen müssen.**
www.beobachter.ch/buchshop

Seite 216). Da die Errungenschaft von Gesetzes wegen immer hälftig geteilt wird, spielt es keine Rolle, wer von den beiden die höhere Errungenschaft erzielt hat.

Gesetzliche Erbfolge: Das müssen Sie wissen

Das Erbrecht des Schweizerischen Zivilgesetzbuchs (ZGB) basiert auf dem Prinzip der Blutsverwandtschaft; die verstorbene Person wird Erblasser genannt. Man unterscheidet dabei drei Stämme – sogenannte Parentelen:
- Zum ersten Stamm, zum Stamm des Erblassers, gehören alle Personen, die von diesem Erblasser abstammen (Kinder, Enkel etc.).
- Der zweite Stamm ist der Stamm der Eltern. Hierzu zählen der Vater und die Mutter sowie ihre Nachkommen (Geschwister, Neffen, Nichten).
- Den dritten Stamm bilden die Grosseltern väterlicher- und mütterlicherseits sowie deren Abkömmlinge (Onkel, Tanten, Cousins und Cousinen).

Die Ehefrau, der Ehemann – und auch die eingetragene Partnerin, der Partner – gehören nicht zur Stammesordnung, jedoch immer zum Kreis der gesetzlichen Erben. Wie viel sie erhalten, hängt davon ab, ob sie mit Erben des ersten oder des zweiten Stammes teilen müssen.

Innerhalb eines Stammes kommen jeweils nur die Angehörigen der obersten Ebene zum Zug – also beispielsweise die Kinder. Alle Erben einer Ebene werden gleich behandelt. Ist ein Erbe bereits verstorben und hat er Nachkommen, treten diese an seine Stelle. Das ist zum Beispiel der Fall, wenn ein Kind des Erblassers schon vor ihm gestorben ist. Dann kommen die Kinder dieses Kindes – also die Enkel – an die Reihe. Gibt es auf einer Ebene keine Erben, fällt die Erbberechtigung auf die darunterliegende Ebene – so lange, bis innerhalb der Parentele keine Erben mehr vorhanden sind. Erst dann geht der Nachlass an den nächsten Stamm über.

 **GERDA C. WAR EIN EINZELKIND,** ledig und hatte keine Kinder. Bei ihrem Tod sind beide Eltern schon verstorben. Frau C.s Nachlass geht deshalb je zur Hälfte an den grosselterlichen Stamm väterlicher- und mütterlicherseits. Da auch alle Grosseltern

schon gestorben sind, erben deren Nachkommen. Väterlicherseits hinterlässt Gerda C. ihren Onkel Karl, dem die Hälfte des Nachlasses zufällt. Mütterlicherseits leben noch Tante Frieda sowie drei Nachkommen von Onkel Hans. Tante Frieda erhält von der zweiten Hälfte des Nachlasses die Hälfte ($1/4$), die drei Cousins teilen sich den verbleibenden Viertel und erhalten je $1/12$.

Das Gesetz legt nicht nur fest, wer erbt, sondern auch, wie viel das ist. Dieser Anteil wird «gesetzlicher Erbteil» genannt. Die Tabelle auf der nächsten Seite zeigt, welche Erben in welcher Situation zum Zug kommen.

> **TIPP** *Wie sieht die gesetzliche Erbfolge in Ihrem Fall aus? Und wer würde wie viel erhalten? Prüfen Sie dies, bevor Sie sich Gedanken über die Gestaltungsmöglichkeiten machen. Ehegatten zum Beispiel erben von Gesetzes wegen immer, Konkubinatspartner und -partnerinnen hingegen nicht.*

So können Sie Einfluss nehmen

Wenn die gesetzliche Erbfolge und die Anteile, die jeder erhalten würde, nicht Ihren Wünschen entsprechen, haben Sie folgende Möglichkeiten:
- Sie können ein sogenanntes **eigenhändiges Testament** verfassen. Dieses muss vollständig von Hand geschrieben, datiert und unterschrieben werden.
- Sie können durch einen Notar respektive eine andere Urkundsperson ein **öffentliches Testament** errichten lassen. Dabei wirken zwei Zeugen mit, die jedoch keine Kenntnis vom Inhalt erhalten.
- Sie können einen **Erbvertrag** abschliessen. Auch dieser wird notariell abgefasst.

Testamente sind einfach zu errichten. Sie lassen sich auch leicht anpassen oder vernichten.

> **TIPP** *Stellen Sie sicher, dass das Schriftstück bei Ihrem Ableben auch wirklich gefunden wird und dass klar ist, welches die letzte Fassung ist. Vermeiden Sie uneindeutige Formulierungen und*

anfechtbare Formfehler. Lassen Sie sich gegebenenfalls von einer Fachperson Ihres Vertrauens beraten.

Einen Erbvertrag können Sie im Gegensatz zum Testament nur mit Zustimmung aller Beteiligten verfassen, ändern oder aufheben. Er muss notariell abgefasst und im Beisein zweier Zeugen unterschrieben werden. Sind sich beispielsweise Eltern und Nachkommen einig, dass die Nachkommen erst beim Ableben des zweiten Elternteils erben sollen, können die Ehegatten sich gegenseitig erbvertraglich zu Alleinerben einsetzen und die Nachkommen auf ihren Pflichtteilsanspruch unwiderruflich verzichten.

Geschützt: die Pflichtteile

Die gesetzlichen Erbteile dürfen Sie ändern, Sie sind darin jedoch nicht gänzlich frei, denn es gibt die Pflichtteile. Diese sind tiefer als die gesetzlichen Erbteile, aber garantiert. Es ist nur in seltenen Ausnahmefällen möglich, einem pflichtteilsgeschützten Erben diesen Anteil zu entziehen, ihn also zu enterben.

Pflichtteilsgeschützt sind die Nachkommen, der Ehepartner oder die eingetragene Partnerin und die Eltern. Kinder erhalten garantiert drei Viertel ihres gesetzlichen Erbteils, die Eltern und der Ehepartner die Hälfte. Alle übrigen gesetzlichen Erben können Sie in Ihrem Testament von der

GESETZLICHER ERBTEIL, PFLICHTTEIL UND FREI VERFÜGBARE QUOTE

Hinterlassene	Gesetzliche Erbteile	Gesetzliche Pflichtteile	Erbquote	Frei verfügbare Quote
Sohn und Tochter	$1/2$ und $1/2$	$3/4$ und $3/4$	$3/8 + 3/8 = 3/4$	$1/4$
Sohn und Ehefrau	$1/2$ und $1/2$	$3/4$ und $1/2$	$3/8 + 2/8 = 5/8$	$3/8$
Mutter und Bruder	$1/2$ und $1/2$	$1/2$ und 0	$1/4 + 0 = 1/4$	$3/4$
Ehefrau und Vater und/oder Mutter	$3/4$ und $1/4$	$1/2$ und $1/2$	$3/8 + 1/8 = 1/2$	$1/2$
Ehemann und Schwester	$3/4$ und $1/4$	$1/2$ und 0	$3/8 + 0 = 3/8$	$5/8$
Bruder und Nichte	$1/2$ und $1/2$	0 und 0	$0 + 0 = 0$	alles

Erbfolge ausschliessen. Der Teil des Nachlasses, der nicht von den Pflichtteilen in Anspruch genommen wird, heisst frei verfügbare Quote. Darüber können Sie nach Gutdünken verfügen (siehe nebenstehenden Kasten).

> **DER VERWITWETE KARL S.** hat seit Jahren kaum mehr Kontakt zu seinem Sohn Simon. Er möchte dessen Erbteil so klein wie möglich ausfallen lassen und dafür seine Tochter Monika begünstigen, die ihn schon seit Jahren mit grossem Einsatz pflegt. Ohne Testament würde der Sohn die Hälfte des Nachlasses erben; pflichtteilsgeschützt sind drei Viertel davon. In seinem Testament verfügt Karl S., dass Monika auch den verfügbaren Teil von Simons Erbteil erhält. Sie wird dereinst also statt der Hälfte fünf Achtel vom Nachlass bekommen.

Verletzen Sie in Ihrem Testament Pflichtteile, können die betroffenen Erben sich wehren: entweder indem sie innert eines Monats ab Testamentseröffnung per eingeschriebenen Brief an die zuständige Behörde Einsprache erheben und ihren Pflichtteil geltend machen, oder indem sie innert eines Jahres ab Testamentseröffnung eine Herabsetzungsklage einreichen. Wehren sich die betroffenen Erben nicht, ist Ihr Testament trotz Pflichtteilsverletzung gültig.

Möglichkeiten der Nachlassgestaltung

Ausgerüstet mit dem Grundwissen über das Güter- und Erbrecht, können Sie nun Ihre eigene Nachlassplanung in Angriff nehmen (eine Checkliste, die Sie auf alle relevanten Punkte aufmerksam macht, finden Sie auf

---

STICHWORT AUSSCHLAGUNG
Erben übernehmen nicht nur das Vermögen des Erblassers, sondern auch dessen Schulden, und sie haften dafür mit ihrem eigenen Vermögen. Dagegen kann man sich schützen, indem man die Erbschaft ausschlägt. Die Frist dafür beträgt drei Monate ab dem Todestag oder ab dem Moment, da man vom Tod erfährt. Eine Erbschaft sollte man also nur antreten, wenn eine Überschuldung ausgeschlossen werden kann. Im Zweifelsfall empfiehlt es sich, bei der zuständigen Behörde ein öffentliches Inventar zu verlangen.

Seite 221). Im Folgenden geht es um einige Möglichkeiten, den Gestaltungsspielraum in Ihrer letztwilligen Verfügung zu erweitern.

Erben und Vermächtnisnehmer
In Ihrem Testament können Sie nicht nur die frei verfügbare Erbquote zuteilen, sondern geliebten Menschen auch einzelne Gegenstände oder definierte Beträge zusprechen. Auf diese Weise begünstigte Personen werden Vermächtnisnehmer genannt. Beim Vermächtnis (oder Legat) kann es sich etwa um ein Schmuck- oder Möbelstück oder gar um eine Liegenschaft handeln.

Was ist der Unterschied zwischen einem Erben und einem Vermächtnisnehmer? Erben treten in die Rechte und Pflichten des Erblassers ein. Das bedeutet, dass sie sowohl Guthaben wie auch Schulden übernehmen und so Einblick in die privaten und finanziellen Verhältnisse des Verstorbenen erhalten. Für die Teilung des Nachlasses ist Einstimmigkeit unter den Erben nötig. Diese bilden eine Gemeinschaft, bis das Erbe geteilt ist. Kommt es zu Uneinigkeiten, kann das Jahre dauern. Vermächtnisnehmer hingegen zählen nicht zur Erbengemeinschaft. Sie haben in Sachen Nachlass nichts zu sagen, sondern einfach ein Anrecht darauf, das Vermächtnis ausgerichtet zu bekommen.

FORMULIERUNG VERMÄCHTNIS
«Ich, Veronika Z., vermache dem Frauenverein in Hochdorf 10 000 Franken. Meine goldene Brosche ‹Schmetterling› erhält mein Patenkind Bettina K. in Gettnau als Vermächtnis. 25. März 2018, Veronika Z.»

TIPP *Halten Sie in Ihrem Testament die Anzahl der Erben ohne Pflichtteilsschutz möglichst klein, um die spätere Erbteilung nicht unnötig zu komplizieren. Nutzen Sie das Instrument des Vermächtnisses, wenn Sie einzelne Personen oder Institutionen begünstigen möchten.*

Teilungsvorschriften
Oft legen Erblasser in ihrer letztwilligen Verfügung fest, wer welchen Vermögenswert erhalten soll. Solche Bestimmungen nennt man Teilungsanordnung; man kann damit eine reibungslose Teilung des Erbes fördern.

> **FORMULIERUNG TEILUNGSVORSCHRIFT**
> «Ich, Josef A., verfüge letztwillig wie folgt:
> Meine beiden Söhne Samuel und Tobias erhalten meinen Nachlass je zur Hälfte. Samuel hat das Recht, die Liegenschaft Nelkenweg 2 in Mettmenstetten zum Mittelwert von zwei unabhängigen Verkehrswertschätzungen in Anrechnung an seinen Erbteil zu übernehmen. 13. August 2018, Josef A.»

Allerdings: Wenn sich die Erben auf eine andere Teilung einigen, dürfen sie sich über die testamentarische Vorschrift hinwegsetzen.

TIPP Achten Sie beim Verfassen einer Teilungsvorschrift darauf, dass sie nicht als Vermächtnis und damit als zusätzliche Begünstigung eines Erben interpretiert werden kann. Mit der Formulierung «in Anrechnung an seinen Erbteil erhält ...» schaffen Sie Klarheit.

Dinge zu verteilen, die einem ans Herz gewachsen sind, stellt oft ein Problem dar. Deshalb sollten Sie die Gegenstände und die Begünstigten klar bezeichnen und festhalten, wie nicht speziell erwähnte Objekte verwertet werden sollen. Eine Anordnung, dass wertvolle Gegenstände durch eine Fachperson bewertet werden sollen, hilft, Differenzen unter den Begünstigten zu vermeiden.

TIPP Vermeiden Sie in der Teilungsvorschrift Sammelbegriffe wie «Hausrat» und «Mobiliar», um Missverständnissen vorzubeugen. Umschreiben Sie die vermachten Objekte klar und zweifelsfrei. Eine Beschriftung oder Markierung ist ebenfalls hilfreich.

Die Willensvollstreckung

Wer der Ansicht ist, seine Erben seien weder fachlich in der Lage noch willens, den künftigen Nachlass einvernehmlich zu teilen und die Anordnungen einzuhalten, kann einen Willensvollstrecker einsetzen. Infrage kommt etwa eine fachlich geeignete Privatperson, ein Anwalt, eine Notarin, die Bank oder eine Treuhandgesellschaft. Der Willensvollstrecker setzt den letzten Willen des Verstorbenen durch und wickelt den Nachlass bis zur Teilung ab. Er hat weitreichende Kompetenzen und ist nicht an die Weisungen der Erben gebunden. Er ist ihnen gegenüber aber rechenschaftspflichtig und benötigt für den Abschluss der Erbteilung ihre Zustimmung. Sein Honorar sollte seiner Verantwortung und seinem Aufwand Rechnung tragen. In der Praxis jedoch werden noch häufig aufwandunabhängige Honorare in Höhe von einem bis drei Prozent der Nachlassaktiven abgerechnet.

Willensvollstrecker können von den Erben nicht abgesetzt werden, da das Mandat vom Erblasser erteilt wurde. Bei schweren Versäumnissen ist aber eine Amtsenthebung durch die zuständige Aufsichtsbehörde möglich.

TIPP *Überlegen Sie sich gut, ob Sie für die Nachlassabwicklung einen Willensvollstrecker benötigen. Verzichten Sie im Zweifelsfall auf eine Mandatserteilung. Ihre Erben können dereinst jederzeit gemeinsam eine fachlich geeignete Person mit der Nachlassabwicklung beauftragen und diesen Auftrag bei Unzufriedenheit auch widerrufen. Falls Sie trotzdem einen Willensvollstrecker einsetzen möchten, wählen Sie jemanden, der aufwandabhängig abrechnet, oder schliessen Sie vorgängig eine Honorarvereinbarung ab.*

Das Mittel der Nutzniessung

Mit der Nutzniessung haben Sie ein Instrument zur Verfügung, das die zeitlich befristete Begünstigung ohne Übertragung der Eigentumsrechte erlaubt. Der Nutzniesser erhält das Recht, ein Vermögen zu nutzen; er muss es aber im Wert erhalten, darf es also nicht verbrauchen, verschenken oder belasten, denn das Eigentum liegt bereits bei den Erben. Häufig kommt diese Form bei Liegenschaftsbesitz zur Anwendung. Dann ist der Nutzniesser für den Unterhalt verantwortlich und muss auch die Hypothekarzinsen zahlen.

BUCHTIPP
Mehr Informationen über die Gestaltung von Testamenten, über Begünstigungsmöglichkeiten und Erbteilung finden Sie in diesem Beobachter-Ratgeber: **Testament, Erbschaft. Wie Sie klare und faire Verhältnisse schaffen.**
www.beobachter.ch/buchshop

INFO *Die Interessen von Eigentümern und Nutzniessern können völlig unterschiedlich sein, trotzdem sind sie miteinander verbunden. Dies führt im Alltag oft zu Problemen. Verwenden Sie die Nutzniessung deshalb nur, wenn keine andere Möglichkeit der Begünstigung besteht.*

CHECKLISTE NACHLASSREGELUNG
Die folgende Liste liefert Ihnen nützliche Hinweise und Anregungen für die Formulierung der letztwilligen Verfügung. Holen Sie fachlichen Rat ein, wenn es um heikle Bereiche geht (siehe etwa Punkt 7 und 8).
1. Wer sind meine Erben von Gesetzes wegen? Haben sie Pflichtteilsansprüche?
2. Was will ich regeln (zusätzliche Erben einsetzen, Vermächtnisse, Teilungsvorschriften etc.)?
3. Sind meine Erben eventuell zu einer erbvertraglichen Lösung bereit?
4. Welches sind die erbschaftssteuerlichen Folgen meiner Verfügung?
5. Bestehen bereits letztwillige Verfügungen, die eventuell im Widerspruch zu den neu zu erstellenden stehen oder bindend sind (Erbvertrag)?
6. Soll ein Willensvollstrecker den Nachlass abwickeln?
7. Will ich Vorkehrungen treffen für den Fall, dass meine meistbegünstigte Ehefrau, mein meistbegünstigter Ehemann wieder heiratet oder dement wird?
8. Will ich regeln, was gelten soll, wenn ich und meine Frau, mein Mann gleichzeitig versterben, oder wenn der oder die Zweite von uns stirbt?
9. Ist meine letztwillige Verfügung verständlich und vollständig?
10. Wo wird die letztwillige Verfügung sicher aufbewahrt?

Die Versicherungsleistungen

Leistungen aus einem Versicherungsvertrag werden der begünstigten Person unabhängig von Erbrecht und Nachlassteilung ausgezahlt, nahen Verwandten sogar, wenn sie die Erbschaft ausschlagen. Bei kapitalbildenden Lebensversicherungen wird der Rückkaufswert per Todestag für die Berechnung einer allfälligen Pflichtteilsverletzung berücksichtigt. Die Versicherungssumme wird aber trotzdem direkt der begünstigten Person ausgezahlt. Wollen die Erben ihren Anteil zur Deckung des Pflichtteils, müssen sie eine Herabsetzungsklage einreichen (siehe auch Seite 217).

Schritt für Schritt zum Ziel

Gehen Sie Ihre Nachlassregelung strukturiert an (die Checkliste gibt das Schema vor); lassen Sie Ihre selbst abgefasste letztwillige Verfügung von einer Fachperson auf Richtigkeit und Vollständigkeit sowie steuerliche Konsequenzen prüfen.

Wünsche betreffend Bestattung oder medizinischer Behandlung in der letzten Lebensphase gehören nicht in ein Testament, denn die Testamentseröffnung findet erst nach der Beerdigung statt. Halten Sie solche Anliegen in einer Bestattungsanordnung und/oder in einer Patientenverfügung fest und bewahren Sie das Schriftstück bei Ihren privaten Dokumenten auf.

So sichern Sie Ihren Ehepartner optimal ab

Art und Umfang der Begünstigung des Ehepartners, der Ehepartnerin hängen sowohl von der gesetzlichen Erbfolge wie auch von der Zusammensetzung des ehelichen Vermögens aus Errungenschaft und Eigengut ab. Ebenso ist die vorsorgerechtliche Situation zu berücksichtigen: Welche Rentenleistungen oder Todesfallkapitalien erhält die hinterbliebene Seite, unabhängig von Güter- und Erbrecht?

Wer seine letzten Dinge anders regeln will, als es das Gesetz vorsieht, muss aktiv werden. Vielleicht möchten Sie, dass Ihre Kinder erst nach dem Tod beider Elternteile erben. Oder Sie möchten sich gegenseitig maximal begünstigen und die Kinder erst in zweiter Linie berücksichtigen. Solche weitergehenden Begünstigungen erreichen Sie mit einem Ehevertrag, mit einem Testament respektive einem Erbvertrag oder mit einer Kombination aus beidem. Wer einen Erbvertrag vorzieht, braucht – sofern dadurch Pflichtteile verletzt werden – die Zustimmung aller am künftigen Nachlass beteiligten Erben, und der Vertrag kann nur im gegenseitigen Einvernehmen wieder geändert werden.

Die folgenden typischen Beispiele zeigen zunächst den gesetzlichen Sachverhalt und danach Möglichkeiten, wie sich die Ehefrau, der Ehemann besser begünstigen lässt.

Fall 1: Ehepaar mit Kindern

Viele Familien sind sich einig, dass beim Tod des einen Elternteils vorerst der andere alles erben soll. Besteht das eheliche Vermögen hauptsächlich aus Errungenschaft – und das ist häufig der Fall –, lässt sich das ehevertraglich regeln.

HERBERT UND YVONNE P. haben zwei gemeinsame Kinder: Sohn Giancarlo und Tochter Diana. Das Vermögen von 500 000 Franken haben sie während der Ehe angespart, es stellt somit ausschliesslich Errungenschaft dar. Was passiert, wenn Herbert P. stirbt?

- **Gesetzliche Lösung:** Stirbt ein Ehegatte, erhält der oder die Hinterbliebene die Hälfte der Errungenschaft. Frau P. bekommt güterrechtlich also 250 000 Franken. Die andere Hälfte stellt Herbert P.s Nachlass dar, der erbrechtlich je zur Hälfte der Witwe und den Nachkommen zusteht. Frau P. erhält also gesamthaft 375 000 Franken, Giancarlo und Diana erhalten je 62 500 Franken.
- **Variante:** Das Ehepaar P. kann einen Ehevertrag abschliessen, in dem die gesamte Errungenschaft dem überlebenden Ehegatten zugewiesen wird. Weil kein Eigengut vorhanden ist, erhält Frau P. auf diese Weise das ganze eheliche Vermögen; die Nachkommen erben erst beim Ableben der Mutter.

TIPP *Wenn Sie Ihrem Mann, Ihrer Frau die ganze Errungenschaft zuweisen, sollten Sie zum Schutz der gemeinsamen Nachkommen eine Wiederverheiratungsklausel aufnehmen. Ohne solche Vorkehrungen müssten die Kinder im Fall einer erneuten Heirat des hinterbliebenen Elternteils den ihnen vorenthaltenen Erbteil mit dem zukünftigen Ehepartner teilen.*

Fall 2: Kinderlose Paare

Für kinderlose Ehepaare, die sich maximal begünstigen wollen, stellt die Gütergemeinschaft eine ideale Möglichkeit dar. Dazu braucht es einen Ehevertrag.

DIE EHE VON THOMAS UND CAROLINE M. ist kinderlos geblieben. Von seinem Vater hat Herr M. 300 000 Franken Erbvorbezug für den Erwerb des Eigenheims erhalten; aus dem gemeinsamen Erwerbseinkommen haben die beiden mittlerweile 300 000 Franken angespart. Thomas und Caroline M.s Eltern leben noch. Wer erbt, wenn Herr M. stirbt?

- **Gesetzliche Lösung:** Caroline M. erhält güterrechtlich die Hälfte der Errungenschaft, also 150 000 Franken. Der Nachlass ihres verstorbenen Ehemanns setzt sich zusammen aus der halben Errungenschaft (150 000 Franken) und seinem Erbvorbezug, der als Eigengut gilt (300 000 Franken). Insgesamt sind das 450 000 Franken. Davon fallen von Gesetzes wegen drei Viertel an Caroline M. (337 500

SO STELLEN SIE DEN ZUGRIFF AUF BANKKONTEN SICHER
Vollmachten, auch wenn sie über den Tod hinaus gelten, sind keine Garantie für den Zugriff auf Konten und Schliessfächer. Stirbt ein Ehepartner, akzeptieren die Banken solche Vollmachten meist nur noch zur Zahlung von Nachlasspassiven; die Erben können Vollmachten widerrufen. Nur gemeinsame Konten, die auf den Namen von Mann und Frau lauten, ermöglichen den Zugang auch nach dem Tod des Ehegatten. So sichern Sie sich ab:
- Mann und Frau eröffnen am besten je ein eigenes Konto – davon kann unbeschränkt Geld bezogen werden. So sichert man sich einen Notgroschen, bis die Erbfragen geregelt sind.
- Wer auf eine Kreditkarte angewiesen ist, sollte vorsichtshalber ebenfalls ein eigenes Konto eröffnen und eine Karte dazu beantragen. Denn Kreditkarten auf gemeinsamen Konten werden nach dem Tod eines Ehegatten ebenso gesperrt wie allfällige Partnerkarten.

Franken); ein Viertel oder 112 500 Franken gehen an Thomas M.s Eltern.
- **Variante 1:** Die Eltern geniessen einen Pflichtteilsschutz; ihnen kann mittels Testament lediglich die Hälfte des gesetzlichen Erbteils – das sind 56 250 Franken – entzogen werden. Will Herr M. seine Frau maximal begünstigen, können die beiden in einem Ehevertrag vom ordentlichen Güterstand der Errungenschaftsbeteiligung zur Gütergemeinschaft wechseln. In der Gütergemeinschaft wird das eheliche Vermögen unabhängig von dessen Entstehung zum Gesamtgut vereint. Dieses Gesamtgut kann im Ehevertrag ganz dem überlebenden Ehegatten zugewiesen werden – sofern wie im Beispiel keine Kinder vorhanden sind.
- **Variante 2:** Die Eltern verzichten aus freien Stücken auf ihren Pflichtteil. Hieb- und stichfest wird dieser Verzicht mit einem Erbvertrag.
- **Variante 3:** Thomas und Caroline M. vertrauen den Eltern voll und ganz; sie setzen sich testamentarisch gegenseitig als Alleinerben ein. Diese Begünstigung wird rechtskräftig, wenn die Eltern nicht innerhalb eines Jahres ihren Anspruch auf den Pflichtteil geltend machen.

INFO *Beim Ableben des zweiten Ehegatten sind nur dessen Blutsverwandte gesetzliche Erben. Sollen zum Beispiel die Eltern oder Geschwister des Erstverstorbenen nicht leer ausgehen, sind erbvertragliche oder testamentarische Verfügungen notwendig. Achten Sie* dabei aber auf die Steuerfolgen: Die Begünstigung der gesetzlichen Erben des Erstversterbenden im Nachlass des Zweitversterbenden löst wegen der fehlenden Blutsverwandtschaft in den meisten Kantonen hohe Erbschaftssteuern aus.

Für den Konkubinatspartner vorsorgen

Längst ist das Zusammenleben ohne Trauschein eine gesellschaftlich akzeptierte Lebensform; die Gesetzgebung allerdings nimmt davon wenig Notiz: Konkubinatspartner haben im Gegensatz zu Ehegatten weder güter- noch erbrechtliche Ansprüche und werden auch bei den kantonalen Erbschaftssteuern teilweise wie Nichtverwandte mit den Maximalsätzen besteuert. Leben Sie im Konkubinat, ist die vertragliche Regelung der Vermögensverhältnisse deshalb noch wichtiger als für Ehepaare. Damit können Sie belastende Diskussionen mit gesetzlichen Erben – zum Beispiel mit Kindern aus erster Ehe – verhindern.

TIPP *Schliessen Sie mit Ihrem Lebenspartner, Ihrer Lebenspartnerin einen Konkubinatsvertrag ab. Ein Vermögensinventar, das jährlich aktualisiert wird, kann Teil dieses Vertrags sein und leistet nicht nur im Todesfall gute Dienste. Prüfen Sie, ob die eine Seite beim Versterben der anderen in eine finanzielle Notlage gerät, bevor Sie sich Gedanken über die Möglichkeiten der Begünstigung machen.*

Begünstigung in Testament und Erbvertrag

Egal, wie lange ein Konkubinat gedauert hat und wie innig die Beziehung war: Ohne Massnahmen geht die hinterbliebene Seite im Todesfall leer aus. Nur eine testamentarische oder erbvertragliche Begünstigung sichert

---

STICHWORT PARTNERSCHAFTSGESETZ

Gleichgeschlechtliche Paare, die in eingetragener Partnerschaft leben, sind den Ehepaaren erbrechtlich gleichgestellt. Als Güterstand gilt von Gesetzes wegen die Gütertrennung. Die erbsteuerliche Behandlung ist kantonal geregelt. Im Kanton Zürich etwa sind registrierte gleichgeschlechtliche Paare von der Erbschaftssteuer befreit.

ihr eine Beteiligung am Nachlass. In welchem Umfang der Partner, die Partnerin als Erbe eingesetzt werden kann, hängt davon ab, wer die gesetzlichen Erben sind und ob diese pflichtteilsgeschützt sind.

> **KEVIN K. UND SILVIA R.**, beide geschieden, leben zusammen. Geheiratet haben sie nicht. Weil keine Kinder da sind und die Eltern auf beiden Seiten bereits gestorben sind, gibt es keine pflichtteilsgeschützten Erben. Herr K. und Frau S. können sich je in ihrem Testament gegenseitig als Alleinerben einsetzen, ungeachtet möglicherweise vorhandener Geschwister. Hätte Kevin K. allerdings Kinder aus seiner früheren Ehe, könnte er seine Partnerin lediglich zu einem Viertel als Erbin einsetzen. Und wäre er zwar kinderlos, hätte aber noch beide Eltern, könnte er Silvia R. mit der Hälfte des Nachlasses begünstigen, ohne Pflichtteile zu verletzen.

Halten Sie im Testament oder Erbvertrag fest, dass die Begünstigung Ihres Partners, Ihrer Partnerin nur gilt, solange das Konkubinat besteht (gemeinsame Wohnung, Konkubinatsvertrag). Regeln Sie eventuell, wer beim Ableben des Zweitversterbenden erben soll. Klären Sie auch die Auswirkungen auf die Erbschaftssteuer ab.

Oft sind Konkubinatspartner wirtschaftlich voneinander unabhängig – sei es, weil beide gut verdienen, sei es, weil sie über Vermögen verfügen. In diesem Fall möchten Sie vielleicht lediglich sicherstellen, dass Ihre Lebenspartnerin in der gemeinsamen Wohnung bleiben kann. Dann können Sie ihr zum Beispiel testamentarisch ein entgeltliches Wohnrecht einräumen.

Ebenso können Sie testamentarisch das Auseinanderreissen des Hausrats verhindern – egal, ob er nun dem Verstorbenen allein gehörte oder gemeinsam erworben wurde. Soll der Partnerin lediglich das Recht eingeräumt werden, die Gegenstände zu kaufen, erleichtern Bewertungsvorschriften die Abwicklung.

FORMULIERUNG WOHNRECHT

«Meine Partnerin Alexandra F. erhält das lebenslange Wohnrecht an meiner Eigentumswohnung Kreuzgasse 4, 8132 Egg. Sie hat dafür monatlich 1500 Franken zu zahlen.»

Vorsorgerechtliche Begünstigung

Pensionskassen können im Reglement vorsehen, dass im Todesfall Leistungen an die Konkubinatspartnerin, den Konkubinatspartner ausgerichtet werden. Diese sind abhängig von der Dauer der Lebensgemeinschaft (mindestens fünf Jahre) und häufig auch davon, ob Kinder vorhanden sind und die Partnerin massgeblich unterstützt wurde (siehe auch Seite 181). Hat Ihre Pensionskasse diese Möglichkeit im Reglement vorgesehen, müssen Sie ihr schriftlich mitteilen, dass Sie Ihre Lebenspartnerin, Ihren Partner begünstigen wollen.

> **INFO** *Auch wenn keine Rente vorgesehen ist, zahlen manche Vorsorgeeinrichtungen unter gewissen Bedingungen im Todesfall ein Abfindungskapital aus. Konsultieren Sie das Reglement oder erkundigen Sie sich beim Versicherer.*

Sind Freizügigkeitsgelder auf einem Konto oder einer Police vorhanden, fällt dieses Kapital nicht in den Nachlass. Begünstigt werden in erster Linie die Witwe oder der Witwer und die Waisen. Versicherte können aber verfügen, dass ihre Konkubinatspartnerin, ihr Partner ebenfalls zum Zug kommen soll. Dann benötigt die Bank oder der Versicherer eine schriftliche Mitteilung.

Neben der Begünstigung bei der 2. Säule stellt der Abschluss einer Lebensversicherung eine weitere Möglichkeit zur Absicherung des Partners, der Partnerin dar. Das kann eine gemischte Kapitalversicherung sein, günstiger ist aber der Abschluss einer reinen Todesfallrisikoversicherung. Diese Variante kommt vor allem für jüngere Menschen infrage, denn mit steigendem Alter und entsprechend höherer Sterbewahrscheinlichkeit klettern auch die Prämien. Kapitalleistungen aus Lebensversicherungen unterstehen nicht dem Erbrecht. Bei kapitalbildenden Produkten wird jedoch der Rückkaufswert bei der Berechnung einer möglichen Pflichtteilsverletzung berücksichtigt.

> **INFO** *Für Konkubinatspartner mit pflichtteilsgeschützten Erben ist die reine Todesfallrisikoversicherung im Rahmen der Säule 3b das Mittel der Wahl für die gegenseitige Begünstigung. Hier können Sie die begünstigte Person frei bestimmen – und diese Begünstigung zudem jederzeit wieder ändern.*

Wie wärs mit einem Geschenk?
Schenkungen werden in den meisten Kantonen mit der Schenkungssteuer belegt. Fortschrittliche Kantone zählen Konkubinatspartner nicht mehr zur Gruppe der Nichtverwandten, die mit den höchsten Erbschafts- und Schenkungssteuersätzen veranlagt werden; stattdessen haben sie bevorzugte Klassen geschaffen. Zudem operieren sie mit unterschiedlichen Freibeträgen, oder der Hausrat ist von der Besteuerung ausgenommen.

Steuerfrei bleiben Gelegenheitsgeschenke; bei welchem Betrag die Grenze zur steuerbaren Schenkung liegt, ist in den meisten Gesetzen nicht definiert.

Sind die Einkommens- und Vermögensdifferenzen zwischen Partner und Partnerin gross, kann die wirtschaftlich stärkere Seite den Partner mit grosszügigen Gelegenheitsgeschenken – oder auch indem sie den grössten Teil der Lebenshaltungskosten übernimmt – bereits zu Lebzeiten begünstigen. Wird der Begriff des Gelegenheitsgeschenks aber überstrapaziert, drohen Schenkungssteuern; nachweisbare Kontoüberträge sollte man also vermeiden. Zu prüfen sind auch Optimierungsmöglichkeiten bei Liegenschaften, beispielsweise durch eine lebzeitige Schenkung an die jüngere Partnerin, verbunden mit einer Nutzniessung zugunsten des Schenkers. Je nach dessen Alter und Lebenserwartung reduziert die Nutzniessung den Schenkungswert teilweise beträchtlich.

TIPP Achten Sie unabhängig von Art und Umfang der Besteuerung darauf, dass Sie mit Schenkungen keine Pflichtteile verletzen. Pflichtteilsgeschützte Erben könnten diese nach Ihrem Tod anfechten.

9 ■■■ FINANZEN NACH DER PENSIONIERUNG

Anhang

Beispiel Pensionskassenausweis

Budget-Erhebungsbogen

Adressen und Links

Literatur

Stichwortverzeichnis

Download-Angebot zu diesem Buch
Der Budget-Erhebungsbogen steht Ihnen auch online zur Verfügung (www.beobachter.ch/download, Code 9148).

Beispiel Pensionskassenausweis

PERSÖNLICHER AUSWEIS

Ausweis gültig ab 1.1.20zz	Vertrag Nr. 9/9999/VX

Versicherte Person

Lukas P.		
Geburtsdatum 11.6.1974	Vers.-Nr. 756.0070.8042	CHF

Versicherungsbeginn 31.12.2010	Jahreslohn	80 000.00 ①
Erreichen Pensionsalter am		
01.07.2039	Versicherter Lohn	55 325.00 ②

Leistungen im Alter

(voraussichtliche Werte mit x,xx % Zins hochgerechnet)

		Alterskapital	Altersrente
bei ordentlicher Pensionierung	im Alter 65 am 01.07.2039	398 346.00	26 976.00 ③
bei vorzeitiger Pensionierung	im Alter 64	378 896.00	24 859.00
	im Alter 63	359 921.00	22 911.00
	im Alter 62	341 408.00	21 114.00
	im Alter 61	323 347.00	19 451.00
	im Alter 60	305 726.00	17 909.00

Der Umwandlungssatz zur Berechnung der Altersrente aus dem Alterskapital bei ordentlicher Pensionierung beträgt für den BVG-Teil 6,8% und für den überobligatorischen Teil 5,835% (Differenz zwischen Total und BVG-Teil).

Leistungen bei Invalidität

Jährliche Invalidenrente	nach 12 Monaten Wartefrist	19 363.75* ④
Jährliche Invaliden-Kinderrente	nach 12 Monaten Wartefrist	3 872.75*
Beitragsbefreiung	nach 3 Monaten Wartefrist	

Leistungen im Todesfall

Jährliche Ehegattenrente		11 508.00* ⑤
Jährliche Lebenspartnerrente		11 508.00
Todesfallkapital	zusätzlich zur Ehegatten- bzw. Lebenspartnerrente	–
Todesfallkapital	wenn keine Ehegatten- bzw. Lebenspartnerrente fällig wird	96 105.25
Jährliche Waisenrente		3 863.00*

* Bei Unfall werden die Leistungen der obligatorischen Unfallversicherung angerechnet.
In diesen Fällen gelten die Einschränkungen gemäss Reglement.

Entwicklung Altersguthaben

		BVG-Teil	Total
Altersguthaben	per 01.01.20yy	75 480.80	81 998.95 ⑥
Zins (x.xx %)	für 20yy	754.80	1 820.00
Altersgutschrift	für 20yy	5 564.00	5 564.00
Überschuss	per 01.01.20zz	0.00	221.85
Altersguthaben	per 01.01.20zz	81 799.60	88 604.80
Darin enthalten:			
eingebrachte Freizügigkeitsleistung		28 812.45	33 598.95

Die Verzinsung für das Altersguthaben im Jahr 20zz beträgt für den BVG-Teil 1%* und für den überobligatorischen Teil 1%* (Differenz zwischen Total und BVG-Teil).

* Zins inkl. Zinsüberschuss

Freizügigkeit/Wohneigentum

Total aller eingebrachten Freizügigkeitsleistungen		28 812.45	33 598.95 ⑦
Freizügigkeitsleistung	per 01.01.20zz	81 799.60	88 604.80
Möglicher Betrag für Vorbezug zugunsten Wohneigentum	per 01.01.20zz		88 604.80

Möglicher Einkauf

Möglicher Einkauf von Beitragsjahren	per 01.01.20zz		15 829.70 ⑧
Möglicher Einkauf für vorzeitige Pensionierung	per 01.01.20zz	auf Alter 64	23 328.00
		auf Alter 63	46 699.00
		auf Alter 62	70 188.00
		auf Alter 61	93 826.00
		auf Alter 60	117 727.00

Bei den ausgewiesenen Einkaufsbeträgen handelt es sich um Richtwerte pro Vorsorgeplan.

Beiträge

Gesamtbeitrag	vom 01.01.20zz – 31.12.20zz	7 426.50 ⑨
Ihr Beitrag		3 713.25
davon	für Altersvorsorge	2 725.15
	für Risikoversicherung, Verwaltungskosten und Sicherheitsfonds	988.10
Ihr persönlicher Monatsbeitrag	auf der Basis von 12 Monaten	309.45

Personalvorsorgekommission

Die Personalvorsorgekommission umfasst mit Stand 15.12.20yy

Arbeitnehmervertreter	Zürisee Adrian ⑩
Arbeitgebervertreter	Boss Simon

Grundlage dieses Ausweises bildet das Reglement Ihrer Pensionskasse.
Er ersetzt alle früheren Ausweise.
Erstellt am 15.12.20yy im Auftrag Ihrer Pensionskasse durch XY AG, Postfach, 8000 Zürich

Versicherungsausweise sind so unterschiedlich wie die Pensionskassenlösungen. Abgebildet ist der Ausweis für einen 44-jährigen Mann.

1. **Jahreslohn:** Der gemeldete Jahreslohn sollte Ihrem Bruttolohn gemäss Lohnausweis entsprechen, wobei allfällige Boni meist nicht dazuzählen.
2. **Versicherter Lohn:** Der versicherte Lohn, auch koordinierter Lohn genannt, ist der Teil des Bruttolohns, für den Versicherungsleistungen gezahlt werden. Er umfasst zwingend den obligatorischen Teil und je nach Reglement einen mehr oder weniger grossen überobligatorischen Teil. Der Lohn im aufgeführten Beispiel liegt unterhalb der BVG-Obergrenze von 84 600 Franken. Davon wird der Koordinationsabzug von 24 675 Franken abgezogen (Stand 2018).
3. **Leistungen im Alter:** Das Alterskapital bezeichnet die Summe, die Sie bis zum regulären Pensionsalter angespart haben werden – vorausgesetzt, die Anstellungsbedingungen und der Zinssatz bleiben gleich. Es handelt sich also nicht, wie bei einer Bank, um bereits vorhandenes Kapital, worauf Sie Anspruch hätten. Auch die Altersrente wird anhand der aktuellen Umwandlungssätze berechnet. Je weiter die Pensionierung entfernt ist, desto grösser sind die Abweichungen.
4. **Leistungen bei Invalidität:** Wie sich die Invalidenrente berechnet, ersehen Sie aus dem Reglement Ihrer Pensionskasse. Im Beispiel beträgt die Invalidenrente rund 35 Prozent des versicherten Lohns. Die Invaliden-Kinderrente macht 20 Prozent davon aus. Die Pensionskasse im Beispiel sieht dabei eine kürzere Wartefrist von 12 Monaten vor (üblich sind 24 Monate).
5. **Leistungen im Todesfall:** Wie sich die Ehegattenrente berechnet und ob eine Lebenspartnerrente vorgesehen ist, steht im Reglement. Im Beispiel betragen die Ehegatten- und die Lebenspartnerrente gut 20 Prozent des versicherten Lohnes. Die Rente für Waisen ist gleich hoch wie die Invaliden-Kinderrente.
6. **Entwicklung Altersguthaben:** Im Beispiel wird das gegenwärtig vorhandene Altersguthaben ausgewiesen. Der BVG-Teil ist gesondert aufgeführt, weil dafür die gesetzlichen Zins- und Umwandlungssätze gelten. Im Beispiel ist auch die aktuelle Verzinsung aufgeführt.
7. **Freizügigkeit / Wohneigentum:** Diese Position weist aus, was Sie in die Pensionskasse eingebracht haben und was Sie bei einem Stellenwechsel mitnehmen würden. Denselben Betrag können Sie sich auch für die Finanzierung von Wohneigentum auszahlen lassen. Ab Alter 50 erhalten Sie entweder den Betrag, den Sie mit 50 hätten beziehen können, oder die Hälfte der aktuellen Freizügigkeitsleistung – je nachdem, welche Summe höher ausfällt. Bei Verheirateten muss auch der Stand zum Zeitpunkt der Heirat aufgeführt werden. Diese Beiträge sind erst bei einer allfälligen Scheidung von Bedeutung, weil dann die während der Ehe angesparten Gelder geteilt werden.
8. **Möglicher Einkauf:** Ausgewiesen sind die Angaben zum maximal möglichen Einkauf von Beitragsjahren und zu den Leistungen bei vorzeitiger Pensionierung.
9. **Beiträge:** Der Gesamtbeitrag listet die Zahlungen von Arbeitnehmer und Arbeitgeber auf (der Arbeitgeber muss mindestens die Hälfte übernehmen). Der Beitrag für die Altersvorsorge ist quasi die Einzahlung fürs Alterskapital; der Beitrag für Risikoversicherung, Verwaltungskosten und Sicherheitsfonds enthält die Prämie für die Invaliditäts- und Todesfallversicherung. Der persönliche Monatsbeitrag sollte mit dem Betrag übereinstimmen, der Ihnen vom Lohn abgezogen wird.
10. **Personalvorsorgekommission:** Hilfreich sind die Namen der Arbeitnehmer- und Arbeitgebervertreter im Stiftungsrat der Pensionskasse. Der Arbeitnehmervertreter ist für Versicherte der erste Ansprechpartner bei Fragen zur beruflichen Vorsorge.

◉ Budget-Erhebungsbogen

	Monatlich	Jährlich
Einkünfte		
Nettoeinkommen Mann (inklusive Familienzulagen, 13. Monatslohn)		
Nettoeinkommen Frau (inklusive Familienzulagen, 13. Monatslohn)		
Sonstige Einkünfte (Vermögenserträge, Unterhaltsbeiträge etc.)		
Total Einkünfte		
Feste Verpflichtungen		
Wohnen in Mietwohnung: Miete inkl. Nebenkosten		
Wohnen in Eigenheim: Hypothekarzins, Amortisation, Unterhalt und Reparaturen, Heizung und Wasser, Versicherungen		
Energie (Elektrizität, Gas)		
Telefon, Handy		
Radio, Fernsehen, Internet		
Steuern		
Krankenkasse, Unfallversicherung		
Hausrat-, Privathaftpflichtversicherung		
Lebensversicherungen, Säule 3a		
Kinderbetreuung		
Öffentlicher Verkehr (Abonnements)		
Auto (inkl. Betriebskosten, Versicherung, Reparaturen etc.)		
Total feste Verpflichtungen		
Variable Kosten		
Haushalt		
Nahrungsmittel, Getränke		
Haustier		
Sonstige Haushaltskosten		
Total Haushalt		

	Monatlich	Jährlich

Persönliche Auslagen Mann

Kleider, Schuhe
Freizeit, Taschengeld, Hobby, Ausgehen
Berufsbedingte auswärtige Verpflegung
Total persönliche Auslagen Mann

Persönliche Auslagen Frau

Kleider, Schuhe
Freizeit, Taschengeld, Hobby, Ausgehen
Berufsbedingte auswärtige Verpflegung
Total persönliche Auslagen Frau

Persönliche Auslagen Kinder

Kleider, Schuhe
Freizeit, Taschengeld, Hobby, Ausgehen
Total persönliche Auslagen Kinder

Diverses

Franchise, Selbstbehalt bei Krankenkasse
Zahnarzt, Medikamente, Optiker
Geschenke, Spenden
Zeitschriften, Zeitungen, Mitgliedschaften
Ausbildung, Weiterbildung
Kreditraten
Alimentenzahlungen
Ferien
Anschaffungen
Unvorhergesehenes
Total Diverses

Total variable Kosten

Zusammenzug

Total Einnahmen
Total feste Verpflichtungen
Total variable Kosten
Überschuss oder Fehlbetrag

Adressen und Links

Beratung

www.beobachter.ch
Das Wissen und der Rat der Fachleute in acht Rechtsgebieten stehen den Mitgliedern des Beobachters im Internet und am Telefon zur Verfügung. Wer kein Abonnement der Zeitschrift oder von Guider hat, kann online oder am Telefon eines bestellen und erhält sofort Zugang zu den Dienstleistungen.
- www.guider.ch: Guider ist der digitale Berater des Beobachters mit vielen hilfreichen Antworten bei Rechtsfragen.
- Beratung am Telefon: Montag bis Freitag von 9 bis 13 Uhr, Direktnummern der Fachbereiche unter www.beobachter.ch/beratung (→ Telefonische Beratung), Fachbereich Sozialversicherungen (auch Pensionskasse): Tel. 043 444 54 05, Fachbereich Finanzen und Steuern: Tel. 043 444 54 07
- Kurzberatung per E-Mail: Links zu den Fachbereichen unter www.beobachter.ch/beratung (→ E-Mail-Beratung)
- Anwaltssuche: vertrauenswürdige Anwältinnen und Anwälte in Ihrer Region unter www.beobachter.ch/beratung (→ Anwaltssuche)

www.bsv.admin.ch
Bundesamt für Sozialversicherungen
Effingerstrasse 20
3003 Bern
Tel. 058 462 90 11
Kompetenzzentrum des Bundes; Informationen, Zahlen, Fakten zu AHV, Ergänzungsleistungen, beruflicher Vorsorge und weiteren Sozialversicherungen

www.ch.ch
Informationsportal zu den Verwaltungsstellen von Kantonen und Gemeinden

www.djs-jds.ch
Demokratische Juristinnen und Juristen der Schweiz (DJS)
Schwanengasse 9
3011 Bern
Tel. 078 617 87 17
Vermittelt Adressen von Anwältinnen und Anwälten

www.hypoplus.ch
Hypothekenofferten und -vergleiche

www.moneyland.ch
Vergleichsportal für Versicherungen und Bankprodukte

www.moneypark.ch
Beratung und Offerten für Hypotheken, Vorsorge und Anlagen

www.pro-senectute.ch
Pro Senectute Schweiz
Geschäfts- und Fachstelle
Lavaterstrasse 60
8027 Zürich
Tel. 044 283 89 89
Pensionierungskurse, Infos über Wohnformen im Alter

www.seniorweb.ch
Portal für Menschen ab 50; mit zahlreichen Informationen zu allen Lebensbereichen

www.swisslawyers.com
www.sav-fsa.ch
Schweizerischer Anwaltsverband (SAV)
Marktgasse 4
3001 Bern
Tel. 031 313 06 06
Adressen von Anwältinnen und Anwälten,
nützliche Informationen zu Honorar,
Erstgespräch etc.

www.vorsorgeforum.ch
Daten, Fakten und Kommentare
Mitglieder: private und öffentlich-rechtliche
Vorsorgeeinrichtungen, Organisationen
der Sozialpartner, Schweizerischer Pensionskassenverband, Pensionskassen-Experten,
Schweizerischer Versicherungsverband,
Bankiervereinigung, Dienstleistungsunternehmen und engagierte Private

AHV

www.ahv-iv.ch
Alle wichtigen Informationen rund um
die AHV, mit den Adressen der Ausgleichskassen; AI IV-Merkblätter zum Herunterladen, zum Beispiel:
- Auszug aus dem Individuellen
  Konto (IK), Nr. 1.01
- Splitting bei Scheidung, Nr. 1.02
- Erläuterungen zur Kontenübersicht,
  Nr. 1.05
- Lohnbeiträge an die AHV, die IV
  und die EO, Nr. 2.01
- Beiträge der Selbständigerwerbenden an
  die AHV, die IV und die EO, Nr. 2.02
- Beiträge der Nichterwerbstätigen an
  die AHV, die IV und die EO, Nr. 2.03
- Beiträge an die AHV, die IV, die EO
  und die ALV auf geringfügigen Löhnen,
  Nr. 2.04
- Altersrenten und Hilflosenentschädigungen der AHV, Nr. 3.01
- Hinterlassenenrenten der AHV, Nr. 3.03
- Flexibler Rentenbezug, Nr. 3.04
- Rentenvorausberechnung, Nr. 3.06

Zusätzlich Informationen zu den Ergänzungsleistungen; Adressen der EL-Stellen unter
→ Sozialversicherungen → Ergänzungsleistungen (EL)
Merkblätter:
- Ergänzungsleistungen zur AHV
  und IV, Nr. 5.01
- Ihr Recht auf Ergänzungsleistungen
  zur AHV und IV, Nr. 5.02

www.entwicklung-ahv.ch
Informationen über die AHV bzw.
die Vorsorge von heute und morgen

Pensionskasse

www.asip.ch
ASIP
Schweizerischer Pensionskassenverband
Kreuzstrasse 26
8006 Zürich
Tel. 043 243 74 15

www.bfs.admin.ch
Website des Bundesamts für Statistik
mit vielen Fakten und Zahlen unter
→ Statistiken finden → 13 – Soziale
Sicherheit → Berufliche Vorsorge

www.bvgauskuenfte.ch
Der Verein unentgeltliche Auskünfte für Versicherte von Pensionskassen erteilt Auskünfte zu Fragen rund um die berufliche Vorsorge: jeden ersten Mittwoch im Monat (17 bis 19 Uhr) in Bern, Brugg, Frauenfeld, Genf, Lausanne, Luzern, St. Gallen, Winterthur und Zürich; Adressen auf der Website

www.chaeis.net
Stiftung Auffangeinrichtung BVG
Direktion
Weststrasse 50
8003 Zürich
Tel. 041 799 75 75 (Geschäftsstelle Rotkreuz für Auskünfte in Deutsch)
Freiwillige Versicherung, zum Beispiel für Selbständigerwerbende; Versicherung von arbeitslosen Personen

www.sfbvg.ch
Zentralstelle 2. Säule
Sicherheitsfonds BVG
Eigerplatz 2
Postfach 1023
3000 Bern 14
Tel. 031 380 79 75
Verbindungsstelle zwischen Einrichtungen der beruflichen Vorsorge und den Versicherten

www.vorsorgeausgleich.ch
Ein Onlineprogramm berechnet, wie die BVG-Leistungen im Falle einer Scheidung geteilt werden

3. Säule

www.bankenombudsman.ch
Schweizerischer Bankenombudsman
Bahnhofplatz 9
8021 Zürich
Tel 043 266 14 14 (deutsch, englisch)
Tel. 021 311 29 83 (französisch, italienisch)

www.finanzen.ch
Informationen zu Börsen, Analysen, Finanzplanung etc.

www.myfinancepro.ch
FinanzPlaner Verband Schweiz
Münzgraben 6, PF 453
3000 Bern 7
Adressen von unabhängigen Finanzplanern

www.handelszeitung.ch
Kompetente Finanzinformationen, Zusammenarbeit mit dem «Wall Street Journal»

www.nzz.ch
Klassiker der Schweizer Wirtschaftsmedien, ein Muss für Anleger; Nachrichten und Hintergrundberichte unter → Wirtschaft; Kurse, Indizes, Börsennews unter → Finanzen

www.payoff.ch
Bankenunabhängige Vergleiche und Analysen von strukturierten Produkten

www.six-swiss-exchange.com
Offizielle Website der Schweizer Börse SIX

www.svsp-verband.ch
Schweizerischer Verband für strukturierte Produkte

www.svv.ch
Website des Schweizerischen Versicherungsverbands

www.vermoegenszentrum.ch
VZ Vermögenszentrum
Beethovenstrasse 24
8002 Zürich
Tel. 044 207 27 27
Unabhängiges Finanzdienstleistungsunternehmen, Hypothekarzinsvergleiche; weitere Büros und Adressen im Internet

www.versicherungsombudsman.ch
Ombudsstelle der Privatversicherung und der Suva
Postfach 181
8024 Zürich
Tel. 044 211 30 90

www.vorsorge-3a.ch
Informationsportal rund um die gebundene Vorsorge 3a

www.vsv-asg.ch
Verband Schweizerischer Vermögensverwalter (VSV)
Bahnhofstrasse 35
8001 Zürich
Tel. 044 228 70 10
Verband mit rund 800 Vermögensverwaltungsfirmen; Mitgliederverzeichnis, Standesregeln

Wohneigentum

www.hausinfo.ch
Informationen rund ums Thema Eigenheim

www.hausverein.ch
Hausverein Schweiz
Zentralsekretariat
Bollwerk 35
3001 Bern
Tel. 031 311 50 55
Richtet sich an sozial orientierte und umweltbewusste Haus- und Wohnungseigentümer; Beratung für Mitglieder

http://hindernisfreie-architektur.ch
Hindernisfreie Architektur – Die Schweizer Fachstelle
Kernstrasse 57
8004 Zürich
Tel. 044 299 97 97

www.shev.ch
Hauseigentümerverband Schweiz
Seefeldstrasse 60
8032 Zürich
Tel. 044 254 90 20
Vertritt die politischen und wirtschaftlichen Interessen der Hauseigentümer; Beratung für Mitglieder

www.siv.ch
Schweizerischer Immobilienschätzer Verband
Poststrasse 23
9001 St. Gallen
Tel. 071 223 19 19
Liste der dem Verband angeschlossenen Immobilienschätzer

www.stockwerk.ch
Schweizer Stockwerkeigentümerverband
Mettmenriedt-Weg 5
8606 Greifensee
Tel. 043 244 56 40

www.svit.ch
Schweizerischer Verband
der Immobilienwirtschaft (SVIT)
Puls 5, Giessereistrasse 18
8005 Zürich
Tel. 044 434 78 88
Repräsentiert die professionellen
Anbieter von Immobiliendienstleistungen,
vor allem in den Bereichen Bewirtschaftung, Verkauf, Beratung, Entwicklung und Schätzung

Budget

www.budgetberatung.ch
Budgetberatung Schweiz
Postfach 1020
6010 Kriens
Tel. 079 664 09 10
Di 8–11 Uhr
Fachorganisation, die sich im Bereich
der Haushaltfinanzen für alle sozialen
Bevölkerungsschichten einsetzt; Vorlagen
und Budgetbeispiele

www.schulden.ch
Dachverband Schuldenberatung Schweiz;
Informationen zu Budget und Schuldensanierung; Liste der Schuldenberatungsstellen

Steuern

www.efd.admin.ch
Website des Eidgenössischen Finanzdepartements; bietet Informationen
zu Steuern von Bund, Kantonen und
Gemeinden

www.estv.admin.ch
Eidgenössische Steuerverwaltung
Eigerstrasse 65
3003 Bern
Tel. 058 462 71 06

www.expertsuisse.ch
Schweizer Expertenverband für
Wirtschaftsprüfung, Steuern und Treuhand
Limmatquai 120
8021 Zürich
Tel. 058 206 05 05
Fachverband der Wirtschaftsprüfer,
Steuerexperten und Treuhandexperten

www.swissconsultants.ch
Genossenschaft Swissconsultants.ch
c/o Tschanz Treuhand AG
Bahnhofstrasse 7
3250 Lyss
Tel. 032 387 22 44
Zusammenschluss von rund 20 Treuhand-
und Revisionsfirmen, die auch Steuerberatung anbieten

www.treuhandsuisse.ch
TreuhandSuisse
Schweizerischer
Treuhänder-Verband
Monbijoustrasse 20
3001 Bern
Tel. 031 380 64 30

Beobachter-Ratgeber

Birrer, Mathias: **Stockwerkeigentum.** Kauf, Finanzierung, Regelungen der Eigentümergemeinschaft. 7. Auflage, Zürich 2016

Büsser, Harry: **Plötzlich Geld – so legen Sie richtig an.** Möglichkeiten zur souveränen Vermögensverwaltung. Zürich 2017

Döbeli Cornelia: **Wie Patchworkfamilien funktionieren.** Das müssen Eltern und ihre neuen Partner über ihre Rechte und Pflichten wissen. Zürich 2013

Döbeli, Cornelia: **Familienbudget richtig planen.** Die Finanzen im Überblick – in allen Familienphasen. Zürich 2017

Friedauer, Susanne; Gehring, Kaspar: **IV – was steht mir zu?** Das müssen Sie über Renten, Rechte und Versicherungen wissen. 6. Auflage, Zürich 2017

Haldimann, Urs: **Glücklich pensioniert – so gelingts!** Beziehungen, Gesundheit, Wohnen, Recht in der neuen Lebensphase. 5. Auflage, Zürich 2017

Hubert, Anita: **Ergänzungsleistungen.** Wenn die AHV oder IV nicht reicht. 2. Auflage, Zürich 2017

Noser Walter; Rosch Daniel: **Erwachsenenschutz.** Patientenverfügung, Vorsorgeauftrag, Beistandschaften, fürsorgerische Unterbringung, Schutz im Heim, Kesb. 4. Auflage, Zürich 2018

Studer, Benno: **Testament, Erbschaft.** Wie Sie klare und faire Verhältnisse schaffen. 17. Auflage, Zürich 2017

Trachsel, Daniel: **Scheidung.** Faire Regelungen für Kinder – gute Lösungen für Wohnen und Finanzen. 18. Auflage, Zürich 2017

Strebel Schlatter, Corinne: **Wenn das Geld nicht reicht.** So funktionieren die Sozialversicherungen und die Sozialhilfe. 3. Auflage, Zürich 2018

Von Flüe, Karin: **Eherecht.** Was wir beim Heiraten wissen müssen. 11. Auflage, Zürich 2015

Von Flüe, Karin: **Letzte Dinge regeln.** Fürs Lebensende vorsorgen – mit Todesfällen umgehen. 5. Auflage, Zürich 2018

Von Flüe, Karin: **Paare ohne Trauschein.** Was sie beim Zusammenleben regeln müssen. 8. Auflage, Zürich 2016

Westermann, Reto; Meyer, Üsé: **Der Weg zum Eigenheim.** Finanzierung, Kauf, Bau und Unterhalt. 9. Auflage, Zürich 2015

Zeugin, Käthi: **Ich bestimme. Mein komplettes Vorsorgedossier.** Vorsorgeauftrag, Vollmachten, Patientenverfügung, Anordnungen für den Todesfall, Testament. 3. Auflage, Zürich 2018

Stichwortverzeichnis

A

AHV 27, 33, 239
- Aufschub der Rente 36
- Beiträge 28, 36, 151, 190
- Beitragslücken 30
- Betreuungsgutschriften 30
- Erziehungsgutschriften 29
- Freibetrag 36
- Frühpensionierung 35, 149
- Hilflosenentschädigung 40
- Individuelles Konto 19, 31
- Plafonierung 185
- Rente 33, 140, 185
- Splitting 34, 185
- Teuerungsausgleich 34
- und Steuern 162
Aktien 94
- von Immobilienfirmen 128
Altersgutschriften 50, 52
Altersrente
- AHV 33, 140
- Pensionskasse 59, 140
Amortisation
  Hypothek 121, 125, 171
- und Geldanlage 123, 171
- und Säule 3a 168
Anlage siehe Geldanlage
Anlagefonds 96
- Fondssparplan 99
- Immobilienfonds 128
Anlageinstrumente
- Aktien 94
- Anlagefonds 96
- Edelmetalle 100
- Immobilien 95, 126
- Konten 93
- Mikrokredite 106
- Obligationen 93

- Rohstoffe 100, 105
- Strukturierte Produkte 100
Anlagestrategie 87
Arbeitslosigkeit 196
- AHV 31, 196
- Pensionskasse 47, 196, 198
- Säule 3a 197, 198
Auffangeinrichtung BVG 45, 49
Aussteuerung 197

B

Bank
- Angebote der Säule 3a 75, 193
- Fachbegriffe 102
- Konten 93
- und Todesfall 224
Barauszahlung
  Pensionskasse 57, 187, 192
Begünstigung
- Ehepartner 222
- Konkubinatspartner 225
- Säule 3a 78
Beitragsprimat 60
Beratung 238
- Finanzplanung 156
- Vermögensverwaltung 209
Berufliche Vorsorge siehe Pensionskasse
Betreuungsgutschriften 30
Bonität 90, 102
Budgetierung 134
- Ausgaben 145
- bei Frühpensionierung 151
- Budgetbeispiele 137, 138
- Einnahmen 139
- Erhebungsbogen 236
- Nach der Pensionierung 201
BVG siehe Berufliche Vorsorge,
  Pensionskasse

244

■ ■ ■ ANHANG

C / D

Checklisten
- Einkauf in Pensionskasse 55
- für Konkubinatspaare 183
- Nachlassregelung 221
- Scheidung 184
- Vermögensverwalter 210
- Vorsorgeplanung 19

Deckungsgrad Pensionskasse 68
Derivate 101
Diversifikation 91, 139
Dritte Säule (siehe auch
Säule 3a, 3b) 71

E

Ehepaare
- Erbrechtliche Begünstigung 222
- Güterrecht 212
- Scheidung 35, 55, 184
- und AHV... 34

Ehevertrag 222
Eigenheim siehe Wohneigentum
Eigenkapital für Wohneigentum 114
- Guthaben Säule 3a 116
- Pensionskassenguthaben 114, 116

Eingetragene Partnerschaft
- AHV 29, 33, 35
- Erbrecht 213, 225
- Pensionskasse 57, 59, 192
- Säule 3a 78, 182

Einkauf in Pensionskasse 54, 164, 187
Einkommenslücke siehe Vorsorgelücke
Einmaleinlageversicherung 83, 170, 206
Eintrittsschwelle Pensionskasse 45, 50
Erbrecht 211
- Begünstigung Ehepartner 222
- Begünstigung Konkubinatspartner 225
- Erbteil, gesetzlicher 212, 214, 216
- Erbvertrag 215, 225
- Gesetzliche Erbfolge 214
- Pflichtteil 216

- Teilungsvorschrift 219
- Testament 212, 215, 225
- Vermächtnis 218
- Versicherungsleistungen 220
- Willensvollstrecker 219

Ergänzungsleistungen 37, 149, 239
Erste Säule siehe AHV
Erwachsenenschutzrecht 209
Erwerb von Wohneigentum 110
Erwerbsausfallversicherung
   Säule 3a 78
Erziehungsgutschriften 29
ETF (Exchange Traded Funds).............. 98

F

Finanzberatung 157, 209
Finanzierung von Wohneigentum 112
Finanzplanung (siehe auch
   Vorsorgeplanung) 133, 156
- Berater 156
- nach der Pensionierung 201
Fondsgebundene Lebens-
   versicherung 80, 84, 170
Fondssparplan 99
Frei verfügbare Quote 216
Freizügigkeitskonto, -police 56
Frühpensionierung 19, 149
- Abfindung 155
- AHV 35, 150, 163
- Berechnungsbeispiele 152
- Kosten 151
- Neue Erwerbstätigkeit 156
- Pensionskasse 151
- Überbrückungsrente 153

G

Gebundene Vorsorge siehe Säule 3a
Geldanlage 86
- Anlageinstrumente 92, 100
- Anlagestrategie 87
- Diversifikation 91, 139

245

- Immobilien 95, 126
- nach der Pensionierung 202
- Risiko 87, 91, 124
- Trends 105
- Vergleich mit Amortisation
  der Hypothek 123
- Vermögensverwaltung 209

Grenzsteuersatz 19, 123, 124, 163, 168
Güterrechtliche Auseinandersetzung 212

H

Herabsetzungsklage 217
Hilflosenentschädigung 40
Hypothek
- Amortisation 121, 125
- Aufnehmen 113
- Planung vor Pensionierung 118

I

Immobilienanlagen 95, 126
- Aktien von Immobilienfirmen 128
- Immobilienfonds 129
- Immorente................................... 122
- Indizes 130
- Mietliegenschaften 126
- und Steuern 174

Individuelles Konto (IK), AHV 19, 31
Inflation siehe Teuerung
Investition siehe Geldanlage

K

Kapitalbezug, Pensionskasse 62, 166
Kapitalschutzprodukte 101
Kassenobligationen 94
Konkubinat
- AHV 180
- Erbrechtliche Begünstigung............. 225
- Lebensversicherungen 82, 182
- Pensionskasse 52, 181
- Säule 3a 182
- Vorsorgeplanung 179

Koordinationsabzug 50
Koordinierter Lohn 50

L

Lebenserwartung 45, 85, 143, 146
Lebensversicherung
- Einmaleinlageversicherung......... 83, 206
- Fondsgebundene 80, 84
- Gemischte, Säule 3a 77
- Gemischte, Säule 3b 81
- Steuern 169
Leibrentenversicherung 81, 84, 170, 207
Leistungsprimat 60
Liegenschaft siehe Wohneigentum,
  Immobilienanlagen
Lohn, versicherter siehe
  Koordinierter Lohn

M

Mikrokredite 106
Mindestlohn, Pensionskasse 50
Mindestzinssatz, Pensionskasse 45, 50

N

Nachhaltige Anlagen 105
Nachlassplanung (siehe auch
  Erbrecht) 175, 212, 217
Nichterwerbstätige, AHV 163
Nutzniessung 220

O/P

Obligationen 93
Partizipationsprodukte 103
Partnerschaft, eingetragene siehe
  Eingetragene Partnerschaft
Patchworkfamilie 178
Pensionierung
- Anmeldung 21
- Aufschub AHV-Rente 36
- Frühzeitige 19, 149
- und Wohnsituation 20

ANHANG

Pensionskasse 43, 239
- Altersgutschriften 50
- Barauszahlung 57, 187, 192
- Beiträge 49
- BVG-Obligatorium 44
- Deckungsgrad 68
- Einkauf 54, 164, 187
- Freizügigkeitskonto, -police 56
- Kapitalbezug 62, 166
- Koordinationsabzug 50
- Koordinierter Lohn 50
- Mindestlohn 50
- Mindestzinssatz 45, 50
- Rechte der Versicherten 53, 68
- Reglement 44, 65
- Rente 59, 60, 140
- Risikobeiträge 52
- Selbständigerwerbende 48, 191
- Stellenwechsel 53
- Überbrückungsrente 155
- Überobligatorium 51, 61
- Umwandlungssatz 45, 50, 60
- und Wohneigentum 114, 116, 187
- Verwaltungskosten 52
- Vorbehalte 58
Pensionskassenausweis 19, 66, 232
Pflegeversicherung 207
Pflichtteil 216
Prämienbefreiung 77, 83
Private Vorsorge siehe Säule 3a, Säule 3b
Progression (siehe auch
 Grenzsteuersatz) 163

Q / R

Quote, frei verfügbare 216
Rente
- AHV 33, 140
- Pensionskasse 59, 60, 140
- Leibrente 81, 84, 170, 207
Rentner
- Geldanlagen 202

- Steuern 173
- Vermögensverzehr 204
- Versicherungen 206
Risikoversicherung 77, 171, 193
Rückkaufswert 82, 169, 183, 220

S

Säule 3a 72, 240
- Auszahlung bei Pensionierung 141
- Auszahlung bei Selbständigkeit 194
- Begünstigtenordnung 78
- bei Bank 75, 193
- bei Versicherer 77, 193
- Selbständigerwerbende 193
- Steuerabzüge 74
- Vorbezug für Wohneigentum 116
Säule 3b 81, 86, 240
- Geldanlagen 86
- Versicherungssparen 81
Scheidung 35, 55, 184
- Einkauf in Pensionskasse 55, 187
- und AHV 35, 186
- Vorsorgeausgleich Pensionskasse 186
Selbständigerwerbende 190
- AHV 28, 190
- Lebensversicherungen 82
- Pensionskasse 48, 191
- Säule 3a 193
Splitting 35, 185
Stellenwechsel und
 Pensionskasse 53, 66
Steuern 161
- Abzüge Säule 3a 74
- auf Abfindung 155
- Grenzsteuersatz 19, 123, 124, 163, 168
- nach Pensionierung 173
- Progression 163
- und AHV 162
- und Erbvorbezug 175
- und Pensionskasse 164, 167
- und Säule 3a 168
- und Säule 3b 169

247

- und Versicherungen 82, 169
- und Wohneigentum 171
Strukturierte Produkte 101

T

Teilungsvorschrift 218
Testament 212, 215, 225
Teuerung 35, 139, 144

U

Überbrückungsrente 155
Überobligatorische Versicherung,
  Pensionskasse 51, 61
Umwandlungssatz 45, 50, 60
- bei Frühpensionierung 151
Umzug vor Pensionierung 120

V

Vermächtnis 218
Vermögensverwaltung 209
Vermögensverzehr 143, 204
Vermögensverzicht 39, 175, 208
Versicherter Lohn siehe
  Koordinierter Lohn
Versicherung
- Abschluss nach Pensionierung 206
- Einmaleinlageversicherung 83, 170, 206
- Erwerbsausfallversicherung 78
- Gemischte Lebensversicherung 77, 81
- Leibrentenversicherung 81, 84
- Pflegeversicherung 207
- Risikoversicherung 77, 171, 193
- Rückkaufswert 82, 169, 183, 220
- Säule 3a 77, 193
- und Erbrecht 220
Vorbehalt der Pensionskasse 58
Vorbezug
- AHV-Rente 150, 154
- Für Wohneigentum ... 54, 64, 114, 116
- Pensionskassenrente 155
Vorsorgeausgleich Pensionskasse 186

Vorsorgeausweis siehe
  Pensionskassenausweis
Vorsorgelücke 19, 72, 146, 154
Vorsorgeplanung 16, 19, 133
- Budgetierung 135
- Finanzplan 156
- Frühpensionierung 151
- Konkubinatspaare 179
- nach der Pensionierung 201
- Patchworkfamilie 178
- Selbständigerwerbende 190, 194
Vorzeitige Pensionierung siehe
  Frühpensionierung

W

Wertschriften siehe Anlageinstrumente
Willensvollstrecker 219
Wohneigentum 109
- Altersgerechtes 111
- Amortisation 121, 125
- Erwerb 110
- Hypotheken 113, 118
- Mietliegenschaften 126
- Umzug vor Pensionierung 120
- und Steuern 167, 171
- Vorbezug Pensionskassen-
  guthaben 54, 64, 114, 116
- Vorbezug Säule 3a 116

Z

Zinseszins 17
Zukunftspläne 15, 157
Zweite Säule siehe Pensionskasse